Heimat Eisenwurzen

Beiträge zum Eisenstraßensymposion Weyer

Heimat Eisenwurzen

*Beiträge zum
Eisenstraßensymposion Weyer*

ENNSTHALER VERLAG, A-4402 STEYR

ISBN 3 85068 516 0

Alle Rechte vorbehalten – Printed in Austria
Copyright © 1997 by Ennsthaler Verlag, Steyr
Satz, Druck und Verlag: Ennsthaler, A-4402 Steyr

Inhalt

Paul W. Roth
Die Steirische Eisenstraße. Von der Industrie- zur
Museumslandschaft?

Reinhold Kräter
Das dezentrale Kulturprojekt Oberösterreichische Eisenstraße: Integrative und basisorientierte Kulturarbeit mit
überregionaler Tragweite im fortschreitenden europäischen
Integrationsprozeß

Eisenwurzen –
Die Wiederentdeckung einer Region

Kaum länger als 100 Jahre ist es her, da hätte ein Besucher der Eisenwurzen keine Schwierigkeiten gehabt, unsere Region von anderen zu unterscheiden: Von weitem schon erfüllte der ohrenbetäubende Klang der zahllosen Hämmer die Talschaften, in unterschiedlichem Takt wurde Stahl mit großer Geschicklichkeit zu Sensen, Messern und vielerlei Gerät geformt. Sgraffitobemalte Bauern- und Bürgerhäuser sowie eine unübersehbare Anzahl von Triftanlagen, Klausen und Kohlenmeilern prägten das Landschaftsbild bis hinein in die Seitentäler der Eisenwurzen.

Und es gab damals keine so einschneidenden Verwaltungsgrenzen, die heute das Gebiet der Eisenwurzen durchtrennen und auf acht Bezirke im Dreiländereck Niederösterreich, Oberösterreich und Steiermark verteilen.

Die Belebung der Eisenwurzentradition über alle Landesgrenzen hinweg und die Bewußtwerdung der gemeinsamen Kultur hat sich die EISENSTRASSE zum Ziel gesetzt. Die Bezeichnung für die ehemaligen Handels- und Transportwege wird so zur Namensgeberin einer länderübergreifenden Initiative, welche als Initiatorin zur Wiederentdeckung einer Region beitragen möchte. Unter großer Beteiligung der Bevölkerung und der Mithilfe von Forschern, Politikern und Tourismusfachleuten findet die Spurensuche nach den traditionellen Wurzeln statt, um das gemeinsame Erbe zu heben. Der nun vorliegende Symposionsband ist ein weiterer Meilenstein auf diesem oftmals beschwerlichen Weg.

Der Verein Eisenstraße Oberösterreich arbeitet in diesem Sinne auf eine österreichweit einzigartige Landesausstellung hin, die im Jahr 1998 unter dem Titel „Land der Hämmer – zukunftsreich" stattfinden wird. In 26 Gemeinden an der oberösterreichischen Eisenstraße werden nicht weniger als 28 Ausstellungen, 10 Schaubetriebe, 14 thematische Wanderwege, 5 Spezialmuseen und mehrere Schaubetriebe dazu beitragen, unsere Heimat Eisenwurzen ins Schaufenster zu stellen und ihr zu neuer Blüte zu verhelfen.

Bgm. Gottfried Schuh
Obmann Verein Eisenstraße OÖ

Franz Sieghartsleitner
Geschäftsführer Verein Eisenstraße OÖ

Roman Sandgruber

Eine Einleitung

Die Wurzel des Berges

Die Eisenwurzen ist ein sehr vielfältig verwendeter Begriff: man spricht von einer niederösterreichischen und einer oberösterreichischen Eisenwurzen, auch einer steirischen und sogar einer kärntnerischen. Immer ist dabei ein geographischer Raum gemeint, wo sich um einen Eisenerzabbau eine Industrie herausbildete, die mit der Rohstoffquelle in vielfältiger Beziehung stehend, eine typische wirtschaftliche Einheit herausformte.

Die Bezeichnung Eisenwurzen bezog sich ursprünglich auf den steirischen Erzberg, der dieses Beiwort schon im 12. Jahrhundert führte. Allmählich kam es zu einer Bedeutungsverschiebung. Nun verstand man unter „Eisenwurzen" das Eisenindustriegebiet, das sich im Norden an die unmittelbare Erzbergumgebung anschloß, im besonderen aber den im Niederösterreichischen gelegenen Landstrich zwischen Ybbs und Erlauf, der ehemals durch eine intensive Kleineisenindustrie gekennzeichnet war, und in Oberösterreich das Gebiet der Enns und Steyr bis gegen Steyr heraus, das ebenfalls von einer dichten Zahl von eisenverarbeitenden Betrieben überzogen war.

Spätestens seit dem 16. Jahrhundert war der Erzberg zu einem Symbol geworden. 1588 wurde der „Eisenerzer Bergreim" gedruckt. Auch der „Vordernberger Bergreim" erschien im selben Jahr. Um das Jahr 1655 entstand die Gründungssage vom Wilden Mann, der für seine Freilassung Silber auf kurze Zeit oder Eisen auf immerdar anbot. Im 19. Jahrhundert wurde diese Erzählung ausgeschmückt, vom Wassermann, der durch List gefangen, für seine Freilassung einen goldenen Fuß, ein silbernes Herz oder einen eisernen Hut versprach. Als die Männer das Eisen auf immerdar wählten, zeigte er ihnen den Erzberg, nicht ohne voll Hohn nach der Freilassung zu spotten, daß sie das Beste nicht gefragt hätten: das Kreuz in der Nuß, den Karfunkelstein.[1)]

9

Man konstruierte sich eine Tradition: 1491 soll im metallenen Knopf des Steyrer Stadtturms eine Schrift gefunden worden sein, die 712 als den Anfang des Eisenabbaus am Erzberg angegeben haben soll. Die Geschichte von der „Auffindung" des steirischen Erzberges im Jahre 712 ist zwar nicht mehr als ein Konstrukt humanistischer und barocker Gelehrsamkeit. Aber die Tradition wurde weitergereicht und immer wieder auch zur Unterstützung wirtschaftspolitischer Argumentationen eingesetzt, so zum Beispiel in einem Schreiben, das Ehg. Ferdinand 1605 an Kaiser Rudolf II. richtete.

Das 1000-Jahr-Jubiläum des Erzbergs machte der Admonter Benediktinerpater Ambrosius Dietmayr 1712 zum Aufhänger einer Primizpredigt, die 1713 auch in Druck gelegt wurde und in der der Erzreichtum des tausendjährigen Erzbergs als besonderes Beispiel göttlicher Gnade gerühmt wurde. Auf dieser Predigt fußend wurde das Jahr 712 als Auffindungsdatum des Erzbergs dann auch auf der sogenannten Dietrichstein-Säule am steirischen Erzberg in Stein verewigt. Seither ist das Datum aus der populären Literatur nicht mehr wegzubringen.[3]

Die schriftlichen Quellen geben keinerlei Hinweise auf eine Kontinuität der alpinen Eisenverhüttung von der Antike ins Hochmittelalter. Direkte schriftliche Hinweise auf die Eisengewinnung in den späteren großen Zentren der innerösterreichischen Eisenproduktion liegen erst seit dem 12. Jahrhundert vor, zuerst vom steirischen Erzberg und anderthalb Jahrhunderte später auch vom Hüttenberger Erzberg in Kärnten. Man wird die erste große Expansionsphase der alpinen Eisenproduktion, vor allem am steirischen Erzberg, in der Zeit zwischen 1150 und 1300/1350 ansetzen müssen, parallel zum mittelalterlichen Landesausbau.

Eine dezentrale Industrialisierung

Die Eisenerzeugung ist verkehrsabhängig: ihre Standorte sind bestimmt von natürlichen Gegebenheiten, technischen Entwicklungen und politischen Festsetzungen. Das sind auch die Faktoren, die die Eisenwurzen als alte Industrielandschaft geprägt haben. Eisenerz kann nur dort abgebaut werden, wo es vorkommt. Der Standort der Verarbeitung ist von den Bereitstellungsmöglichkeiten und Gestehungskosten der dafür benötigten Ausgangsprodukte und Produktionsfaktoren abhängig, in geringerem Teil auch von den Abnehmern der Produkte. Die Transportmöglichkeiten und Transportkosten sind von den verfügbaren Wegen, Transportgeräten und Faktorkosten, aber auch von der rechtlichen und politischen Möglichkeit, Transporte durchzuführen, abhängig. Von seiten der politischen Autoritäten ist schließlich zu jeder Zeit auf die Standorte mehr oder weniger intensiv Einfluß genommen worden.

In der zweiten Hälfte des 13. Jahrhunderts scheint im Bereich des steirischen Erzbergs die Größe der Schmelzöfen ein Ausmaß erreicht zu haben, das die Verwendung maschinell getriebener Blasbälge erforderte.[4] Die Schmelzöfen mußten an die Wasserläufe verlegt werden. Mit der Ablöse der Rennfeuer durch die wesentlich leistungsfähigeren Stucköfen vergrößerte sich das Territorium der Montanwirtschaft.

Die großen „massae" erforderten nicht nur große, mit wassergetriebenen Blasbälgen ausgestattete Schmelzöfen, sondern bei der Weiterverarbeitung auch große, wassergetriebene Hämmer. Die Standorte der Eisenverarbeitung orientierten sich daher immer mehr an der Wasserkraft. Da in Erzbergnähe auch das Holz immer knapper wurde, mußte es im Verlauf des 14. Jahrhunderts zu einer Dezentralisierung der Weiterverarbeitung in einem weiten Umkreis um den Erzberg kommen. Immer mehr bildete sich die spätere Dreiteilung heraus: Die Radmeister betrieben den Bergbau und erschmolzen das Eisen, die Hammermeister verfertigten daraus marktgängige Ware, und die städtischen Händler besorgten als Verleger den Vertrieb der Halb- und Fertigwaren und stellten Kapital zur Verfügung.[5]

Für die Verarbeitung des am Erzberg gewonnenen Eisens boten die Alpentäler gute Voraussetzungen. Die weiten Wälder lieferten die Holzkohle, die kleinen Nebenbäche die nötige Energie für den Betrieb der Hämmer, die Bauern die Nahrungsmittel für die zahlreiche Arbeiterschaft und das Futter für die schweren Transportpferde. Der Staat sorgte für den Ausbau der Straßen, über die ein blühendes Transportgewerbe die schweren Lasten verfrachtete: Ein eng verflochtenes und auf einander bezogenes System entstand, doch nicht abgeschlossen, sondern ganz im Gegenteil, weltoffen, mit weiten Handelsbeziehungen. Auch davon kündet die Landschaft: die stolzen Händler- und Hammerherrenhäuser, einst die schwarzen Grafen der Gegend.

Der Eisenhandel konzentrierte sich in den alten Herrschaftsmittelpunkten, beim steirischen Eisen neben dem salzburgischen Trofaiach in den alten otakarischen Grafschaftsvororten Steyr und Leoben, wobei die Landesfürsten bestrebt waren, die nicht landesfürstlichen Orte, also das salzburgische Trofaiach oder das freisingische Waidhofen aus dem Geschäft zu drängen. Die Wurzeln der sich konkurrierenden Eisenbezugsrechte der Städte Steyr und Waidhofen und des Marktes Aschbach dürften bis in den Zeitraum knapp nach 1200 zurückreichen.[6] 1287 wurde Steyr für den nördlichen Teil und 1277 Judenburg bzw. 1314 Leoben für den südlichen Teil des Erzberges als Verteilungszentrum privilegiert.[7] In langen, erbittert geführten Streitereien konnte sich Steyr gegenüber Waidhofen und Leoben gegen Trofaiach durchsetzen, war doch das wirkliche Geschäft nicht in der Produktion, sondern im durch Privilegien abgesicherten Handel zu machen.

Allmählich entwickelte sich daraus ein kompliziertes Netz von Verpflichtungen, Rechten und Abhängigkeiten, das die Proviantlieferung, den Eisenbezug, die Weiterverarbeitung und den Verschleiß aus dem Bezirk umfaßte. Proviant- und Eisenstraßen nannte man die einst vielbefahrenen Verkehrswege aus dem Krems-, Steyr-, Enns-, Ybbs- und Erlauftal in die Steiermark, auf denen Butterschmalz, Weizen, Roggen und andere Lebensmittel aus den landwirtschaftlichen Überschußgebieten des Alpenvorlandes in die kargen Gebiete um den Erzberg transportiert und dafür Eisen zur Bearbeitung in die wald- und wasserreichen Regionen der Voralpen geholt wurde, wo unentwegt Fuhrwerke unterwegs waren und in Kraxen und Buckelkörben die Fertigwaren ausgeliefert wurden.

Hinsichtlich der Absatzgebiete des steirischen Eisens war schon im 13. Jahrhundert eine strenge Teilung in die Nord- und Südseite des Erzbergs vorgenommen worden. Dem nordseitigen Innerberger Eisen waren die Länder ob und unter der Enns zugewiesen sowie die von hier donauauf- und abwärts erreichbaren Gebiete, dem südseitigen Vordernberger oder Leobener Eisen die südlichen Länder. Das Innerberger Eisen ging über Steyr nach Regensburg und Nürnberg, das Vordernberger über Salzburg. Freistadt, Krems und Wien spielten für den Handel nach Norden und Osten die entscheidende Rolle. Steyrer Eisenwaren wurden im Zuge des Venedigerhandels aber auch nach Südeuropa und in die Levante verkauft. Für das Vordernberger Eisen war neben den Routen nach Westen und Süden der Weg über den Semmering nach Wiener Neustadt und über die südsteirischen Städte nach Ungarn und dem Balkan von Bedeutung. Steyr, Leoben und Bruck wurden die eigentlichen Beherrscher des Eisenwesens, in einem geringeren Ausmaß auch Waidhofen und die drei Märkte Scheibbs, Gresten und Purgstall. Die Händler dieser Städte waren wieder eng mit den großen Handelshäusern und Kapitalisten in den Legorten und Zentren des internationalen Fernhandels verknüpft und von diesen auch abhängig.

Das Eisenwesen war für die Landesfürsten so wichtig, daß sie es seit den Eisenordnungen, die Friedrich III. zwischen 1448 und 1450 für das steirische Eisenwesen erließ, mit einer Unzahl von Eingriffen in die Hand zu bekommen und zu steuern versuchten.[9] Geregelt wurden Produktion und Absatz, Zahl und Größe der Hämmer, Höhe der Löhne und Preise, Ausmaß und Zuordnung der Gebiete für die Holz- und Lebensmittelversorgung (Widmungsbezirke), zulässige Straßen, Legorte und Absatzgebiete. Es vermischten sich herrschaftliche, fiskalische und volkswirtschaftliche Anliegen und Interessen. Zurückzudrängen versuchte man wie beim Salz alle nicht dem Landesfürsten unterstehenden Konkurrenten, für die seit dem 15. Jahrhundert im Unterschied zur Haupteisenwurzen um den steirischen Erzberg und der Nebeneisenwurzen um Hüttenberg die Bezeichnung Waldeisenwerke gebräuchlich geworden war und die trotz der energischen Gegnerschaft der Landesfürsten ihre Position nicht nur halten, sondern ausbauen konnten, weil in dieser energieintensiven und waldverzehrenden Branche die Dezentralität der Standorte den größten Trumpf darstellte.[10]

Im 14. und 15. Jahrhundert kam es zu einer Ausweitung der ländlichen Gewerbe, die in der Eisenwurzen landschaftsprägend wurden. Schon am Ausgang des Mittelalters war eine weitgehende Dezentralisierung der um den steirischen Erzberg sich entwickelnden Eisen- und Metallverarbeitung erfolgt: Die Gründe für diesen Dezentralisierungsprozeß waren mehrfache: ein im Montanbezirk rasch immer stärker spürbar werdender Holzmangel, der nur durch die Aufschließung weiter entlegener Wälder bei gleichzeitiger Nutzung der Transportkraft größerer Flüsse entschärft werden konnte, die Beschränktheit der nutzbaren Wasserkräfte sowie das Problem der bei steigenden Beschäftigtenzahlen zunehmenden Proviantverknappung.

Die Vielfalt der Eisenwurzen

Im weiteren Umfeld der montanistischen Rohstoffproduzenten siedelten sich zahlreiche Weiterverarbeiter an: Während in der Steiermark die Erzeugung des Eisen dominierte und den verarbeitenden exportorientierten Eisengewerben mit Ausnahme der Sensen- und Sichelherstellung keine überragende Bedeutung zukam, hatte sich im angrenzenden Ober- und Niederösterreich schon seit dem 14. und 15. Jahrhundert eine Gewerbelandschaft herausgebildet, die sich nicht auf die Städte und Märkte beschränkte, sondern auf die umliegenden ländlichen Gebiete ausstrahlte.

Steyr war vom Spätmittelalter bis ins 19. Jahrhundert die wichtigste Industriestadt Österreichs. Im Steyrer Wehrgraben, dessen wasserwirtschaftliche Nutzung sicher bis ins 14. Jahrhundert zurückreicht, entstand eine Gewerbekonzentration, die neben den Messererwerkstätten auch Hammerwerke, Schleifen, Mahlmühlen, Sägewerke, Papiermühlen, Textil- und Lederfabriken umfaßte. 1529 und 1585 wurden Wehrgrabenordnungen herausgegeben, in denen die Wasserrechte und Wartungspflichten genossenschaftlich geregelt wurden.[11]

Im 16. Jahrhundert arbeiteten allein in Oberösterreich über 1000 Messerschmiede. Daß die Sensenindustrie seit dem späten 16. Jahrhundert einen so spektakulären Aufschwung nahm und zu einer der wichtigsten Exportbranchen aufstieg, war einem entscheidenden technischen Fortschritt zu danken, der um 1580 begonnenen Verwendung der Wasserkraft zum Ausschmieden des Sensenblattes, die dem Scharnsteiner Hammermeister Konrad Eisvogl zugeschrieben wird. Die Innovation der mechanischen Drahterzeugung breitete sich von Nürnberg ausgehend auch im alpinen Raum aus. Ebenso entwickelten die Blechschmieden arbeitsteilige Manufakturen.[12]

14

In der zweiten Hälfte des 16. Jahrhunderts entstand in Steyr ein neues Zentrum der Herstellung von Handfeuerwaffen. In Steyr begann die Massenfertigung von Gewehren mit der von einigen Bürgern 1594 begründeten „Gesellschaft der Rohr- und Büchsenhandlung in Steyr". Die Gesellschaft wurde zwar bereits 1602 wieder aufgelöst, die Tradition der Steyrer Gewehrerzeugung wurde aber von diesem Konkurs nicht beeinträchtigt.[13]

Die Blüte des Steyrer Messerergewerbes zwischen dem zweiten Viertel des 16. Jahrhunderts und dem Beginn des 17. Jahrhunderts war zwar in Gegenreformation, Dreißigjährigem Krieg und Inflation zusammengebrochen. Dennoch übertraf die Stadt Steyr allen Krisen zum Trotz mit ihrem eisen- und stahlverarbeitenden Gewerbe, das auf insgesamt 41 verschiedene Berufe aufgeteilt war, in der zweiten Hälfte des 17. und im 18. Jahrhundert noch immer alle anderen Städte der österreichischen Erbländer. Während Eisenwaren des täglichen Bedarfs nicht mehr so stark wie im 16. Jahrhundert vertreten waren, entwickelte sich der Raum Steyr zu einem der wichtigsten Zentren der österreichischen Waffenerzeugung.

In Steyr erfuhr die teils fabriksmäßig, teils im Verlagssystem betriebene Waffenproduktion durch Maximilian Luckhner, Georg Mittermayr und seinen Sohn Hans Ludwig Mittermayr in der zweiten Hälfte des 17. Jahrhunderts eine entscheidende Ausweitung. Hans Ludwig Mittermayr war so erfolgreich, weil er bereits komplette Waffensysteme, Gewehre samt Zubehör, Pistolen, Piken, Degen und Säbel, Kürasse und sonstige Ausrüstungsgegenstände, anbieten konnte.

Mit der im frühen 18. Jahrhundert in der kaiserlichen Armee beginnenden Umrüstung von Lunten- und Radschloßgewehren auf einheitliche Steinschloßflinten ergab sich für die österreichische Rüstungsindustrie eine neue Situation. Der Steyrer Büchsenmacher Anton Penzeneder, der 1726 mit der Regierung einen langfristigen Vertrag zur Lieferung von Gewehren und Kürassen abschließen konnte, baute in Steyr, Hainfeld und Wien neue Waffenfabriken auf, die vor allem in den Kriegen der theresianischen Zeit Bedeutung erlangten.

Die Krise des 17. Jahrhunderts war von der Sensenindustrie am besten überstanden worden, so daß diese schließlich zum „Herz- und

Kernstück" des gesamten vom steirischen Erzberg dominierten Eisenwesens aufsteigen konnte. Die Nachfrage nach Sensen war nach der Unterbrechung durch den Dreißigjährigen Krieg rasch angestiegen. Im frühen 17. Jahrhundert zählte die Kirchdorf-Micheldorfer Sensenschmiedezunft 42 Werkstätten. Nach dem Dreißigjährigen Krieg faßten die Sensenwerke, von Oberösterreich ausgehend, auch in der Steiermark Fuß. Um die Mitte des 18. Jahrhunderts zählte man in Oberösterreich 44 Sensenschmieden, in der Steiermark 34. Die durchschnittliche, sehr arbeitsteilig angelegte Produktion eines Sensenhammers, die im 17. Jahrhundert rund 22 000 Stück im Jahr betrug, erreichte im 18. Jahrhundert 28 000 bis 33 000. Die Zahl der exportierten Sensen, Strohmesser und Sicheln hatte sich bei der Donaumaut Aschach zwischen 1628 und 1750 vervierfacht, über Freistadt von 1633 bis 1700 immerhin verdreifacht.[14]

Im Gegensatz zur durchaus großbetrieblich-maschinenindustriell zu bezeichnenden Sensen- und Sichelproduktion dominierten bei der Massenherstellung von Nägeln, einer sehr anstrengenden Tätigkeit, kleingewerblich-hausindustrielle Organisationsformen. Das wichtigste Zentrum war Losenstein, wo nach einem Rückschlag im 17. Jahrhundert im 18. Jahrhundert ein neuer Aufschwung stattfand: 1779 waren von den 154 Nagelschmieden Oberösterreichs 138 mit rund 1150 Beschäftigten in Losenstein konzentriert. Der Vertrieb erfolgte im Verlagssystem.[15] Daneben wären die Hacken- und Pfannenschmieden und die zahlreichen für den regionalen Bedarf arbeitenden Kleineisenbetriebe zu nennen, die vor allem der niederösterreichischen Eisenwurzen das Gepräge gaben.

Größe im Kleinen

Merkwürdig klein und heimelig kommt dem heutigen Besucher die alte Industrie vor, die von den Reiseschriftstellern des 19. Jahrhunderts, zum Beispiel dem Wiener Rechnungsbeamten Franz X. Embel, der eine romantische Fußreise durch die niederösterreichische Alpenlandschaft unternahm, als „Werkstätten der Cyclopen" beschrieben wurde: das Erschrecken der Biedermeiermenschen über den Einbruch der Industrie, die „gräßliche Harmonie", die aus den Eisenhämmern dröhne,

die „lärmende Tätigkeit", ist biedermeierlicher Stille, Ruhe und Ein-
samkeit gewichen. Industrie findet heute anderswo statt. Die Jahresproduktion der alpenländischen Eisenindustrie des 16. Jahrhunderts, die
am Höhepunkt fast ein Drittel des europäischen Eisenbedarfs deckte,
wird in der VOEST heute in wenigen Stunden erzielt.

Die seit dem 14. Jahrhundert in einem dynamischen Expansions-
prozeß befindliche österreichische Eisenerzeugung erreichte im 16.
Jahrhundert europäische Bedeutung. Am Ausgang des Mittelalters hatte die Steiermark mit 4 000 bis 5 000 Tonnen im Jahr einen Anteil von
10 bis 15 Prozent an der europäischen Eisenerzeugung. Nach der
bemerkenswerten Steigerung der steirischen Eisenproduktion in der
ersten Hälfte des 16. Jahrhunderts wurde um die Mitte des Jahrhunderts
ein Niveau erreicht, das in den nächsten zwei Jahrhunderten nicht überschritten wurde.[16)]

In der Eisenerzeugung setzte die Krise schon in der zweiten Hälfte des
16. Jahrhunderts ein, verstärkte sich in den Wirren des Dreißigjährigen
Krieges und erreichte ihren Höhepunkt nach der Jahrhundertmitte.
Während um die Mitte des 16. Jahrhunderts die steirische Eisenerzeugung 13000 bis 14000 Tonnen und die alpenländische insgesamt
etwa 20000 Tonnen betragen hatte und damit 20 bis 30 Prozent des
europäischen Eisenverbrauchs deckte, war ein Jahrhundert später die
steirische Erzeugung auf unter 8000 Tonnen und die gesamtöster-
reichische auf etwa 15000 abgesunken.[17)] Erst um die Mitte des 18. Jahrhunderts konnte in der Steiermark die Produktionshöhe des 16. Jahrhunderts wieder erreicht und nach 1800 nennenswert überschritten werden. Die Krise war an der Nordseite des Erzbergs schwerer ausgefallen
als an der Südseite.[18)]

Die europaweiten Marktanteile der alpenländischen Eisenerzeugung
waren bereits im 18. Jahrhundert dramatisch zurückgegangen. An der
gesamteuropäischen Erzeugung dürfte der steirische Anteil bis um 1750
schon auf etwa 8 Prozent abgesunken sein. Doch war die steirische
Eisenproduktion zu dieser Zeit immer noch höher als die Englands. In
der zweiten Hälfte des 18. Jahrhunderts allerdings nahm die englische
Eisenproduktion jenen so gewaltigen Aufschwung, der die Steiermark in
das zweite Glied der Roheisenproduzenten Europas zurückdrängte. Um

1815 erschmolzen die britischen Hochöfen bereits 400000 t Roheisen jährlich, die steirischen hingegen etwa 20000 t. 1837 wurde in Großbritannien die magische Zahl von 1 Million t erreicht, um die Mitte des Jahrhunderts schon die von 2 Millionen t. Die steirische Eisenproduktion kam in dieser Zeit auf kaum 80000 t und konnte 1869 erstmals die 100000-Tonnen-Marke überschreiten. Von der Roheisenerzeugung der Habsburgermonarchie stellten die Alpenländer um 1780 drei Viertel, um 1800 zwei Drittel und 1850 immer noch 60 Prozent.

Nach der im späten 18. Jahrhundert erfolgten Einführung der Floßöfen, deren Ausbau zu Hochöfen und der bald ausgereiften Frischtechnik war aber fast vier Jahrzehnte hindurch keine weitere grundlegende technische Neuerung im österreichischen Eisenwesen zustandegekommen. Durch sukzessive Vergrößerung der Hochöfen und den Übergang zum Heißgebläseverfahren konnten zwar beträchtliche Rationalisierungserfolge erzielt werden. Aber das Puddeln und Walzen und die Substitution der Holzkohle durch Mineralkohle konnten sich nur langsam durchsetzen. Die ersten Puddelöfen, 1830 in Frantschach und 1836 in Prävali, Donawitz und Neuberg, wurden noch mit Holzkohle befeuert. 1855 wurden zwar 58 Prozent des Kärntner und 70 Prozent des steirischen Stahls im Puddelverfahren erzeugt. Zu diesem Zeitpunkt stand das Puddeln aber schon am Ende seiner technischen Karriere und wurde bald durch den Bessemerprozeß ersetzt. Die Hochöfen wurden immer noch ausschließlich mit Holzkohle betrieben.[19]

Niedergang und neuer Anfang

Die dezentrale Eisenerzeugung in den schwer zugänglichen Alpentälern war nicht zu retten. Die Eisenverarbeitung der Eisenwurzen zeigte eine Spezialisierung und Mannigfaltigkeit, wie sie sonst nirgends in Österreich zu finden war. Der Begriff dafür, die Bezeichnung Kleineisenindustrie, stammt aus der zweiten Hälfte des 19. Jahrhunderts: Neben den Kleinzerrennhämmern, die das gegen Lebensmittellieferungen bei den Radwerken Innerbergs eingetauschte „Provianteisen" frischten und zu Stahl ausschmiedeten, gab es Streck-, Knittel- und Blechhämmer, heute längst durch Walzwerke ersetzt, Sensen- und Sichelhämmer, Pfannenhämmer,

Hackenschmiede und zahlreichste Spezialisten, von den Ahlschmieden bis zu den Zirkelschmieden, die insgesamt wohl an die 300 eisenerzeugende und verarbeitende Betriebe ergaben, die teilweise unter Ausnutzung der Wasserkraft für einen überregionalen Markt produzierten. Zuerst schien die Eisenwurzen durch den Beginn der Industrialisierung noch einmal reich zu werden: die Nachfrage nach Eisenwaren stieg sprunghaft an, die alten, beengenden Normen der Feudalzeit und des Widmungswesens wurden aufgebrochen. Josef II. beseitigte zwischen 1780 und 1790 sukzessive alle Privilegien und Beschränkungen. Die Hammer- und Sensenwerke stellten hochkapitalisierte Unternehmen mit enger Verbindung von Produktion und Vertrieb und durchschnittlich zehn bis 20 Beschäftigten pro Betrieb dar, deren Eigentümer, gern als „schwarze Grafen" bezeichnet, durch ein dichtes Netz familiärer Beziehungen untereinander verbunden waren.[20]

Mit der beginnenden Industrialisierung im frühen 19. Jahrhundert begannen sich einige größere Betriebe neu zu etablieren oder aus der Masse der kleinen Schmieden herauslösen. Das Problem war die Bewältigung der Umstrukturierung. Auf die Dauer hatten nur diejenigen Betriebe eine Überlebenschance, die sich fabriksmäßig auf die Finalproduktion verlegten.[21]

Die Verkehrsrevolution stellte die Standortvoraussetzungen auf den Kopf. Um die Mitte des 19. Jahrhunderts begann die Lage für die kleinen Betriebe dramatisch zu werden. Es kam zur ersten großen Welle von Betriebsstillegungen. In der Zeit der Hochkonjunktur von 1867 bis 1873 konnte sich die Eisenindustrie der Eisenwurzen zwar noch einmal etwas erholen. Zur Katastrophe kam es in der schweren Wirtschaftskrise, die dem Börsenkrach von 1873 folgte und die für die Eisenindustrie bis etwa 1883 dauerte.

Nach 1883 war der Höhepunkt der Krise überschritten. Bis 1914 folgte ein langsamer Niedergang. Der Hauptgrund der Betriebseinstellungen waren jetzt nicht mehr Konkurse, sondern der Tod des Meisters, dessen Nachkommen schon ein anderes Gewerbe erlernt hatten und daher den Betrieb aufließen. Nur einigen wenigen Kleineisenwerken gelang es, die Krise der Kleineisenindustrie durch Selbstausbeutung zu überdauern oder sich durch Investitionen und Innovationen weiterzuentwickeln.[22]

Dezentrale Landesausstellung

Die Landesausstellung 1998 „Oberösterreichische Eisenstraße" ist als dezentrale Landesausstellung konzipiert. Das entspricht dem Charakter der „Eisenwurzen", die in ihrer wirtschaftlichen Struktur aus der „Dezentralität" vorindustrieller Standortwahl zu erklären ist. Die Eisenwurzen war über Jahrhunderte hinweg ein Prototyp einer dezentralen Wirtschaftslandschaft, mit vielen kleinen, bis in die hintersten Täler situierten Industrie- bzw. Handwerksbetrieben. Die moderne Industrialisierung mit ihren zentralisierenden Tendenzen hat dieser Wirtschafts- und Kulturlandschaft mächtig zugesetzt.

Die Aufgabe, die fast 30 Projekte, die in der Landesausstellung 1998 an verschiedenen Punkten verwirklicht werden, mit einem zusammenfassenden Überbau zu versehen, ist der zentralen Ausstellung „Land der Hämmer - Heimat Eisenwurzen" im Innerberger Stadel in Weyer zugewiesen. Es geht hier darum, nicht das, was an den verschiedenen Standorten vor Ort und in situ präsentiert wird, zu wiederholen, sondern auf vielerlei Weise in neue und überraschende Bezüge zu setzen und damit nicht nur die Eisenwurzen als Region der Bewohner zu identifizieren, sondern das Phänomen Heimat generell zu beleuchten und zu hinterfragen, wobei vergangene Entwicklungen, Gegenwartsstand und Zukunftsideen eine Verbindung eingehen und für Besucher aus der Region, aus ganz Oberösterreich und darüber hinaus auf identitätsstiftender, erkenntnisleitender und handlungsmotivierender Ebene zusammenwirken sollen.

Die Schwerpunkte der Landesausstellung liegen daher einerseits in der Bestandsaufnahme der sozialen und kulturellen Geschichte der Region und in der Dokumentation der Industriekultur und ihrer Genese in der industriellen Gesellschaft, andererseits in der Hinterfragung und Analyse des Regionsgefühls und Heimatsverständnisses, einer Orientierungshilfe bei der technisch-kulturpolitischen Gegenwartsbewältigung und bei der Erarbeitung, Analyse und Umsetzung zukünftiger Trends und Aufgaben. Kultur dient in diesem Sinn nicht nur zur Befriedigung kompensatorischer Freizeitbedürfnisse oder als Bereicherung und Vervielfältigung des städtischen Ambientes, sondern auch als Hilfe zur Kreativitätsförderung und Zukunftsbewältigung.

Die regionale Selbstzuordnung der Bevölkerung der Eisenwurzen ist unscharf. Ob die Bevölkerung sich „in den Köpfen" der Eisenwurzen zuordnet, hängt von verschiedenen Kriterien ab. Knapp 40 Prozent in einer vom Institut für Geographie der Universität Wien durchgeführten Erhebung assoziieren mit der „Region Eisenwurzen" Merkmale, die mit dem eisenträchtigen kulturellen und wirtschaftlichen Erbe der Region zu tun haben. Als „unverwechselbar" werden in erster Linie der Naturraum und die damit verbundene Lebensqualität eingeschätzt. Es wurde aber festgestellt, daß der Begriff Eisenwurzen bezüglich seiner ursprünglichen wirtschaftlich-kulturellen Bedeutung und Beziehung zum Eisen nur mehr schwach imagekonstituierend und von Komponenten einer Sport- und Freizeitregion (Pyhrn-Eisenwurzen) überlagert ist. Zahlreiche der Befragten konnten sich unter „Eisenwurzen" buchstäblich nichts vorstellen. Daß der Begriff Eisenwurzen für viele der Befragten „noch frei" ist, ermöglicht Optionen zur Imagebildung und Aufwertung mittels einer Einbeziehung des ökonomisch-kulturellen Erbes und damit einer imagemäßigen Nutzung als identifikationsstiftendes Element der Region.

Es geht darum, in der Landesausstellung das Eisen nicht nur als die wirtschaftliche Entwicklung der Region prägendes Produkt, dessen Bedeutung in der Region allerdings zum Teil nur mehr eine historische ist, zu präsentieren, sondern vor allem kulturelle und identifikationsbildende Elemente, die mit Eisen in Bezug stehen oder in Bezug gesetzt werden können, herauszuarbeiten und ins Bewußtsein zu rücken. Eisen und Heimat haben in teils ins Unterbewußtsein verdrängten, teils sehr realen Analogien und Bildern eine sehr enge Verbindung. Eisen steht für nachhaltige Effekte: Die inhaltliche und übertragene Bedeutung des Begriffs „Eisen" (Stabilität, Dauerhaftigkeit, Härte, Schärfe...) bietet sich in der „Eisenwurzen" für eine Nutzbarmachung für identifikationsstiftende und touristische Zwecke an, nicht nur im Rückgriff auf nostalgische Erinnerungen und zur Stärkung des Regional- und Heimatbewußtseins, sondern auch z.B. unter dem Oberbegriff „Bewußtmachung des Völkerverbindenden und der Gefahr jeglicher aggressiver, fremdenfeindlicher etc. Tendenzen".

Der Begriff „Eisenstraße", der ja gewissermaßen das Projekt reprä-
sentiert, ist ein mittlerweile etablierter Begriff auf Konzeptebene, aber
in der ansässigen Bevölkerung wenig verankert. Es werden damit vielfach sehr konkrete Dinge und auch Ängste assoziiert: Verkehr, Busse,
Straßenausbau etc. Da „Straße" kein sehr positiv besetzter Begriff ist,
scheint die Terminologie überdenkenswert und sollte auch bei der Ausstellung der „Straßenaspekt" weder im Titel noch in den Inhalten zu sehr
in den Vordergrund gerückt werden. Es sollten die Aspekte und Varia-
blen des Verkehrs vor allem in der Hervorkehrung der dezentralen
Struktur der Produktionsweise der Eisenwurzen zum Ausdruck kommen, wo man einerseits die Verkehrswege zu minimieren versucht hat,
andererseits natürlich der Verkehr für die Funktionsfähigkeit einer dezentralen Struktur entscheidende Bedeutung erlangte.[23]

---

1) Paul W. Roth, Der Erzberg. Eherner Brotlaib der Steiermark, in: Klaus Plitzner (Hg.), Technik-Politik-Iden-
   tität. Funktionalisierung von Technik für die Ausbildung regionaler, sozialer und nationaler Selbstbilder
   in Österreich, Stuttgart 1995, 74.

2) Ludwig Bittner, Das Eisenwesen in Innerberg-Eisenerz bis zur Gründung der Innerberger Hauptgewerkschaft im Jahre 1625, AÖG 89/2 (1901), 3 ff

3) Roth, Der Erzberg. Eherner Brotlaib der Steiermark, 76.

4) Dies kann daraus erschlossen werden, daß die Größe der Halbmaße oder „Stuck", der Produkte eines
   Schmelzvorgangs, auf das Zweieinhalbfache anstiegen; Paul W. Roth, Eisen, Silber, Salz und Kohle. Die
   Bergschätze der Steiermark, in: 800 Jahre Steiermark und Österreich 1192-1992 (hg. von Othmar
   Pickl, Graz 1992) 373; Bittner, Eisenwesen in Innerberg 35 f.

5) Bittner, Das Eisenwesen in Innerberg-Eisenerz 50 ff.; Roth, Eisen, Silber, Salz und Kohle 373 f.

6) Unter König Ottokar von Böhmen begann der Aufstieg des nicht unter landesfürstlicher, sondern unter
   bischöflich freisingischer Herrschaft stehenden Waidhofens. 1266 befreite Ottokar den Marktflecken, der
   damals auch das Stadtrecht erlangt haben dürfte, von der Unterordnung unter Aschbach. 1277 jedenfalls ist für Waidhofen erstmals der Titel „Stadt" belegt. Die Qualität der in der Waidhofener Gegend erzeugten Schwerter, Messer und Sporen wurde schon von dem Dichter Neidhart von Reuenthal um 1240 in
   einem seiner Winterlieder gerühmt; 800 Jahre Waidhofen a. d. Ybbs, 1186-1986, Waidhofen 1986, 79
   ff.; Michael Mitterauer, Zollfreiheit und Marktbereich. Studien zur mittelalterlichen Wirtschaftsverfassung
   am Beispiel einer niederösterreichischen Altsiedellandschaft, Wien 1969, 231 ff.

7) Bittner, Das Eisenwesen in Innerberg-Eisenerz, 73 ff.

8) Josef Kallbrunner, Hans Steinberger. Ein Beitrag zur Geschichte der Montanwirtschaft im Zeitalter Kaiser Rudolfs II., VSWG 27 (1934) 3 ff.; Anton Pantz, Die Innerberger Hauptgewerkschaft 1625-1783, Graz

1906; Bittner, Das Eisenwesen in Innerberg-Eisenerz 56 ff., 94 ff., 150 ff.; Hans Pirchegger, Das steirische Eisenwesen bis 1564 (Steirisches Eisen 2, Graz 1937); Erz und Eisen in der Grünen Mark. Beiträge zum steirischen Eisenwesen (hg. von Paul W. Roth, Graz 1984); Grubenhunt & Ofensau. Vom Reichtum der Erde. Landesausstellung Hüttenberg/Kärnten 1995, Bd. 2: Beiträge, Klagenfurt 1995; Strieder,
Jakob, Studien zur Geschichte der kapitalistischen Organisationsformen. Monopole, Kartelle und Akti-
engesellschaften im Mittelalter und am Beginn der Neuzeit, München 1914, 129 ff.; Roman Sandgruber,
Die Innerberger Eisenproduktion in der frühen Neuzeit, in: Österreichisches Montanwesen. Produktion,
Verteilung, Sozialformen (hg. von Michael Mitterauer, Wien 1974) 72 ff.

9) Ferdinand Tremel, Studien zur Wirtschaftspolitik Friedrichs III. 1435-1453, Car I 146 (1956), 564.

10) Roman Sandgruber, Von der Widmung zum Wettbewerb, Der Scheibbser Eisen- und Provianthandel vom
17. bis zum 19. Jahrhundert, UH 48 (1977) 193 ff.; Roman Sandgruber, Der Scheibbser Eisen- und Provianthandel vom 16. bis ins 18. Jahrhundert mit besonderer Berücksichtigung preis- und konjunkturgeschichtlicher Probleme, Diss. Wien 1971; Julius Mayer, Beiträge zur Geschichte des Scheibbser
Eisen- und Provianthandels, Jahrbuch für Landeskunde von Niederösterreich, NF 9, 1911, 211 ff.; Kurt
Kaser, Der Kampf um das Waldregal in der Steiermark, HHVSt 25 (1929) 25 ff.; Mitterauer, Zollfreiheit
und Marktbereich 318 ff.; Tremel, Studien zur Wirtschaftspolitik Friedrichs III. 563 f.

11) Arbeitshefte zur österreichischen Kunsttopographie Steyrdorf-Wehrgraben-Wieserfeld, Wien 1987;
Otto Ehler, Eisengewerbe und Stadtentwicklung: der Einfluß der vorindustriellen, wasserkraftgebundenen
Eisenverarbeitung auf die Stadtentwicklung, dargestellt am Beispiel der Ersten Zeugstätte am Wehrgraben
in Steyr, Diss. TU Graz 1990; Fenzl, Barbara, Steyr-Wehrgraben: ehemalige Produktionsstätten an der
ersten Zeugstätte: bauhistorische Untersuchung und Erarbeitung eines Revitalisierungsvorschlages,
DA TU Wien 1989.

12) Bittner, Das Eisenwesen in Innerberg-Eisenerz 547 ff.; Helfried Valentinitsch, Das eisenverarbeitende
Gewerbe im Umkreis des Steirischen Erzberges, in: Erz und Eisen in der Grünen Mark. Beiträge zum
steirischen Eisenwesen, hg. von Paul W. Roth, Graz 1984, 207 ff.; Helfried Valentinitsch, Die Standorte der österreichischen Rüstungsproduktion in der frühen Neuzeit, in: Beiträge zur eisengeschichtlichen
Forschung in Österreich (Leobener Grüne Hefte NF 6, Wien 1986) 161 ff.; Alois Ruhri, Reinhard Dittrich, Schwerpunkte der Waffenerzeugung im Umkreis des Steirischen Erzbergs, in: Erz und Eisen in der
Grünen Mark, hg. von P. W. Roth, Graz 1984, 235 ff.

13) Valentinitsch, Das eisenverarbeitende Gewerbe 207 ff.; Valentinitsch, Die Standorte der österreichischen
Rüstungsproduktion 161 ff.; Josef Ofner, Die Gesellschaft der Rohr- und Büchsenhandlung in Steyr, Veröffentlichungen des Kulturamtes der Stadt Steyr 22 (1961) 30 ff.

14) Franz Fischer, Die blauen Sensen. Sozial- und Wirtschaftsgeschichte der Sensenschmiedezunft zu Kirchdorf-Micheldorf bis zur Mitte des 18. Jahrhunderts, (Forschungen zur Geschichte Oberösterreichs, hg.
vom Oberösterreichischen Landesarchiv, 9, Linz 1966) 149 ff., 175 ff.; Sandgruber, Innerberger Hauptgewerkschaft 84 f.

15) Alfred Hoffmann, Werden, Wachsen, Reifen. Wirtschaftsgeschichte des Landes Oberösterreich,
Bd. 1: Von der Frühzeit bis zum Jahr 1848, Linz 1952, 367 ff.

16) Roth, Eisen, Silber, Salz und Kohle 373 ff.; Ferdinand Tremel, Das Eisenwesen in der Steiermark und
in Tirol 1500 - 1600, in: Schwerpunkte der Eisengewinnung und Eisenverarbeitung in Europa 1500 -
1650, hg. von H. Kellenbenz, Köln 1974, 285 ff.; Tremel, Studien zur Wirtschaftspolitik Friedrichs III.
562 ff.; Herbert Hassinger, Die althabsburgischen Länder und Salzburg 1350 - 1650, in: Handbuch der
europäischen Wirtschafts- und Sozialgeschichte 3, hg. von H. Kellenbenz, Stuttgart 1986, 948 ff.

23

17) Ferdinand Tremel, Die Eisenproduktion auf dem steirischen Erzberg im 16. Jahrhundert, in: Die wirtschaftlichen Auswirkungen der Türkenkriege, hg. von Othmar Pickl, Graz 1971, 319-332.

18) Die Innerberger Hauptgewerkschaft umfaßte den Bergbau auf der nördlichen Seite des Erzbergs, 10 bis 14 Schmelzhütten in Eisenerz, etwa 60 Welsch- und Kleinhammerwerke zum Frischen des Roheisens und zur Ausschlagung der verschiedenen Dimensionen, eine ausgedehnte Waldwirtschaft zur Bereitstellung der erforderlichen Holzkohlen und die Steyrer Eisenhändler als Verleger. Etwa 2000 bis 3000 Beschäftigte fanden einen Arbeitsplatz, davon circa je ein Drittel bei den Radwerken, Hammerwerken und der Köhlerei. Was sich dahinter verbarg, war aber kein dynamischer Konzern, sondern ein hochbürokratisiertes, schwerfälliges Konglomerat: Pantz, Die Innerberger Hauptgewerkschaft; Sandgruber, Die Innerberger Eisenproduktion 72 ff.

19) Adelheid J. Handtmann, Der technische Fortschritt im Eisenhüttenwesen der Steiermark und Kärntens von 1750 bis 1864, Diss. Marburg/Lahn 1980, 52 ff., 94 ff.; Akos Paulinyi, Der technische Fortschritt im Eisenhüttenwesen der Alpenländer und seine betriebswirtschaftlichen Auswirkungen (1600-1860), in: österreichisches Montanwesen. Produktion, Verteilung, Sozialformen, hg. von Michael Mitterauer, Wien 1974, 144 ff.

20) Roman Sandgruber, Ökonomie und Politik. Österreichische Wirtschaftsgeschichte vom Mittelalter bis zur Gegenwart, Wien 1995.; Fischer, Blaue Sensen 68 f., 89 ff., 149 ff., 175 ff.

21) Andreas Kusternig (Hg.), Seines Glückes Schmied - die Eisenwurzen und der Aufstieg des Andreas Töpper, Scheibbs 1987.

22) Karl Bachinger, Der Niedergang der Kleineisenindustrie in der niederösterreichischen Eisenwurzen (1850-1914), Diss. Wien 1968, Druck 1972; Karl List, Die wirtschaftliche Entwicklung der nördlichen Eisenwurzen von der Kleineisenindustrie bis heute, Wien 1969.

23) Wolfgang Heitzmann, Die Eisenstraße, Linz 1987.

Erhard Busek

Österreich in Europa – unsere Heimat

Ich habe die Einladung zu diesem Symposium hier in Weyer ohne jedes Zögern angenommen. Warum? Weil ich von der Initiative zur Belebung der Region Eisenwurzen begeistert bin: Die Menschen in einer alten, historisch ungemein bedeutenden Region im Herzen von Europa machen sich von selbst auf den Weg in eine neue Zukunft! Das hat symbolischen Wert für ganz Österreich: Denn die großen Chancen, die sich für uns Österreicher in einem neuen Europa eröffnen, werden am besten und schnellsten in den Regionen und Landschaften wahrgenommen. Nicht die zentrale Bürokratie in den Hauptstädten ergreift diese Chancen, sondern die Bewohner hier in einer reichen Kulturlandschaft unserer Heimat. Und sie tun das mit einem ungemein modernen und richtigen Anspruch: daß wirtschaftliche Erneuerung und wirtschaftliches Überleben ohne die Kraft der Kultur nicht möglich ist! Mit der Erforschung, der Bewahrung und der Sichtbarmachung der Kultur der Eisenwurzen gelingt auch die wirtschaftliche Erneuerung der alten Industrieregion.

So wird hier weit über die Region hinaus beispielgebend aufgezeigt, daß bei der Regionalentwicklung in Europa die Kultur und die modernen Formen der Wirtschaft Hand in Hand gehen müssen! Das ist ja gerade die Chance dieser alten Industriegebiete im Herzen dieses Kontinents: Die Menschen wissen aus der Erinnerung an ihre eigene Vergangenheit, daß nur mit den jeweils modernsten Techniken Wohlstand möglich ist. Das Erlernen der Techniken ist aber ohne Kultur schwer möglich.

Seit dem Mittelalter hat diese Region mit ihrer ganz spezifischen Kultur einen ungemein vielfältigen technischen und kulturellen Fortschritt erzeugt. Die Überreste dieser großen Kultur liegen für uns alle sichtbar im ganzen Land verstreut: in herrschaftlichen Schlössern und Herrenhäusern, in Stiften und Klöstern, in den vielen Kirchen, in Ratsstuben, den Hammerschmieden und der reichen Architektur der Industriebauten. Und wer sie zu suchen versteht, stößt auf diese realen

25

Zeugen einer großen Kultur, deren Interpretation die besten Kräfte des Volkstums begreifen läßt.

Der Erzberg war immer das eherne Haupt der Eisenwurzen. Aus ihm strömt gleichsam wie aus einem Vulkan seit Jahrhunderten jene geheimnisvolle Kraft heraus, die materiell und geistig dieses Land hier bestimmte und eine so eigenständige Kultur hervorbrachte. Eisen - das ist der aktive Motor, der Antrieb, der vom Erzberg kam. Produzenten und Träger dieser Kultur waren die Menschen in den Arbeitsstätten, am Erzberg oder in den Schmieden. Ihre Kultur konzentriert sich auf den Fortschritt der Mechanik, die ihnen das Leben erleichterte, und auf die Verarbeitung von Eisen, dem Härten von Stahl. Eigentlich stützt sich das Leben auf all das, was die Verbindung von Eisen und Stahl in ihrem Wesen mit sich bringt; aus dem Schmiedeeisen wird eine wesentliche Kulturform.

Und die Wurzen deutet auf die Wurzeln der Menschen. Die Menschen, die das Eisen schmiedeten, waren wirtschaftlich alleine nicht autark. Sie bedurften der Versorgung durch den Bauern. Das Bauerntum war somit nicht Selbstzweck, sondern eine Notwendigkeit. Der Bauer kaufte dem Eisenerzeuger die Ware ab und lieferte ihm dafür das lebensnotwendige Brot. Aus diesem Zusammenleben entstand das eigentlich Kulturelle der Eisenwurzen, das in seiner Einzigartigkeit in keiner anderen Region zu finden ist.

Neben dem Stahl und den Eisensorten der Hammerwerke wurden auch die Erzeugnisse der Eisenwurzen nach West- und Nordeuropa exportiert. Messer und anderen Klingenwaren kamen sogar bis nach Venedig. Ganz besondere Bedeutung dabei verdienen die Zünfte der Sensen- und Nagelschmiede. Letzte Nachfahren dieser Eisenindustrie sind die Taschenfeitelerzeuger im Trattenbachtal, die heute noch in alle Welt exportieren.

Die Handelswege der Eisenhändler verflochten sich zwischen „dem Eisen" und „dem Wurzen" mit den Handelswegen für Weizen, Korn, Hafer und Schmalz aus dem bäuerlichen Vorland. Und dieser Handel begründet den Reichtum der vielen bürgerlichen Kaufmannsstädte hier in der Gegend.

Warum erzähle ich das alles? Weil die Geschichte zeigt, daß die wirtschaftliche Entwicklung und der Wohlstand in einer Region niemals iso-

26

liert von seinem Umland abläuft. Und aus der Erfahrung mit der modernen Industrie wissen wir auch, wie schnell es gehen kann, daß eine Region ihre einstmals überragende wirtschaftliche Bedeutung verlieren kann, wenn irgendwo anders in Europa neuer Wettbewerb entsteht und die eigenen Erzeugnisse aus welchen Gründen auch immer ihre Märkte verlieren.

Ich brauche daher nicht lange zu erklären, daß unser Wohlstand im modernen Österreich nicht allein von dem abhängt, was wir mit eigener Kraftanstrengung produzieren und konsumieren, sondern zu einem guten Teil von dem, was Koreaner, Taiwanesen und unsere slowakischen und tschechischen Nachbarn pro Stunde gerade verdienen und wie hoch oder niedrig gerade die Börsenkurse in Tokio, New York und Frankfurt notieren.

Daher ist es die Herausforderung unserer Zeit, neben all dem richtigen und wichtigen Bekenntnis zur Heimat und Region gleichzeitig ein größeres Bekenntnis zu Europa zu setzen. Denn die Chancen und Möglichkeiten hier vor Ort, in der lokalen Umgebung können nur erfolgreich wahrgenommen werden, wenn die Betroffenen als Teil in einem größeren Ganzen eingebunden sind.

Österreich als Staat ist selbst ein Beispiel dafür, wie sich die Vielfalt in der staatlichen und wirtschaftlichen Einheit trifft und zum neuen Ganzen wird. Österreich wiederum ist einer der tragenden und verbindenden Teile des wirtschaftlich und politisch größeren Europa. Unsere eigene kulturelle Identität, unsere wirtschaftlichen Möglichkeiten gehen dabei nicht in einem gesichtslosen Europa verloren. Im Gegenteil: Europa gewinnt seine eigene Identität und Stärke erst mit und durch Österreich. Ein Europa ohne Österreich und ein Österreich ohne Europa sind undenkbare Vorstellungen, die weder für Österreich noch für Europa Sinn ergeben. Was ich damit meine, ist in einem knappen Slogan zusammengefaßt, der uns gerade landauf, landab von den Plakaten entgegenlacht: „Europäer sind wir. Österreicher bleiben wir."

Unser Bekenntnis zu Europa wiederum schließt mit ein, daß wir eine sehr realistische Vorstellung davon brauchen, wie die Verteilung der politischen Aufgaben und die Kompetenzen der Problemlösung aussehen. Das Interesse an „Weltpolitik" beginnt zwar in den Gemeinden, der

Region und im Bundesland, es kann dort aber nicht enden: Die weltweiten Umweltprobleme, die globale Friedensordnung, der Welthandel und die europäische Sicherheitspolitik machen an unseren Grenzen nicht halt und verlangen internationale Zusammenarbeit.

Ich möchte daher sagen, daß Österreichs wirtschaftliche Stärke, unsere staatliche Sicherheit und die Interessen seiner Menschen ihre sichtbare und umfassende Entsprechung erst in der Europäischen Union finden. Wir müssen dabei sehr realistisch sein: Wir können unsere wirtschaftliche und soziale Stabilität angesichts des hohen Grads an internationaler Verflechtung ohne die aktive Teilnahme am europäischen Prozeß der Integration nicht sichern. Das moderne Heimatbewußtsein muß daher ein Europabewußtsein zwingend miteinschließen! Aus der Kraft der Geschichte und aus der Kraft der Kultur der eigenen Region ergibt sich, wie sehr sie ein unzertrennlicher Teil der gemeinsamen europäischen Zivilisation ist. Die Bewohner hier in der Eisenwurzen, wir alle in Österreich, können daher nicht im europäischen Abseits stehen bleiben, ohne unsere politische, kulturelle und ökonomische Bedeutung zu verlieren.

Dieses „Europa" oder der „Weltmarkt" sind aber gleichzeitig auch schrecklich große Begriffe. Zu groß, um von vielen in ihrer vollen Tragweite umfaßt werden zu können. Wir können mit diesen „großen" Begriffen nur leben, wenn wir in einer universalen Ethik des demokratischen Zusammenlebens eingeübt sind. Wir brauchen daher mehr denn je Werte, mit denen wir unserem Leben eine sichere Ausrichtung geben können, Orientierung finden.

Diese Werte einer universalen Ethik wiederum können nur wachsen, wenn sie in der Demokratie des Lokalen und Regionalen entstehen. Denn wir müssen alle die wichtigen Entscheidungen - trotz des globalen Ausmaßes vieler Probleme - in den kleineren und überschaubaren Einheiten treffen, sonst wird das demokratische Zusammenleben letztlich scheitern. Wir sind daher sehr gut beraten, all unsere Hoffnungen und Pläne für die sichere Zukunft Österreichs in einem neuen Europa unter ein zentrales Leitmotiv zu stellen. Denn das eigentliche innere und geistige Motiv, warum wir uns alle täglich in all den verschiedenen Aufgaben und Berufen mit vollem persönlichen Einsatz für eine bessere

Zukunft bemühen, ist unser Glaube an die Menschen und unser Stolz auf unsere unmittelbare Heimat.

Die große, übergeordnete Lebensdimension, auf die sich die Politik beziehen muß, ist Heimat, Identität, Geborgenheit in einer Gemeinschaft, die der Einzelne bejahen und als „seine" Gemeinschaft empfinden kann. So wie jeder Mensch ein grundsätzliches Recht auf Leben und Freiheit hat, so hat jeder Mensch auch ein Anrecht darauf, in einer Gemeinschaft zu leben, der er sich zugehörig fühlt - einer Gemeinschaft, die ihn nicht befremdet und entfremdet, sondern die ihn beheimatet und ihm Werte, Geborgenheit, Sicherheit und Selbstgewißheit vermittelt. Wenn daher „Europa" oder der „Weltmarkt" für viele Menschen zu große Begriffe sind, dann ist es unser Verständnis von Politik, den Menschen diese Ängste zu nehmen. Wir müssen daher den gesicherten und überschaubaren Ort in der Politik schaffen, der dieses Bedürfnis nach Geborgenheit und Sicherheit erfüllt.

Wir Menschen der Moderne leben in den Spannungsfeldern der Gleichzeitigkeit der Weltmärkte, der weltumspannenden Kommunikations- und Informationssysteme, der universalen Gültigkeit der Menschenrechtscharta, der politischen und ökonomischen Ordnungen supranationaler Zusammenschlüsse und des Partikularismus der eigenen Region und Nachbarschaft.

Ich möchte davor warnen, daß diese Gleichzeitigkeit der verschiedenen Welten leicht in eine kulturelle Ungleichzeitigkeit umkippen kann. Nämlich immer dann, wenn der Bezug zum eigenen Ich, der eigenen Herkunft und Kultur verloren zu gehen droht. Darum sprechen wir wieder von Heimat. Denn die demokratische Heimat mit ihren Werten und ihrer Kultur ist unsere Orientierungsgröße innerhalb der vielen Spannungsfelder unseres Lebens.

Die Demokratie, hat Aristoteles einmal gesagt, reicht soweit wie die Stimme ihres Herolds. Die Heimat ist daher der Ort der demokratischen Politik der Bürgernähe; die Politik der Heimat wird gleichermaßen zur Politik auf dem Marktplatz des Dorfes und der Stadt. Und der demokratische Politiker muß sich - um die Verdrossenheit an ihm zu überwinden - an den Orten des Zusammenlebens der Menschen wieder sehen lassen, um den Willen der Menschen zu verstehen.

Heimat ist dort, wo jemand um die Bedeutung der Werte des menschlichen Zusammenlebens, um die Kultur und die Geschichte weiß, wo jemand gelernt hat, in welchem Verhältnis er zu seiner kulturell und geschichtlich gewachsenen Umgebung steht. Heimat bedeutet, daß die Vernunft am besten dort aufgehoben ist, wo die Menschen zusammenkommen, um miteinander zu reden.

Der Politik fällt dabei die Aufgabe zu, diese Orte der Begegnung, des Gesprächs, der Kommunikation zu ermöglichen. Kultur besteht aus Traditionen, alten und neuen Denkmälern, Trachten, Liedern, Erzählungen und Geschichten, aus dem, was die Menschen essen und trinken. Österreichs reiche Kulturlandschaft, das „Klöster- und Schlösserreich", die Bauten hier in der Eisenwurzen aus Vergangenheit und Moderne, sie alle sind die sichtbaren Zeugen dieser Identität.

Wenn wir also aufbrechen in das neue Europa, setzt ein zeitgemäßes Bewußtsein von Heimat Bildung voraus, ohne die eine Vorstellung von den vielen möglichen Heimaten nicht erreicht werden kann. Die Qualität dieser Bildung bestimmt, in wie vielen geistigen Heimaten jemand zu Hause sein kann. Daher brauchen wir die ständige Anstrengung, hervorragende Bildungsmöglichkeiten, die „geistigen Bibliotheken" in den Regionen und Städten, die erlauben, sich selbst in der eigenen Nachbarschaft das Rüstzeug für die Anforderungen der Welt anzulegen.

Wie eng oder wie weit jeder für sich diesen Kreis der Heimat zieht, in wie vielen konzentrischen Kreisen sich jemand beheimatet fühlt, kann von vornherein nicht festgelegt werden. Aber glücklich der Mensch, der viele Heimaten kennt, der in vielen Bezugsrahmen zu Hause ist; unglücklich dagegen der Mensch, dem alles fremd geworden ist, der sich nirgendwo zu Hause fühlt.

Was ich unter Heimat meine, hat am schönsten und treffendsten der große Steirer Hanns Koren in einem schlichten Satz zusammengefaßt. Er meinte: „Heimat heißt Tiefe, nicht Enge!"

Konrad Köstlin

Geschichte und Modernität von „Heimat"

1. Der Boom

„Heimat" und „Region" haben Konjunktur. Angesichts der Angst vor den Großstrukturen Europas, das selbst wiederum als eine Wende gegen die Superstrukturen internationaler Machtkonstellationen gedeutet werden kann, wird uns an den Autobahnen zur Europawahl versichert: „Dahoam bleibt dahoam", „Erdäpfelsalat bleibt Erdäpfelsalat". Und, wem's noch nicht bekannt war, „Wien bleibt Wien". So wird uns beruhigend bedeutet, daß das Eigentliche das Eigene bleibe. Damit ist ein Stichwort schon gefallen: Deutung. Sie leitet in der Moderne Erfahrung, und - sie wird immer mehr an die Deutungsmächte delegiert, an die Stichwortgeber des Zeitgeistes.

Begriffe entstehen nicht von allein, sondern sind von Deutungsmächten auf- und angeboten. Sie bleiben nicht stabil, sondern werden immer wieder neu formuliert und durch Deutungen mit neuen Bedeutungen gefällt. „Heimat", das kann vorweg gesagt werden, gehört zu jener Art von Homogenisierungsbegriffen (wie Region und Volkskultur), mit denen angesichts der Atomisierung unserer Gesellschaft die Gemeinsamkeit des längst Zerteilten hergestellt werden soll, und andererseits das Gemeinsame gegenüber dem noch Größeren betont wird. Offenbar produziert in der Moderne jeder Schub an Individualisierung einen neuen Bedarf nach Vergemeinschaftung, der z.B. Cliquen, Gangs oder homogene Sekten zur „Heimat" vor allem für Jugendliche werden läßt. Heimat gilt wieder etwas, fast unbesehen und unbefragt. Sagt jemand etwas gegen „Heimat", dann gilt er als so böse wie einer, der einen Hund tritt oder ein Kind schlägt. In unserer Gesellschaft scheint die Meinung zu überwiegen, „Heimat" sei grundsätzlich positiv zu bewerten. Dabei sind die Inhalte eines solchen Konsenses bislang nicht deutlich geklärt.

Heimat gilt als der Ort des Aufgehobenseins, als Hort der Zufriedenheit und des kollektiven wie individuellen Rückzugs. Tatsächlich läßt sich ahnen, daß die Konjunktur für Heimat in dem Maße ansteigt, in dem das Leben in der Moderne als ungemütlich und angstmachend gedeutet und erfahren wird. Vor dem Hintergrund weltweiter Bedrohungen wird das Bedürfnis der Menschen besonders hartnäckig und euphorisch-fröhlich artikuliert, sich im zufälligen, kleinen Lebensumkreis wohlfühlen zu wollen. Die Menschen verhalten sich so, als ob sie mit der kleinen Welt, in der sie leben und die sie dann Heimat nennen, bestens bedient seien. Sie graben sich in den Geschichtswerkstätten der Alltagsgeschichte spurensuchend (so heißt es modern) in der Heimat ein und suchen Wurzeln dort zu schlagen (so sagte man früher).

In der Literatur lassen sich positive und oft idyllische Schilderungen von Heimat finden, die in Sammelbände und Anthologien zum „Mysterium Heimat" zusammengebunden sind. Auf der anderen Seite stehen ironisch-kritische Definitionen und desillusionierende Schilderungen von Heimat – eine Gegenposition, die freilich kaum im Trend liegt. Sie soll akzentuiert werden, um die gegenwärtige Zustimmung zur Heimat ein wenig zu relativieren.

Heimat, so hat man gesagt, sei die Tröstung für die Daheimgebliebenen. Martin Walser meinte, Heimat sei „das freundlichste Wort für Zurückgebliebenheit". Andere meinten, Heimat sei die Verbundenheit mit etwas, wovon man nur mit Mühe loskomme, sie sei der Ort, an dem man versauern müsse, weil einen die Geburt unglücklicherweise dorthin verschlagen habe, mit „Heimat" sei die Entbindungsstation zum biographischen Schicksal gemacht worden. Wieder andere haben gefragt, ob in unserer Gesellschaft Heimat und Heimatgefühl so etwas wie eine freundliche Retusche der Resignation, eine Verklärung des Unvermeidlichen sei, in das man sich eben geschickt habe. Der Zwang, daheim zu bleiben, kann aus den freundlichsten Orten Schauplätze des brodelnden Hasses machen - auch dann, und gerade dort, wo besonders viel von „Heimat" die Rede war; das immerhin haben uns die Heimatromane gezeigt.

2. Gefühle sind historisch - und veränderbar

Seit Eduard Sprangers Text „Vom Bildungswert der Heimatkunde" aus dem Jahre 1923 - das wissen die Lehrer vor allem - wuchert die Wurzelmetaphorik und droht „Wehe dem Menschen, der nirgends wurzelt!" Der Gedanke, daß Menschen keine Bäume seien und statt der Wurzeln Beine haben, mithin also aufs Fortgehen eingerichtet sind, hat sich als Idee kaum durchsetzen können. Das Bild vom Wurzelbedürfnis erweist sich als resistent gegenüber der Diktatur der Mobilität in der Moderne und kann so zu ihrem Gegenentwurf und ihrer Kritik werden.

Gefühle fallen nicht vom Himmel. Auch das Heimatgefühl, das die Menschen in einem historischen Prozeß erlernt haben, hat seinen Ausgangspunkt in spezifischen Erfahrungen im Verlauf der Modernisierung der Gesellschaft. An diese Modernisierung bleiben Heimatgefühl und Heimatbedürfnis gekoppelt, sie werden mit ihr konjugiert und sind abhängig von der sozialen Lage der Menschen. Um das Verhältnis von Anspruch und Wirklichkeit des Heimatbegriffes zu verstehen, ist es hilfreich, die Veränderungen des Heimatverständnisses in den letzten beiden Jahrhunderten zu verfolgen. Dabei soll versucht werden, die Ausgänge des modernen Heimatverständnisses freizulegen. Freilich soll die Vor- und Frühgeschichte von „Heimat" nicht als wissenschaftliche Übung historische Vollständigkeit produzieren. Doch ältere Vorstellungen von Heimat reichen als Sediment in die Gegenwart. Ein Teil der mit der Begriffsgeschichte von „Heimat" verknüpften Vorstellungen schimmert in gegenwärtigen Heimatdiskussionen immer wieder durch oder wird sogar ganz bewußt wiederaufgenommen und aktiviert.

3. Heimat als Rechtswirklichkeit

In den oberdeutschen Mundarten kann man bis heute als Bezeichnung für den Hof „die Heimat" oder „das Heimat" hören. In der Oberpfalz gibt es ein Lied mit dem Titel „Vater, wann gibst mr denn s'Hoamatl" (also: Vater, wann übergibst du mir den Hof?). Mit Heimat war eine Rechtswirklichkeit angesprochen. „Heimat" war ein Rechtsbegriff und ein unsentimentales Wort, das ohne große Emotionen auskam. Heimat war der Ort, an dem man das Recht hatte, zu Hause zu sein, der Ort also, wo man das Recht hatte, sich häuslich einzurichten und zu bleiben. Auch andere Begriffe wie der des „eigenen Rauches" oder die Redensart, daß „eigener Herd Goldes wert" sei, weisen auf diesen rechtlichen Zusammenhang des historischen Heimatbegriffes. Bis weit in das 19. Jahrhundert hinein war dieses Recht auf Heimat an Besitz gebunden und durch das „Vermögen", die Fähigkeit, Steuern und Abgaben zu zahlen, definiert. Im Gegenzug bedeutete dies für den, der Heimat „besaß", einen Versorgungsanspruch durch die Gemeinde im Alter oder bei Krankheit.

Das nimmt eine kürzlich veröffentlichte Notiz in der Zeitschrift „St. Gilgen heute, das Informationsblatt für unsere Gäste" auf: „Wußten Sie schon, daß der deutsche Bundeskanzler Dr. Kohl Ehrenbürger von St. Gilgen ist? Diese Tatsache garantiert ihm, daß ihm jederzeit ein kostenloser Platz im Altersheim St. Gilgen zusteht". Hier scheint spielerisch noch die soziale Erinnerung durch, in der das Heimatrecht in einem Ort gleichzeitig den Rechtsanspruch einschloß, an diesem Ort auch im Alter versorgt zu werden. Heimatrecht, und in den Städten das Bürgerrecht, waren an Besitz gebunden. Wer Besitz hatte, hatte in aller Regel auch Heimat. Mit der Koppelung der Heiratserlaubnis an das Heimatrecht sollten die Besitzlosen von der Familiengründung ausgeschlossen werden, um die Gemeinden vor steigenden Armenkosten zu bewahren. Das hatte eine ständig steigende Zahl unehelicher Geburten zur Folge.

Heimat „besaßen" nur wenige, und Heimat hatte immer einen männlichen Akzent. An das „Wegmüssen" lediger Mütter ist zu erinnern, daran, daß Frauen meist in das Haus des Mannes zu ziehen und deren Namen anzunehmen hatten, daran daß nur der Älteste (oder der Jüngste) erbte, die anderen Geschwister Knechte und Mägde wurden oder als Priester auf die „himmlische Heimat" vertrösteten. Andere wanderten aus, weil das geteilte Erbe vielleicht den Rechtstitel „Heimat", nicht aber das Brot für Heimat und Heirat hergab. Bis in die Mitte des 19. Jahrhunderts hatte man „sich vor seiner Verehelichung ... über einen genügenden Nahrungsstand" auszuweisen.

4. Heimat als Ideologie und als Idee

Die „Bauernbefreiung" im 19. Jahrhundert ermöglichte eine neue Mobilität, genau die nämlich, die die gleichzeitig einsetzende Industrialisierung verlangte. Das statische Bürger- und Heimatrecht, das Gebundensein an den Ort, wie es vorher auch im „Schollenband" üblich war, wird unbrauchbar und, weil hinderlich, nach und nach abgelöst. Mobilität, „Landflucht", Bevölkerungsanstieg in den Städten sind die Stichworte und gleichzeitig die Folie, vor der sich die moderne Heimatvorstellung ausbildet. Diese neue Mobilität war für einen großen Teil der Gesellschaft erst zu erlernen. Die „Erfindung" von Heimat mit einem veränderten Inhalt mag anfangs bei der Bewältigung dieser Herausforderung hilfreich gewesen sein.

Vor allem die zweite Hälfte des 19. Jahrhunderts ist durch eine Ideologie gekennzeichnet, die Heimat nicht mehr als Recht, sondern als Idee allen zuspricht. Heimat wird, und das ist in Anführungszeichen zu setzen, „demokratisiert". Jetzt, wo allen Heimat zugesprochen wird, ist sie auf der einen Seite entmaterialisiert, hat also ihren rechtlichen Anspruch verloren. Sie wird auf der anderen Seite emotionalisiert: „Am Brunnen vor dem Tore ..." „Im schönsten Wiesengrunde ..." - die Lieder gehören allen, die Träume auch. Aber in diesen Liedern wird auch deutlich, daß die in ihnen gemalten Bilder immer weniger konkret werden und eine an allen Orten vorfindbare, idealisierte und gleichzeitig stereotype und damit austauschbare Heimat ansprechen. Stille Wiesengründe und Brunnen - die Klischees vom Landleben, die diese Heimatlieder prägen, emotionalisieren Begriff und Vorstellung von Heimat. Sie meinen nicht mehr die Selbstverständlichkeit des Alltags und des realen Besitzes von Heimat, der den „Vermögenden" vorbehalten war.

5. Landleben als Sonntagsbild

Nun ist ein Sonntagsbild des Landlebens gefragt, das nicht mehr auf die Gegenwart des Lebens zielt, sondern immer mehr eine Idyllenvergangenheit verklärend in den Blick bekommt. Diese bessere Vergangenheit ist Thema des neuen Heimatpreises. Er wird notwendig und auf verquere Weise auch hilfreich und entlastend, weil die neuen Erfahrungen des Ausgesetztseins und der Entfremdung im 19. Jahrhundert, mit Industrialisierung und Modernisierung von den zu Beweglichkeit und innovativem Handeln gezwungenen Menschen Anpassungsleistungen verlangen, die nicht immer leicht zu erbringen waren. In der emotionalen Heimatidee wird eine besinnliche und beruhigende, quasi religiöse Gegenwelt zur Angst der bürgerlichen Gesellschaft vor der Modernisierung formuliert. Das scheinbare Gleichmaß und die Beständigkeit, die Selbstbestimmtheit der Arbeit und der natürliche Zyklus des Jahreslaufs, die die „alte" Volkskultur ausgezeichnet hätten, werden gegen den unruhigen und beunruhigenden, entfremdenden, unübersichtlich und unabsehbar werdenden sozialen Wandel gesetzt, dem die Sicherheit und Verläßlichkeit der alten Heimatlichkeit fehlt. Die Sicherheit und Verläßlichkeit der alten Ordnung wird der Gefährdung durch die angstmachende neue Welt gegenübergestellt; Überschaubarkeit wird gegen Unübersichtlichkeit ausgespielt. Im Heimatlob des 19. Jahrhunderts wird das „heile Dorf" gegen den „Moloch Großstadt" gesetzt. Agrarromantik und Großstadtfeindschaft sind Bestandteile einer Strategie in der sich ausbreitenden Bürgerlichkeit, die die neuen Zumutungen der Modernisierung und Beschleunigung des gesellschaftlichen Wandels auffangen und kompensieren will.

6. Heimatschutz

Bereits in den 1850er Jahren werden z.B. in Bayern Heimat, Tradition, Brauchtum und Trachten durch eine eigene Gesetzgebung gefördert und in die Staatsideologie verwoben. 1852 ergeht ein Erlaß zur Erhaltung der Dorflinden: Dort, wo Linden abgeholzt worden waren, seien neue zu pflanzen. Das Gesetz formuliert ganz ausdrücklich den Zusammenhang mit der Idylle des „Am Brunnen vor dem Tore": Bei den Linden, dort wo die Brunnen seien, habe man sich früher getroffen und dabei Sagen und Märchen erzählt, getanzt und Lieder gesungen. Ein Erlaß zur „Erhaltung der Nationaltrachten" folgt 1853 mit dem ganz ausdrücklichen Vermerk, auf diese Weise könne die Modernisierung verlangsamt und die Entwurzelung der Menschen verhindert werden.

Das scheint in einer Art von Doppelstrategie auch tatsächlich zu funktionieren: Einmal durch die Produktion von Idyllen in Liedern, in Bildern und in der Heimatliteratur, aber auch ganz konkret in einer spezifischen Aneignung von Heimat in der Sommerfrische, die dann als „Frei-

zeit" immer deutlicher einen Spiel-Raum für gesellschaftliche Gegen-
entwürfe vorzuhalten hat. Die Sommerfrische auf dem Lande, das Ken-
nenlernen der Heimat, das bewußte Erleben von Heimat, später das
Erwandern der Heimat, werden Leitbegriffe des ausgehenden 19. und
20. Jahrhunderts, in den Wander- und Gebirgsvereinen und in der bürgerlichen wie auch später in der sozialistischen Jugendbewegung.

Es ist wichtig, daran zu erinnern, daß die Sentimentalisierung von Heimat den älteren und präzisen Rechtsbegriff nun verwischt. Die durch „Vermögen" bestimmte Schichtgebundenheit verschwimmt in die Breit-
bandbürgerlichkeit und wird in der zweiten Hälfte des 19. Jahrhunderts
blind für soziale Differenzierungen. Weit in die zweiten Hälfte des 19.
Jahrhunderts bleiben Proletarier und Arbeiter an und von dem, was Heimat (und dann Vaterland) genannt wird, desinteressiert und ausgeschlossen.

7. Heimat und Freizeit

Um die Jahrhundertwende war eine organisierte Heimatbewegung entstanden. Dieser pflegende Heimatschutz sah insbesondere auf die
ästhetischen, sonntäglichen Qualitäten von Häusern, Trachten, Bräu-
chen und Liedern; er blendete Misthaufen, Schmutz und mangelnde
Hygiene, Krankheiten und Kretinismus ebenso aus wie obszöne und
ordinäre Lieder, denen er das Markenzeichen „Volkslied" vorenthielt.
Sonntägliche Qualität war gefragt, und das ist hier ganz wörtlich zu
nehmen. Denn der Zusammenhang mit der ländlichen Kultur wird über
das Reisen und die Sommerfrische, eine neue Nutzung der „freien"
Zeit, hergestellt, über den Ausflug aufs Land. So ist es kein Zufall, daß
in den Fremdenverkehrslandschaften besonders viel „Heimat" zutage
gefördert und als Inszenierung in Heimat- und Trachtenfesten auch hergestellt wird. Ein Fremdenverkehrsprospekt aus Oberbayern warb vor
einigen Jahren mit dem Slogan „Wo's'd hischaugst Hoamat" und deutet
den Überfluß des Markenartikels „Heimat" an. Er speist sich aus dieser
Tradition insofern, als es sich eben um ästhetisch-folkloristische Versatzstücke von Heimat handelt: Um Bier, Blasmusik, einsame Kapel-
len, Tracht und Loden, Bauernhäuser mit Geranien und natürlich die

dazugehörige Natur. Hier ist eine ästhetische Sicht auf „Heimat" angesagt. Es ist eine Sicht von außen, die bald auch einer Sicht von innen entspricht. Sie ist eng verzahnt mit dem sonntäglichen Spaziergang aufs Land. „Wanderbares Österreich" hieß das in einem Werbetext der frühen 80er Jahre. Man sollte nicht übersehen, daß ein dialektischer Prozeß in Gang gesetzt wird, in welchem die Fremdverklärung von außen umzuschlagen beginnt in eine Selbstverklärung, in der die Einheimischen lernen, sich mit dem Auge des Touristen zu betrachten und sich anpassend einzurichten. Hier wäre der Ansatz des „mir san mir" zu suchen, jene folkloristische Selbstfeier des hochgeschaukelten Selbstbewußtseins, das von außen erst einmal angeworfen werden mußte.

8. Die Vision von der anderen Kultur

Kurz, in den Traum von der ländlichen Welt wird Beständigkeit, Verläßlichkeit und Dauer hineingesehen - im Kontrast zur sich beschleunigenden Modernisierung der Gesellschaft, die den bürgerlich gestimmten Mittelschichten Angst macht. In dieser Sicht aufs Land wird, was man in der Aufklärung noch als ländlichen Starrsinn und Rückständigkeit kritisiert hatte, als Verläßlichkeit und Solidität gefeiert. Geradezu aufregend mutet an, wie dabei die sozialen, kulturellen und wirtschaftlichen Probleme von Land und Landleben verdrängt werden, die sich in Landflucht und Auswanderung gezeigt hatten. „Bauerntum" wird nun nicht mehr ökonomisch, sondern „kulturell" - über die Bearbeitung des Bodens - gedeutet. Der Kultur-Boden wird zum entscheidenden Merkmal jener „Urverbundenheit", die Viktor von Geramb, der große steirische Volkskundler, dann 1937 endgültig fixiert. In diese Urverbundenheit sollten alle eingebunden sein, die den Boden bearbeiten, Herr und Knecht. Der durch den Bezug zur Erde mythisierte und entrechtlichte Standesbegriff schafft eine Ideologie, die bis heute durchhält, wenn Bauernverbände als „Standesorganisation" Kleinbauern wie auch Großgrundbesitzer (und meist unter deren Führung) vertreten. Auch in dieser Bodenbewertung hat sich „Heimat" verheddert.

9. Das Monopol der Bürger

Die Heimatbewegung war bis zum 1. Weltkrieg eine ganz spezifisch bildungsbürgerliche Angelegenheit gewesen. Eine Gesellschaftsschicht, die Bildung, Moral, Gefühl, Ästhetik und Innerlichkeit als ihr Kapital definierte, aber ohne eigene wirtschaftliche Macht war, sah sich umgeben von Materialisten. Auf der einen Seite waren es Proletarier, die immer nur mehr Geld wollten und als „Masse" eine besondere Art der Bedrohung darstellten: Masse gehörte zur Großstadt. Auf der anderen Seite sah man eine kulturlose, weil nur materiell orientierte protzige, industrielle Großbourgeoisie, ausgestattet mit Geld und Macht, aber ohne „Geschmack" und Gefühl für innere Werte, für leise Töne, fürs Gemüt, und all die Dinge, die den wahren Reichtum der Gefühlswelt ausmachen sollten.

Jene Stimmung bekommt nach dem 1. Weltkrieg Auftrieb. Der Verlust des Krieges hatte das Scheitern des imperialen Gestus des Weltreichs bewiesen. Der Rückzug auf die Werte der engeren Welt, auf die Werte des Gefühls, lag nahe. In der Literatur bis hin zur Feld-, Wald- und Wiesendichtung sproßt nun die Wurzelmetaphorik. Ein Mensch, der nicht geistig im heimatlichen Boden wurzele, sei eigentlich ein toter Mensch, so schrieb Eduard Spranger in seinem bis heute gelesenen Büchlein „Vom Bildungswert der Heimatkunde". Heimatkunde wird zum Schulfach und über die Schule werden auch Arbeiter in dieses Heimaterlebnis hineingenommen.

Gewiß bedeutete in den gesellschaftlichen Konflikten nach dem Ende der Monarchie zwischen Sozialismus, Ständestaat und Austrofaschismus die Wendung zum Kleinen und Eigenen auch eine Abkehr von der politischen Auseinandersetzung. Zum ersten Mal gibt es eine „Literaturgeschichte der deutschen Stämme", eine deutliche Gegenposition zur bisherigen Geschichte der Nationalliteratur. Der Mundartpflege wird ein besonderes Gewicht zugesprochen, Heimatmuseen werden gegründet, Tracht und Brauchtum gepflegt. Die Tracht wird Kürzel für das Heimatbekenntnis - auch in der Arbeiterbewegung, aus der die meisten Mitglieder der frühen Trachtenerhaltungsvereine kamen.

10. Von der Wurzel in den Boden

Die anfangs durchaus ehrenwerte Wurzelmetaphorik gleitet in den Boden und fast unversehens in die Sprachregelung des 3. Reiches hinein, in der „Blut und Boden" zu Kernstücken der nationalsozialistischen Ideologie werden. Wo die „Urverbundenheit" mit dem Boden als Gegenpol zur Entwurzelung großstädtischen Lebens gilt, wird diese Affinität besonders deutlich. Die Bindung des Bauern an den Boden hatten auch die Kirchen intensiv betont. Fast überall, wo brave Leute einen neuen Grund, einen neuen Halt, ein neues Wurzelgefühl suchten, ließ sich das gleichzeitig in die neue Zeit des Nationalsozialismus wie in die Kirchlichkeit einbinden – oft sogar dort, wo man ihm Widerstand entgegensetzen wollte. Die Rolle des Heimatfilms im NS-Staat kann in diesem Zusammenhang nur erwähnt sein. Er garantiert heute die höchsten Einschaltquoten im Fernsehen. In ihm wird deutlich, wie Heide, Meer und Gebirge zu austauschbaren Kulissen geworden sind. Heimat wird dann noch einmal, und wie es scheint endgültig und eindeutig korrumpiert: als Vaterland. Das war zwar nicht neu, aber Heimatfront, Heimatschutz und ähnliche Begriffe verschärfen den Zugriff und bestimmen fortan Wort und Sache. – Eigentlich schien nach dem Faschismus das Wort Heimat, wie viele andere Begriffe, für die Demokratie unbrauchbar geworden. Doch offenbar war der Bedarf nach unpolitischer gesellschaftlicher Gemeinsamkeit groß. „Das einfache Leben" von Ernst Wiechert 1939 verfaßt (W. war 1938 2 Monate im KZ gewesen), hat nach dem 2. Weltkrieg Karriere gemacht. Der Wunsch und die Sehnsucht nach überschaubarer und selbstbestimmter Einfachheit, das Nicht-mehr-ausgeliefert-sein-wollen und die Reinigung durch Bescheidenheit und politische Abstinenz und ein eingespielter Naturmythos als Symbol der Unschuld spielten anfangs eine wichtige Rolle.

11. Heimat als Anspruch?

Es ist sicher richtig, daß Heimat und ihre Versatzstücke wie Tracht, Brauch, Mundart, barocke Zwiebeltürme, die Fassadenfarben des 18. und 19. Jahrhunderts und die ganze Buntheit der Reiseprospekte zu

Bestandteilen der gegenwärtigen Warenästhetik geworden sind. Aber daneben ist kaum zu übersehen, daß spätestens seit Beginn der 70er Jahre die Eindeutigkeit von Heimat in ihrer Zuordnung gebrochen und zugleich auch die Erinnerung an die Korruption durch den Nationalsozialismus vergessen scheint. Damit ist auch der Besitzanspruch des konservativen Monopols auf Heimat dahin. Die schönen Zeilen von Johann Gottfried Seume, „Wo man singt, da laß Dich ruhig nieder, böse Menschen kennen keine Lieder", gelten nicht mehr. Nun haben auch böse Menschen Lieder: Lieder, die in Zwentendorf und Hainburg oder in Whyl und Wackersdorf gesungen wurden. Heimat, Volkskultur und Mundart werden in die Ökologie und die Anti-Atombewegung eingebaut. Das ist heute kaum mehr zufällig und wird mehr und mehr die Regel werden, trifft und überkreuzt sich doch in diesen Ein-Ziel-Bewegungen, auf den ersten Blick irritierend, die „konservative" Kulturkritik mit „progressiver" Gesellschaftskritik. Die Verläßlichkeit der Zuordnungen ist verloren, eine „neue Unübersichtlichkeit" (Jürgen Habermas) angesagt.

12. Neue Setzungen

„Heimat" wird zwar zum ausbeutbaren Material für die Kulturindustrie, die mit den Versatzstücken von Heimat geschickt jongliert. Aber als Anspruch sucht „Heimat" nun auch, einen Mikrokosmos durch Konturen des Eigenen identifizierbar zu machen. Angesichts der undurchschaubaren und unübersichtlichen Großstrukturen sucht man im kleinen Raum so etwas wie Sinn und Orientierung zu finden. Auch die alte Heimatideologie praktizierte ja die Regression auf überschaubare Nahwelten als Heilslehre, und auch die Auslöser ähneln prinzipiell den früheren. Das Angstmachende der großen Welt und des Fremden führt zur Orientierung am Kleinen und am Eigenen. Das Thema des identifizierbaren Mikrokosmos meint nicht nur die Suche nach architektonisch vertrauten Orten - so hat man Alexander Mitscherlichs Klage über „die Unwirklichkeit der Städte" meist verstanden. Es sind die Orte gemeint, an denen man sich, wie Johann Gottfried Herder das einmal formuliert hat, nicht erklären muß. Orte, an denen das Erkennen und das Erkanntwerden funktioniert.

13. Neue Perspektiven

Auffällig ist daran, daß auch die neuen Entwürfe und die praktizierten Versuche sich auf Bilder ländlichen Lebens berufen, „Landleben" als Muster nehmen. „Dörfer wachsen in der Stadt", dazu ermuntert ein Buch 1982. Angedeutet ist damit auch eine Bereitschaft, für den Rückzug ins Paradies direkter Kommunikation Verzicht zu leisten.

An diesem Punkt läßt sich fragen, ob nicht aus dem historischen Heimatbegriff Erkenntnisse und Schlüsse für Gegenwart und Zukunft zu ziehen sind - genauer, ob diese nicht längst schon gezogen wurden. Aus dem alten Heimatbegriff als Rechtszustand wird der demokratische Aspekt herausgefiltert, wenn auch dieser nur für einen kleinen, priviligierten Kreis galt. Aber er beinhaltete doch Anteilnahme an dem, was Heimat hieß und damit das Verfügungsrecht darüber, was in dem mit Heimat bezeichneten Bereich passieren sollte und durfte.

In der „Demokratisierung" und Ideologisierung des Heimatbegriffs scheint dieser Aspekt nie ganz verschüttet gewesen zu sein. In der Heimatideologie stecken solche Impulse - neben bösen Fallen und fremdenfeindlichen Verführungen. Selbst die Versatzstücke von Heimat haben die Gemüter der Menschen ja nicht nur vernebelt, wie man das Heimatliedern, Schlagern, billigen Bildern oft genug vorgeworfen hat. Im Nebel hat sich als Grundierung ein Traum davon wachgehalten, wie Leben eigentlich sein könnte: der Traum von Identität, der Traum von Gemeinsamkeit, vom „ich und die anderen", der vor allem im Urlaub geträumt wird. Selbst in der „volkstümlichen Musik" oder im „Kitsch" ist die Idee, wie man eigentlich leben könnte, eingepreßt: gemeinschaftlich, solidarisch, friedlich und manchmal - das ist nicht unanständig - auch gemütlich.

Man kann das an einem Möbelensemble ganz gut demonstrieren. In der Nähe von München gibt es ein riesiges Möbelhaus, das voll von Eckbänken und Bauerntischen ist, die dort offenbar auch in großer Zahl gekauft werden. Man kann fragen, was hinter solchem Bedarf eigentlich steckt. Was verspricht man sich von solcher Möblierung des Alltagslebens, und wer verspricht sich etwas davon? Ohne detailliert darauf zu antworten wäre mein Vorschlag der Interpretation, in diesen stabilen und verläßlichen hölzernen Möbelstücken, in Tischen und Eckbänken so etwas wie ein Handlungsmuster zu sehen. In diesem Handlungsmuster wäre die Hoffnung ausgedrückt, in den Sachen könnte eine Anweisung darüber enthalten sein, wie Menschen eigentlich und vernünftigerweise miteinander umgehen sollten – einander zugewandt, gesellig, vielleicht auch singend, auf jeden Fall schon durch die mit Tisch und Bank vorgegebene, geradezu erzwungene Körperhaltung einander zugewandt. Man könnte dieses Möbelensemble, Eckbank und Tisch, durchaus als Gegenentwurf zum Handlungs- und Kommunikationsmuster der Couchgarnitur nehmen, die die Menschen auseinanderklappt wie die Blütenblätter verwelkter Tulpen und dabei die Schwierigkeiten, miteinander zu kommunizieren, geradezu programmiert. Mit Eckbank und Bauerntisch wird ein tradiertes und verläßliches ländliches Muster in die Stadt geholt. In der „Vermarktung" der ländlichen Kultur, die wir meist negativ werten, läßt sich auch ein positiver Aspekt entdecken. Bauerntisch und Eckbank beleben die Ahnung davon, wie Menschen miteinander umgehen sollten und tragen sie weiter. Die Sachen wirken als „kulturelle Erinnerung", bergen Verlorenes und Verschüttetes fast wie einen Heilsplan.

Diese Ahnung kann man mit einer Argumentationsfigur von Karl Marx recht gut erläutern. Dieser Karl Marx hat einmal - oft genug hat man's gehört - die Religion als „Opium des Volkes" bezeichnet. Meist wird dieser Satz nur halb zitiert, denn er geht weiter: Religion sei nicht nur das Opium des Volkes, sondern in der Religion seien zugleich der Ausdruck des wirklichen Elends und der Protest gegen dieses Elend enthalten. Auch in der Religion also sind demnach Ideen vom anderen Leben, vom wirklichen Leben, enthalten wie auch der Protest gegen den gegenwärtigen Zustand. Die Argumentationsfigur läßt sich übertragen. Im verkitschten Heimatroman, im Heimatlied, in Eckbank und Tisch wäre die Idee vom „anderen" Leben enthalten wie auch der Protest gegen das Bestehende. Neben der illusorischen Befriedigung ist, wenn auch verformt, eine gleichzeitig mitschwingende, latente Opposition gegen das Bestehende zu vermerken. Insofern sind und waren auch in Heimatliedern wie in der Brauchtumspflege, den Ritualen der heilenden Gemeinschaft, gerade weil sie die Alltagsrealität verleugnen, gegenläufige Elemente des Protests und Widerspruchs gegen den unbefriedigenden Zustand des Jetzt enthalten.

Heimat als Ansspruch, neuformuliert als Anspruch auf Demokratie vor Ort, als Anteilnahme am Lokalen und Heimat als Ideologie, als Traum vom richtigen Leben. Beide sind nicht denkbar ohne die im Verlauf der Modernisierung der letzten 200 Jahre gemachten Erfahrungen. Seit den 70er Jahren wird der Versuch spürbar, „Heimat als Projekt" neu zu formulieren. Diesem neuen Heimatbegriff merkt man an, daß er mit dem alten zwar nicht unvereinbar, aber doch von ihm unterscheidbar ist. Der neue Heimatbegriff setzt aktive Auseinandersetzung als Anspruch auf Teilhabe voraus. Er fordert Demokratie als Möglichkeit zur aktiven Gestaltung ein. Dieser Partizipationsanspruch unterscheidet ihn vom älteren Heimatbegriff, der allzuoft auf den ästhetisch konservierten Resten des Alten hockte. Dieser neuen Heimatbegriff faßt Heimat als verstehbare und gestaltbare Nahwelt. Durch Deutung und Setzung will er die Möglichkeiten der „Demokratie vor Ort" einklagen.

14. Die Modernität von Heimat

Es gehört zum Überraschenden an dieser neuen Heimatbewegung, daß Menschen in der „Provinz" (und nicht nur sie), die bisher kaum aufsässig waren, sich wehren, weil sie unbegrenzte Zumutungen auf sich zukommen sehen. Die Vision des 19. Jahrhunderts hat sich mit dem älteren Rechtsanspruch verschwistert, die bloß sentimentale Heimatgefühligkeit ist umgeschlagen in einen demokratischen Anspruch. Was da an historischem Sediment - gewiß durch verwissenschaftlichte Deutung - wiederentdeckt und behauptet worden ist, verbindet sich mit der Forderung nach dezentralen Maßstaben. In diesem neuen Anspruch auf demokratische Teilnahme in der Heimat steckt also auch ein Moment der Auflehnung gegen weit entfernte Entscheidungszentren, das kann Linz und Wien, das können Metropolen oder das ferne Europa sein.

15. Heimatpflege von oben?

Insofern gibt es tatsächlich ein neues, demokratisches Heimatbewußtsein, aus dem sich auch Forderungen an eine erneuerte Heimatpflege ableiten lassen. Es ist ja nicht ohne Pikanterie und durchaus fragwürdig, warum ausgerechnet die Metropolen sich um „Heimat" mühen und warum die Heimatpflege sich vor allem an der Peripherie so intensiv gefördert abspielt. Man könnte und man sollte sich fragen, ob Trachtenpflege, Pflege der Volksmusik und auch die denkmalpflegerische Fassadenkultur nicht das kleine beschauliche Zuhause meinen, das von der ständig anwesenden Angst ablenken soll, die Menschen mit sich herumtragen müssen. Sollte das so sein, dann wird der Pferdefuß solcher Heimatpflege offenbar. Sie wäre Bestandteil einer Strategie, die auf der einen Seite Modernität predigt und mit Daten-Highways eine Informationsgesellschaft im Technologiepark schaffen will (man muß sich - wie auch beim Entsorgungspark - das Wort auf der Zunge zergehen lassen um zu erkennen, daß aus dem an sich freundlichen Ort „Park" durch sprachliche Camouflage ein Ort geworden ist, den man ohne Schaden zu leiden, nicht mehr betreten kann). Auf der anderen Seite gibt man sich als Land mit der bodenständigen, historisch gewachsenen Kultur. Das zwingt zu der Frage, ob die in Anspruch genommene und gepflegte Volkskultur, Tracht, Musik, Häuser, Bräuche, Lieder etc. nicht zu einer Art gefühlvollem und frohsinnigem Polster werden sollen, das in einer Art emotionaler Deckfarbe mit der warmen Tönung der Vergangenheit über die Kälte der zunehmenden Enteignung hinwegtäuschen soll. Denn das Vertrackte daran ist: Tracht, Lied und Brauchtum werden, ebenso wie die historische Industriekultur als das Bodenständige, das Eigene gefördert und gepflegt und als Eckpfeiler „lokaler Identität" angeboten. Das lokale Selbstbewußtsein wird aber genau in dem Moment auf ein Nebengleis verfrachtet, wo Eigenständigkeit und Verantwortung für die Region, für „Heimat", Stück für Stück genommen werden. Der Bürgerprotest, der sich allenthalben regt, ist ein Protest gegen den Verlust auf Selbst- und Mitbestimmung; er richtet sich gegen die vorenthaltene Partizipation. In diesem Protest wird Demokratie eingefordert gegen einen bloß kulturellen Regionalismus des schönen Scheins auf der Spielwiese der Bodenständigkeit. Wenn in der heimatgepflegten Trachtenbewegung nun jedem Dorf und jeder Stadt eine eigene Tracht erfunden wird, wo also eine regional differenzierte Tracht (die es wohlgemerkt so nie gegeben hat) eine kulturelle Eigenständigkeit genau dort vortäuschen soll, wo sie in Wirklichkeit gerade genommen wird, dann liegt dort ein Problem, welches die „alte" und „neue" Heimatpflege noch werden austragen müssen. Ich denke aber auch, daß das dialektische Modell auch dort funktioniert. Auch auf der Spielwiese werden Potenzen, Ahnungen und Möglichkeit von demokratischer Partizipation wachgehalten. Daß die Auseinandersetzung längst in Gang gekommen ist, läßt sich immer wieder zeigen. Auch wird man die Opposition zwischen „alt" und „neu" aufzulösen haben. Wir leben nicht mehr in der Eindeutigkeit, sondern in den Zeiten des „sowohl als auch", ja des unendlichen „und".

Die Bedeutung von Gefühlen und Bedürfnissen, die sich an und um Heimat entwickelt haben, verändern sich. In der Notwendigkeit, diese Gefühle im gesellschaftlichen Wandel jeweils neu zu formulieren und zu begründen, scheinen mir Chancen zu liegen. Daß die historische Sedimentierung Heimat als einen Anspruch formulieren half, der demokratische Einmischung geradezu erfordert, macht Hoffnung. Die Spannung von Rechtsanspruch und Utopie muß nicht aufgelöst werden, sie läßt sich als aus der Historie abgeleitetes Potential fruchtbar halten.

16. Verwerfungen und Übergänge

Die veränderte Situation in Europa verlangt uns neues Nachdenken ab. Wir hatten uns getäuscht. Heimat, die wir auch als freundliches Folklore-Dekor wahrgenommen hatten und in der Volkskultur festtäglich gestimmt sahen, zeigt ihrer Fratze. In den zerbröckelnden Reichen Osteuropas und dem ehemaligen Jugoslawien wird Folklore lebensgefährlich, wie die „ethnischen Säuberungen" zeigen. Die „ethnisch" genannten Kriege in den „armen" Ländern lösen Migrationen in die „reichen" Länder aus. Dort werden sie ethnisch beantwortet, mit Fremdenhaß. Eine Ethnisierung der Kultur als ethnische Argumentation greift in den „entwickelten" Staaten des Westens um sich. Die freundliche Argumentation des liberalen Heimatdiskurses, der in die Industriegesellschaft zu passen schien, scheint auf einmal falsch zu sein. Manche Heimatler graben sich ein, Heimat erscheint wieder ungleich verteilt. Die einen haben viel, manchmal zu viel Heimat, den anderen wird sie vorenthalten. Den Fremden in unserem Land wird keine demokratische Partizipation, die Voraussetzung von Heimat, zugebilligt.

Gemessen daran ist die Frage, ob Europa nivellierend wirke, eine Marginalie. Im Gegenteil, die regionale Kultur und damit auch das Heimatliche verdanken ihre Himmelfahrt der Furcht vor dem vermeintlichen Einheitsbrei. Dabei sind wir - gewiß nicht alle gleich - längst mehrfach kompetent. Wir leben nicht nur in der engen, einen Heimat und kultivieren nicht nur unsere Regionalismen, sondern praktizieren auch MacDonaldismus und Exotismus.

17. Geschichten statt Geschichte?

Gerade die Volkskunde hat immer wieder aus dem Kleinen, Eigenen und manchmal Banalen das Große zu deuten versucht und daraus Identitätskonzepte formuliert. Wir erfinden unsere eigenen Geschichten, mit denen wir das Vergangene in einer Art Binnenxotik zu uns herholen. Wir leisten uns für diese Erzählungen vom Eigenen Fachleute. Das gilt auch - wen würde das verwundern - für die Eisenstraße. In ihr wird ein neuer Mythos vom gemeinsamen Herkommen einer durch die Produktion und Verarbeitung von Eisen konturierten Region als einer gemeinsamen Prägung kollektiviert. Da wird suggeriert, darin sei eine gemeinsame historische Erfahrung geborgen.

In den Vorträgen unseres Symposiums ist immer wieder von Blüte und Niedergang der einstmals prägenden Eisenkultur die Rede gewesen. Am Ende einer realen Entwicklung steht ihre Folklorisierung. Am Ende der Geschichte stehen die Geschichten von Helden. Es folgt die Narrativierung vieler Geschichten, in der die Unterscheidbarkeit gegen das zu Große aufgehoben ist und als regionale Prägung zelebriert werden kann. Die „Eisenstraße" konnte erst gedacht und erst Thema werden, als die Geschichte zu Ende und in eine Leidensgeschichte vom Niedergang einer Lebenswelt montiert wurde. Sie verhilft aber anderseits dazu, daß diese Geschichte in Österreich, aber auch im großen Europa historisch eingetieft erscheint. Die Geschichte wird in gegenwärtige Charakterisierung eingebaut. Eisen und seine Geschichte werden - wie Tracht und Brauch - zum Bestandteil der regionalen Folklore.

Literatur:

Ina-Maria Greverus, **Auf der Suche nach der Heimat**, München 1979.

Elisabeth Moosmann, **Heimat. Sehnsucht nach Identität**, Berlin 1980.

Konrad Köstlin und Hermann Bausinger (Hg.), **Heimat und Identität.** Probleme regionaler Kultur, Neumünster 1980.

Hermann Bausinger (Koordinator), **Heimat heute.** Zeitungskolleg. Deutsches Institut für Fernstudien an der Universität Tübingen, Tübingen 1980 (Basistexte/Zeitungsartikel, Textsammlung, Studienführer, Anregung für Arbeitsgruppen).

Wilfried von Bredow und Hans-Friedrich Foltin, **Zwiespältige Zufluchten.** Zur Renaissance des Heimatgefühls, Berlin 1981.

Joachim Keller (Hg.), **Die Ohnmacht der Gefühle.** Heimat zwischen Wunsch und Wirklichkeit. Weingarten 1986.

Widerspruch. Münchner Zeitschrift für Philosophie 14 (1987) Themenheft „Heimat".

Konrad Köstlin, **Zur frühen Geschichte staatlicher Trachtenpflege in Bayern.** In: Albrecht Lehmann und Andreas Kuntz (Hrsg.): Sichtweisen der Volkskunde, Berlin, Hamburg 1988.

Konrad Köstlin, **Folklore, Folklorismus und die Modernisierung der Gesellschaft.** In: Schweizerisches Archiv für Volkskunde 1991.

Konrad Köstlin, **Wem nützt Regionalkultur.** Region als Identifikationsangebot und als Planungsgröße. In: Erwachsenenbildung in Österreich 4/94.

Reinhart Johler, Herbert Nikitsch und Bernhard Tschofen, **Schönes Österreich.** Heimatschutz zwischen Ästhetik und Ideologie, Wien 1995 (Ausstellungskatalog Österreichisches Museum für Volkskunde).

Roland Girtler

Heimat im Ennstal – die alten Kulturen der Eisenindustrie, der Holzarbeiter und der Wilderer

Einleitung und Gedanken zum Begriff Heimat

Im Gebiet um die Flüsse der Enns und der Steyr als Teil des oberösterreichischen Traunviertels hat sich eine bunte Kultur entwickelt, nämliche eine Kultur, die eng mit dem Leben der „kleinen Leute", der Gebirgsbauern, der Holzfäller und auch der Wilderer verknüpft ist. Und auf diese „kleinen Leute" werde ich mich in meinen folgenden Ausführungen besonders beziehen.

Ich habe seit meiner Kindheit eine besondere Zuneigung zu den Menschen dieser kleinen Welt um die Ennstaler Alpen, denn ich bin als Sohn eines Landarztehepaares in Spital am Pyhrn aufgewachsen. Meine Eltern sind noch mit Pferdeschlitten zu den Patienten gefahren, und als Bub wurde ich täglich durch das Hämmern, das aus der benachbarten Schmiede drang, geweckt. Am Beginn der sechziger Jahre verstummten diese Klänge. Die Pferde verschwanden allmählich von den Bauernhöfen, und Traktoren wurden angeschafft. Es änderte sich eine ganze Welt. Für mich hat diese alte Welt viel mit Heimat zu tun. Es ist wert, daß man sich dieser erinnert. Das will ich hier tun.

Aber vorher seien noch einige Gedanken zum Begriff Heimat gestattet, ein Begriff, der gerade heute von Politikern und Wissenschaftlern gerne bemüht wird. Es gibt, so wie ich es sehe, zwei Formen oder Typen von Heimat. Einmal die Heimat, die ganz allgemein Zufriedenheit und Glück verspricht, ohne an einen bestimmten Ort oder eine Kultur gebunden zu sein. Es ist jene Heimat, auf deren Suche Verfolgte, Flüchtlinge und Gedemütigte sind. Zu letzteren gehörten mitunter auch die alten Bauernknechte. So meinte ein früherer Bauernknecht zu mir, auch er wollte, als er Knecht eines großen Bauern war, eine „Heimat" haben, die er allerdings bei dem Bauern nicht fand. Obwohl er Quartier und Kost am Hofe hatte, fühlte er sich auf diesem nicht „daheim". Eine Heimat erhielt er erst, als er zu einem kleinen Bauernhof „zuwi" (hinzu) heiratete. Nun konnte er sich zurückziehen und mit seiner Frau in einem eigenen Heim ohne Kontrolle des gestrengen Dienstherrn Zufriedenheit finden. Heimat bedeutet hier soviel wie „stilles Glück", Selbstbestimmung oder einfach: eine Ruhe von den Drangsalen der Welt und des Alltags.

In Übereinstimmung damit ist der berühmte Satz des großen Cicero zu deuten: „ibi bene, ubi patria" - „wo es mir gut geht, da ist mein Vaterland". Cicero bezog sich dabei auf die klassischen Philosophen, die überall dort ihre „Heimat" hatten, wo sie sich wohlfühlten und man sie nicht belästigte.

Die zweite Form der Heimat bedeutet soviel wie Zurückerinnern an „bessere", schönere Zeiten und Orte. Darauf verweist das Wort Nostalgie. Im Altgriechischen heißt „nostein" „heimkehren" und „algein" „sehnen". Einer, der während seiner Fahrten die Heimat suchte, war Odysseus. Er wollte zurück nach Ithaka. Als er endlich dort war, erkannte ihn, der als Bettler verkleidet erschien, niemand, außer sein Hund. Der Hund symbolisiert somit den heimatlichen Ort, das Ziel der Sehnsucht.

Und es ist interessant, daß Heimat erst für den wichtig ist, der sie sucht, wie eben Odysseus oder einzelne Dichter, wie Franz Stelzhamer, der eine Zeit ein vagabundierendes und dem Alkohol zugewandtes Leben geführt hat, und der Ennstaler Anton Schosser, der als Landvermesser weit herumkam. In Schossers Gedichten klingt das Wort Heimat immer wieder an. Und sein berühmtestes Lied, von dem heute die wenigsten wissen, daß es von ihm stammt, nämlich den viel gesungenen „Erzherzog Johann-Jodler", hat er mit „Hoamweh", ganz im Sinne des Odysseus, übertitelt.

Es ist die Heimat im letzteren Sinn, die auch der moderne Mensch, der Mensch des Industriezeitalters, sucht. Er blickt in Vergangenes und in die Zeiten seiner Kindheit, womit er Zufriedenheit, Glück und auch ein spezifisches Heldentum, mit dem er übereinstimmen kann, verbindet. Ein solches Heldentum läßt sich hier im Ennstal vor allem von den alten, hart arbeitenden Bauern, den Holzfällern und Wilderern ableiten.

Und über diese will ich hier erzählen, denn sie haben viel mit Heimat zu tun, mit einem harten Leben am Fluß, in den Bergen und im Wald. Diese Heimat erinnert an altes, vergangenes bäuerliches Leben. Daß dieses, das über Jahrhunderte angedauert hat, vergangen ist, wird einem - trotz der früheren Härte - mit Wehmut bewußt.

Im wesentlichen sind es drei kulturelle Bereiche, die das Leben der alten Ennstaler und ihrer Nachbarn bestimmten:

1. Die Beschäftigung mit dem Eisen an den Flüssen.

2. Der Holztransport, zu dem die Holzbringung auf kleinen Schlitten auf engen Karrenwegen sowie das Flößen auf der Enns gehörten. Und

3. Altes bäuerliches Leben, in das auch der Wilderer als eine Art Volksheld integriert war. Ich werde nicht alle drei Punkte eingehend behandeln. Das erste Kapitel wird ein bloß skizzenhaftes sein, meine besondere Aufmerksamkeit wird jedoch den Holzführern und den Wilderern gelten.

1. Das Eisen und die Enns

Von der Bedeutung des Eisens für das Leben im Ennstal kündet das Museum Kastenreith. Hier gedenkt man einer alten Kultur, die durch eine Verknüpfung von Verkehrswegen bestimmt ist. Hierher führte die Straße vom Erzberg, auf der das schmiedbare Eisen und Eisenwaren transportiert wurden. Und auf der Enns ging ein Teil dieser Ware per Floß zu den Hammerwerken an der Enns und nach Steyr.

Die Enns übte eine große Faszination auf die Menschen aus, schließlich war sie auch so etwas wie eine Schicksalsgrenze. 1489 besetzten die Ungarn unter König Mathias Corvinus den „Kasten", 1532 trieb es die Türken plündernd hierher, und 1945 begann hier die russische Zone.

In dieser Welt an der Enns und der ihr benachbarten Flüsse entwickelte sich durch die Jahrhunderte hindurch eine Eisenindustrie, in der Sensenschmiede, Nagelschmiede und Maultrommelhersteller eine überragende Bedeutung hatten. Vor allem unter den Sensenschmieden, über die ich eine größere Arbeit vorhabe, zeigten sich spannende Rituale des Zusammenlebens und bemerkenswerte Hierarchien, wie sie in den Gasthäusern nach getanem Tagewerk offenkundig wurden.

2. Der Holztransport

Auch eine Kultur des Holzes lebte und lebt hier an der Enns. Ihre frühen Helden waren die Holzflößer. Sie gibt es heute nicht mehr. Sie wehrten sich jedoch lange gegen ihren Untergang. Dieser setzte 1871 bzw. 1872 ein, als die Kronprinz-Rudolf-Bahn und die Bahnlinie Amstetten-Selzthal fertiggestellt worden waren. Die Bahn übernahm schlagartig einen großen Teil der Holzferntransporte, die bis dahin eben auf der Enns und mit Fuhrwerken auf der Eisenstraße geführt wurden. Alte Einkehrgasthäuser verschwanden.

Aber dennoch konnte bis zum 2. Weltkrieg der Rundholztransport auf dem Wasser der Enns in bescheidener Weise durchgeführt werden. Solange bis man begann, Ennskraftwerke zu bauen. Dies war der zweite und entscheidende Schlag gegen die alte Kultur der Flößer. Eine grundlegende Änderung des Holztransportes trat ein und bestimmt seitdem das Leben der Menschen im Ennstal: Forststraßen wurden gebaut und LKWs bringen heute das Holz zu Tale.

Vorher, bis an den Beginn der sechziger Jahre, waren jedoch auf alten Karrenwegen und mit Schlitten, vor die Rösser gespannt waren, kühne Männer unterwegs, um das Holz zu Tal zu bringen. Diese Männer gehörten zu den Helden meiner Jugend. Sie verrichteten während des Winters eine harte Arbeit, die von Tier und Mensch einiges abverlangte. Die Holzführer stehen am Ende einer bergbäuerlichen Kultur, für die es charakteristisch war, daß man noch zu Fuß und mit Pferdeschlitten unterwegs war. Im Gegensatz zu heute bot die Winterzeit die besten Gelegenheiten, über Eis und Schnee die im Herbst von eifrigen Holzknechten gefällten Baumstämme in die Täler zu leiten. Einer meiner Gesprächspartner für mein Buch „Sommergetreide", war ein Mann, der heute um die 60 ist, Hansl heißt und als junger Bursch von seinem Vater zum Holzführen in die Berge um Spital am Pyhrn mitgenommen wurde. Meist nach Nikolo, wenn es „mit dem Schnee gepaßt" hat, begann man, das von den Holzknechten in mühsamer Arbeit geschlägerte und zu großen Haufen geschlichtete Holz zu Tale zu bringen. Während der ganzen Woche blieb man fernab des Bauernhauses, in das man erst wieder am Samstag zurückkehrte: „Mit Sack und Pack ging es am Montag hinauf. Vorher haben wir das Futter für die Pferde geschnitten. Das Gehack, wie wir das geschnittene Heu nannten, haben wir in Säcke gegeben, und dazu den Habern (Hafer). Und auch unser Essen für die Woche haben wir mitgenommen".

Ein besonderes Augenmerk mußte auf das Wohlsein der Rösser gelegt werden: "Die Rösser haben wir jeden Tag geputzt mit einem Striegel und einer Bürste. Meist eine halbe Stunde lang, während es gefressen hat. Um die Rösser fertig zu machen, sind wir schon um 4 Uhr aufgestanden. Zuerst legte man dem Roß das Kiss um, darüber kam das Kummet, in das das Kiss eingeknöpfelt wurde. Zum Holzführen hatten die Rösser noch ein Hinterzeug, es ging über den Arsch hinunter. So hat das Roß beim Anschieben besser herhalten können, damit das Kummet nicht nachgeschoben hat über den Kopf. Um 6 Uhr ist eingespannt worden in den Halbschlitten. Da war es noch finster. Dann ging es los. Bis hinauf zur Wurzeralm". Dort wurde das Holz von den wartenden Holzknechten auf die Schlitten aufgelegt.

Für die schweren Holzfuhren bedurfte es auch eines speziellen Schlittens, des Halbschlittens. Das Auflegen des Holzes auf diesen war eine besondere Kunst: eine Kette umschlang Reihe für Reihe die Bloche, nicht nur vorn, sondern auch hinten. Die Bloche mußten gut - dazu dienten Ringe - verankert sein, denn die Talfahrt war eine mitunter wilde.

Der Schlittenführer selbst saß auf einem der Bloche, der etwas nach vorne gerückt wurde. Ein Zügel für das Pferd war nicht notwendig, denn dieses wußte, was zu tun war. Eingespannt war das brave Tier zwischen den beiden Anzen, den festen, vom Schlitten wegführenden starren Stangen, die das Roß mit dem Schlitten auf engste Weise verbanden, ebenso wie das Hinterzeug am Roßarsch. Pferd und Mensch waren beim Holzführen eine feste Gemeinschaft. Das Pferd wußte, was zu tun war, und der Holzführer mußte darauf achten, daß der Schlitten richtig beladen war und daß bei der Talfahrt die Bremse auch funktionierte. Als Bremse verwendete man zunächst Ketten, die, wenn der Weg steil bergab führte, unter die Kufen gespannt wurden. Man nannte diese Art des Bremsens "die Sperr einlegen". Dazu erzählte der alte Holzführer: "Die Rösser haben genau gewußt, daß es zum Einsperren (Kettenanlegen) ist.

Sie blieben stehen und warteten". Die bei der Holzarbeit eingesetzten Rösser lernten schnell, was zu tun ist: „Einmal hatte ich ein junges Roß eingespannt gehabt, das hat die Arbeit noch nicht gekannt und ist nicht stehen geblieben (als es steiler wurde). Der mit dem Holz beladene Schlitten hat es hinuntergeschoben. Gottseidank ist nichts passiert. Das nächstemal habe ich nur sagen brauchen: oha, und es ist gestanden wie ein Stock. Die Rösser haben genau gewußt, wann sie stehen bleiben mußten. Sie haben auf das Wort gefolgt". Dieses Folgen war auch notwendig bei dieser Arbeit, schließlich fuhr man meist ohne „Gloat", also ohne Zügel. Man verließ sich darauf, daß das Pferd der Bahn folgte. Dem Roß zollte der Holzführer seine Hochachtung. Die Anforderungen an Mensch und Tier waren groß, davon kündet auch diese Erzählung meines Bekannten: „Einmal war viel Schnee, es war gegen Ende der fünfziger Jahre. Als wir mit dem Holzaufladen fertig waren, sagte mein Vater zu mir: Du pfädst ein Stück. Ich sollte also einen Pfad mit dem Pferd machen. Deshalb bin ich mit dem Pferd, ohne Schlitten, zu einer Schneise. Die Tage vorher waren wärmer gewesen, und nun hatte es gefroren. Der Schnee war daher oben hart. Und wie ich mit dem Pferd durch den Schnee gehe, bricht das Pferd ein, bis zum Bauch. Nur langsam konnte es weiter. Jetzt wurde es finster. Das Pferd blieb stecken. Im Finstern war nichts zu machen. Ich ließ das Pferd allein, deckte es aber vorher zu. So blieb es über Nacht. Ich ging mit dem Vater zum Kerschbaumer hinunter, wo wir unser Quartier hatten. In der Früh sind wir gleich den Hohlweg hinauf. Das Roß hat uns entgegengeschaut. Die ganze Nacht hat es auf uns ruhig stehend gewartet."

Für diese Kultur der Holzführer war auch das sogenannte „Bahnwaschen" charakteristisch. So nannte man die Zusammenkunft der Holzführer meist in den letzten Tagen des Februar in einem Gasthaus, bei der die Beendigung der Holzarbeit mit gutem Most ordentlich gefeiert wurde.

Es gibt nur mehr Bilder und Erinnerungen an diese alte Kultur der Holzführer. Es waren kühne Leute, die mit Pferd, Schlitten und Baumstämmen in oft wilder Fahrt über die uralten Karrenwege brausten. Die alten Karrenwege wachsen heute zu und verschwinden. Stattdessen winden sich Forststraßen weit hinauf und bieten den in Geländeautos fahrenden Förstern, Holzarbeitern und Jägern Gelegenheit, mühelos sich in die Wälder zu begeben. Aus den Wäldern werden heute während des ganzen Jahres mit riesigen Fahrzeugen, die ihre Spuren im Waldboden hinterlassen, die gefällten Bäume geholt. Jahreszeiten und Bodenbeschaffungen kümmern diese Holzspezialisten wenig. Im Gegensatz zu früher, als der Mensch mit seinem Pferd eingebunden in die Natur war. Es war damals, noch am Beginn der sechziger Jahre, eine harte Arbeit, die die Holzführer zu verrichten hatten, sie brachte nicht viel Geld ein, sie hatte aber auch ihren Zauber.

3. Die Rebellenkultur der Wilderer

Mit klassischen Wilderern verbindet sich in den Gebirgsdörfern, auch in denen der Ennstaler Alpen, eine jahrhundertealte rebellische Randkultur, die sich aus kühnen Burschen rekrutierte. Diese ließen sich das Recht der Jagd nicht nehmen und frönten der verbotenen Jagd.

Der Wilderer war so etwas wie ein Volksheld, der sich dem aristokratischen Jagdherrn gleichstellte. Die Kultur der Wilderer hat eine lange Tradition, deren Kniffe, Regeln und Überlebensstrategien zwar denen der offiziellen Rechtsordnung widersprachen, die aber die Sympathien der in Armut lebenden Gebirgsbevölkerung genießen durften. Es standen sich also zwei Normenordnungen gegenüber: die der staatlichen Obrigkeit und die informelle der „kleinen Leute". Besonders in der Gestalt des Wilderers erwuchs im Gebirge eine ehrenvolle Heldenfigur, die bis in die letzte Zeit mystifiziert und romantisiert wurde und weiter wird. Der Wilderer wird als jemand gesehen, der sich das Recht holt, welches die „hohen Herren" dem „kleinen Mann" genommen haben.

Ehrenvolle Wildererbanden, die Schlacht bei Molln

Besonders in der Zeit nach dem 1. Weltkrieg sah eine arme und hungernde Landbevölkerung es nicht ein, daß das Wild weiterhin dem „feinen"Jagdherrn allein gehören sollte. Es taten sich daher Burschen zu Wildererbanden zusammen und spotteten dem Rechtsanspruch der oft adeligen Jagdherren. Darüber erzählt die folgende Geschichte, die ich beispielhaft für andere hier bringen will, denn sie zeigt gut die Bedeutung des Wilderers für die „kleinen Leute" auf. Mit ihm konnte man sich identifizieren, denn ihm haftete der Glorienschein des wahren Helden an. Die Geschichte handelt von einer Schlacht zwischen Wilderern und Gendarmen knapp nach dem 1. Weltkrieg in Molln, unweit des Ennstales.

Eine Wildererbande frönte in den Revieren des Grafen Lamberg derart der verbotenen Jagd, daß auf Wunsch des Grafen exemplarisch fünf Wilderer von Mollner Gendarmen inhaftiert wurden. Die gefangenen Wilderer wurden in den Nachbarort Grünburg in den Arrest gebracht, von wo sie am nächsten Morgen nach Steyr in das Kreisgericht überstellt werden sollten. Als die Gendarmen jedoch gerade dabei waren, den Zug nach Steyr zu besteigen, sprangen aus dem letzten Waggon einige Wilderer, die die Gendarmen in die Flucht schlugen und ihre Kollegen befreiten. Laut singend zog man zurück nach Molln, wo man im Gasthof Dolleschal zu zechen begann. Die Gendarmerie ließ jedoch die erlittene Schlappe nicht auf sich sitzen und setzte ein große Gruppe von Gendarmen in einem Lastauto nach Molln in Marsch. Das Gasthaus wurde umstellt, und die Wilderer wurden aufgefordert, sich zu ergeben. Doch diese lachten nur. Es kam zu einer wüsten Rauferei und Schießerei. Dabei fanden ein Gendarm und zunächst drei Wilderer den Tod. Ein vierter kam später um. Die Bevölkerung der ganzen Gegend nahm nun gegen die Gendarmerie Stellung, und die liberalen und sozialistischen Zeitungen Oberösterreichs ergriffen vehement die Partei der Wilderer, die sterben mußten, weil ein Graf und das Gesetz ihnen ihr altes Jagdrecht streitig machten.

Die Metallarbeiter des Ennstales legten aus Protest gegenüber der Gendarmerie für einen Tag ihre Arbeit nieder, und als Gendarmen den Zug nach Linz besteigen wollten, um beim Landesgendarmeriekommando zu berichten, wurden sie mit Steinen beworfen. Es waren bei 1500 Menschen, die am Begräbnis teilnahmen, darunter viele Wilderer der ganzen Gegend und Arbeiterräte aus Steyr. In einer Zeitung heißt es dramatisch: „Das Blut der Getöteten schreit auch gegen die Verantwortlichen bei der Landesregierung. Der Freiheits- und Gerechtigkeitsdrang

(!) unseres Bergvolkes, der in Liedern und Worten von den Vertretern des Bürgertums so gefeiert wird, wurde ohne Zaudern barbarisch unterdrückt, weil er sich gegen die Vergewaltigung durch einen Grafen Lamberg gerichtet hatte. Die Wildschützen der Mollner Gegend sind keine Einbrecher und Diebe, und daß die Gendarmen zur Verfolgung der Diebe und Einbrecher keine Zeit gefunden hatten, ist auch damit zu begründen, weil sie das Wild und die Wälder des Grafen Lamberg hüten mußten. Dienstag wurden die vier Opfer zu Grabe getragen. ....Ein Zug mit vier Särgen nähert sich dem Friedhofe ... Nun kracht ein Böllerschuß .... Vielleicht hat ein Wildschütz - oder ein gräflicher Jäger - den Toten von einem weißen Berg herunter einen letzten Gruß gesandt. Scharf und kurz hallen es die Berge wider, gegen das furchtbare Unrecht, das im Namen des Gesetzes verübt werden konnte. Das Herz tat weh, die Kehle preßte sich zusammen. Die kühnen, freien Männer, weiß wie Schnee im Gesicht, stehen am Erdhügel und weinen ..... Wir neigten uns zu den Toten nieder, warfen Erde auf ihre Särge, auf stieg in uns ein heiliger Schwur: Wir werden kämpfen, bis die Gerechtigkeit siegt." In diesen bizarren Worten wird das demonstriert, was ich oben angedeutet habe, nämlich die Vorstellung, daß das Recht zum Wildern, bzw. zum Jagen auch eine Sache des „kleinen" Mannes ist und ihm nicht genommen werden darf. Die „Gerechtigkeit" liegt beim Volk im Gebirge und nicht beim Grafen.

Not und Leidenschaft

In den von mir geführten Gesprächen mit alten Wilderern betonten diese wiederholt, daß es wohl „Not" und die Freude am kräftigen Fleisch gewesen seien, die sie zum Wildern anregten. Für den fleischarmen Speisezettel des armen Bergbauern bedeutete das Wild eine willkommene Bereicherung.

Bis lange in den Zweiten Weltkrieg galt das Wildern als Beweis für Mut und Liebe zum Abenteuer. Konnte der junge Bursche darauf verweisen, ein guter Wildschütz zu sein, so konnte er mit der Hochachtung der anderen jungen Burschen rechnen.

Aber auch für die Volksgesundheit mußte der Wilderer herhalten. Aus der nördlichen Steiermark wird berichtet, daß ein Wilderer, wenn die Frau eines Bauern vor der Niederkunft war, vom Bauern gebeten wurde, einen Gamsbock zu schießen. Dessen Brunftrose, auch als Gamsrose bezeichnet, gab man der Kreissenden in die Hand, was angeblich den Geburtsvorgang erleichterte.

Vielbegehrt von Mädchen, die häufig unter Zahnschmerzen zu leiden hatten, war eine vom Wilderer „ausgeschossene Bleikugel, die durch das Wild gegangen ist". Diese Kugel, wenn man sie unter die Zunge legte, stillte angeblich den Schmerz. Auch sollen Küsse eines hübschen Wilderers dieselbe Wirkung erzielt haben.

In den von mir mit alten Wilderern geführten Gesprächen beriefen sich diese stets auf solche Regeln. So darauf, daß der „echte" Wildschütz sich vom bloßen „Raubschützen" deutlich unterscheide. Als „Raubschütz" wird jemand gesehen, der nicht waidmännisch bei seiner Jagd sich verhält, der „alles" schießt, also nicht davor zurückscheut, die Muttergeiß einem Kitz wegzuschießen, der Schlingen legt, wodurch das Tier fürchterlichen Qualen ausgesetzt wird, und der sogar einen hinterlistigen Mord an einem Jäger in Kauf nimmt. Die volle Verachtung des Wildschützen trifft daher den modernen Autowilderer, der das Wild blendet, um es dann leichter erlegen zu können. Der traditionelle Gamswilderer stellt sich stolz über derartige Wilderer, die sich nicht an den überlieferten Kodex halten.

Der „Fürst vom Schwarzenberg" – der Wilderer als Held der kleinen Leute

Der Wilderer wurde ob seiner Kühnheit in Ehren geachtet und auch romantisiert. Ein alter, hoch angesehener Wilderer, mit dem ich einen längeren Kontakt hatte, wurde in Windischgarsten als „Fürst vom Schwarzenberg" bezeichnet, nämlich als jemand, der als kleiner Bergbauer am sogenannten Schwarzenberg den Gemsen nachgestellt war, zum Ärger der noblen Jagdherrschaft, deren alleiniges Jagdrecht der Wilderer nicht akzeptierte und daher als „Fürst" bezeichnet wurde. Einmal soll dieser Wildschütz beim Friseur in Windischgarsten gesessen sein und auf seine Rasur gewartet haben. Der Friseur fragte ihn vor den anderen Kunden, es waren zumeist Sommergäste, höflich-scherzend: „Was wollen Fürst vom Schwarzenberg trinken?" Der Wilderer antwortete, sich des Hochdeutschen befleißend, zum Erstaunen der Wartenden: „Wie heißt doch das Getränk? Ich glaube, das gewöhnliche Volk sagt Most dazu!"

Diese etwas heitere Geschichte, die heute noch gerne in Windisch-garsten erzählt wird, verweist auf die Bedeutung des Wilderers für das Leben der armen Bergbauern, für die der Wilderer jemand war, der sich dem noblen Jagdherrn gleichstellte. Mit ihm konnte man sich prächtig identifizieren.

Zusammenfassende Überlegungen

In meinen Ausführungen ging es mir vor allem darum aufzuzeigen, daß drei kulturelle Bereiche es waren, die im Ennstal das Leben der „kleinen Leute" bestimmten: Einmal die Eisenindustrie, für die das Ennstal ein wichtige Straße bot, dann die Holzarbeit und schließlich ein ärmlich lebendes Bauerntum, dessen Held der Wilderer war.

Die Menschen, die an der Enns, an ihren Nachbarflüssen und in den umliegenden Bergen lebten, schufen durch Jahrhunderte gemeinsam eine alles übergreifende Kultur, auf die man mit Achtung zurückblicken kann und die zur Heimat gehört. Es war eine Kultur des harten Lebens, die aber auch ihre Schönheiten hatte und an die man sich im Sinne der „Heimat" erinnern mag.

Literatur:

Roland Girtler, Aschenlauge - der Wandel des bergbäuerlichen Lebens, Linz 1987.

Roland Girtler, Wilderer, soziale Rebellen im Konflikt mit den Jagdherrn, Linz 1988.

Roland Girtler, Sommergetreide – vom Untergang der bäuerlichen Kultur, Wien 1996.

H. Goldbacher, Das Ennsmuseum Kastenreith/Weyer, in: Oberösterreich, Kulturzeitschrift, 2, 1980, 2ff.

A. Weinberger, Anton Schosser, der Sänger im Ennstal, in: Oberösterreich, Kulturzeitschrift, 2, 1980, 33 ff.

Herbert Knittler

Eisenbergbau und Eisenverhüttung in den österreichischen Ländern bis ins 18. Jahrhundert *

Die Geschichte des Eisens gehört zu den am gründlichsten erforschten Untersuchungsfeldern der österreichischen Wirtschaftsgeschichte.[1] Als fruchtbar erwies sich eine mit ihren Anfängen zum Teil bis ins 19. Jahrhundert zurückreichende Zusammenarbeit mit so unterschiedlichen Fächern wie der Rechts- und Verfassungsgeschichte, der Siedlungs- und später der Industriearchäologie sowie den naturwissenschaftlichen Disziplinen der Berg- und Hüttentechnik.[2] Umfangreiches Detailmaterial wurde darüber hinaus von der landesgeschichtlichen Forschung zur Verfügung gestellt, die allerdings von Ansätzen zur Ideologisierung nicht frei ist. Einseitigkeiten und Fehleinschätzungen waren mitunter das Produkt eines fehlgeleiteten Landes- und Lokalpatriotismus, der sich des Eisenbergbaus Innerösterreichs und der besonderen Rolle, welche dieser im Mittelalter und in der Neuzeit gespielt hatte, zu Legitimationszwecken bediente.[3]

Innerösterreich mit dem steirischen und dem Hüttenberger Erzberg sowie - mit erheblichem Abstand - einigen kleineren Bergbauen in der Steiermark, in Kärnten und Krain umschließt dann auch während des gesamten hier zur Diskussion stehenden Zeitraumes die wichtigsten Eisenlagerstätten und -verhüttungslandschaften. Gegenüber diesen traten die Gruben und Hütten im Tiroler Stubaital, Schlicktal, Rosannatal, Valparol, weiters die Baue bei Fügen im Zillertal, im Salzburger Pongau und die zur Zeit der Bergbaukonjunktur des 16. Jahrhunderts auch in Österreich unter und ob der Enns erschlossenen Erzvorkommen deutlich zurück.[4]

Ausgedehnte Bingenfelder und zahlreiche Schmelzöfen unterschiedlichen Typs wurden im ehemals zur römischen Provinz Pannonien gehörigen Burgenland aufgedeckt, die teilweise bis in spätkeltische Zeit zurückreichen und als Elemente einer Eisenverhüttungstradition von der Antike bis ins Früh- und Hochmittelalter angesprochen worden sind.[5] Hingegen ist die Identität des „ferrum noricum" noch immer Gegenstand einer teils kontrovers geführten Diskussion. Während der Bergbau auf Eisenerze in Hüttenberg in römischer Zeit als unbestritten gilt und auch die Rolle des Magdalensberges und seiner Nachfolge-zentren als Umschlagplatz wie auch als Mittelpunkt der Montanverwaltung gesichert ist, wird zufolge des fehlenden Nachweises von Verhüttungsanlagen die Herkunft des Qualitätseisens weiterhin offengelassen. Als mögliche Ausgangspunkte wurden dabei die Spateisenlager ($FeCO_3$) bei Hüttenberg und Eisenerz wie auch die Eisennieren bei Flavia Solva oder Oberpullendorf angesprochen, aber selbst ein Import aus nördlich der Donau gelegenen Bezirken nicht ausgeschlossen.[6]

Die kurze Rückblendung auf die Anfänge der Eisenerzeugung in historischer Zeit sollte zunächst die Tatsache einer weitgehenden Diskontinuität zwischen römerzeitlicher und mittelalterlicher Produktionsphase verdeutlichen. Und selbst die ersten schriftlichen Hinweise des 8. bis 10. Jahrhunderts haben kaum mehr als Signalcharakter. Ein humanistisches Konstrukt ist die „Erfindung" des Erzberges im Jahre 712,[7] und die urkundliche Erwähnung eines „flatum ferri", das der Erzbischof von Salzburg 931 im Tauschwege von Graf Alberich in „Gamanaron" erhielt,[8] bleibt zumindest hinsichtlich der Lokalisierung unsicher („nächst Obdach"/Steiermark oder „im Lavanttal"/Kärnten).[9]

Mit einiger Sicherheit wird man den Neubeginn der innerösterreichischen Eisenproduktion unter dem Blickwinkel der allgemeinen Siedlungsgeschichte sehen dürfen.[10] Seit dem 7./8. Jahrhundert siedelten im karantanischen Raum slawische Stämme, auf die nicht nur zahlreiche Orts- und Flurnamen in den Eisenproduktionsgebieten verweisen (Avelnice/Aflenz, Schollnitz, Rudendorf, Leoben u.a.), sondern auf deren Sprachgut sich auch einzelne berg- und hüttenspezifische Fachbegriffe zurückführen lassen (Gradler, Drosger, Graglach, Gramatel).[11] Ein Vorhandensein eisentechnischer Grundkenntnisse schon vor der Zeit der bairischen Landnahme ist nicht auszuschließen.[12] Nach den bairischen und den fränkischen Siedlungsschüben im späteren 8. Jahrhundert dürfte unter deutscher Oberhoheit die ethnische Zusammensetzung der unmittelbaren Produzenten verbreitert worden sein, wodurch ein Zustand geschaffen wurde, der aus dem Verbrüderungsbuch des Klosters Seckau für die Obersteiermark noch zu Ende des 12. Jahrhunderts faßbar wird. Unter den „fratres nostri de metallo ferro in montibus Livben" sind unter ca. 300 Namen noch 60 slawischen Ursprungs vermerkt. Sie verschwanden bis ins 14. Jahrhundert fast vollständig.[13]

Direkte schriftliche und nunmehr auch archäologische Hinweise auf die innerösterreichische Eisenproduktion im Mittelalter liegen dann - mit der oben erwähnten Ausnahme - erst seit dem 12. Jahrhundert vor; sie betreffen ausschließlich das Umfeld des steirischen Erzberges, wogegen der Kärntner Hüttenberg erst etwa anderthalb Jahrhunderte später faßbar wird; als Beleg für eine gleichdimensionale Priorität sind diese freilich nicht aufzufassen, zumal gerade im Raum südlich der Drau (Krain?) etwa zur gleichen Zeit Eisen von besonders hoher Qualität produziert worden sein soll.[14] 1103 wird das eppensteinische Hauskloster St. Lambrecht bei seiner Gründung „cum salino et rudere quod ariz dicitur" ausgestattet;[15] für das Stift Admont wird eine Eisengewinnung aus einer hagiographischen Überlieferung für etwa 1130/37 faßbar,[16] und etwa derselben zeitlichen Schicht gehören die auf dem Blahberg bei Admont ergrabenen Schmelzöfen (Rennöfen) an, die bereits einzelne Eigenheiten der alpenländischen Erzeugung erkennen lassen.[17]

Stellen sich die Baue von Admont und St. Lambrecht zu einer klösterlich-grundherrschaftlichen Produktionsform, die in der Verbindung von Erzgrube und Hube auf einen Zusammenhang des agrarischen (Fronhof, Zinsgut) mit dem Bergbaubetrieb verweist und lediglich lokalen Bedürfnissen nachgekommen ist, so signalisieren die nur wenig später belegten Bezüge des steirischen Markgrafen zum Erzberg bereits eine weitere Entwicklungsstufe. Mit Otakar III. (gest. 1164) beginnt die Schenkung von Eisendeputaten oder eisenproduzierenden Bauerngütern an die steirischen Landesklöster Seitz und Vorau sowie - bereits in babenbergischer Zeit - an Rein, Seckau und Gairach bei Cilli.[18] Daraus erhellt nicht nur eine vielleicht seitens des Landesherrn auf dem Lehensweg vom König erworbene, wahrscheinlicher aber usurpierte Verfügungshoheit desselben über den Erzberg, sondern auch die mit einem Transport über weitere Strecken verbundene, zumindest partielle Bedarfsdeckung klösterlicher Haushalte. Ob darüber hinaus eine Überschußproduktion erzielt wurde, aus der die Belieferung entfernter Märkte möglich war, muß offenbleiben. Jedenfalls sind die Tarifposten „massa ferri" und „schrot" des Steiner Mauttarifs vom Beginn des 13. Jahrhunderts keineswegs eindeutig im Sinne obersteirischer Provenienz zu interpretieren,[19] wenngleich andererseits die Eisenbezugsrechte der Städte Steyr und Waidhofen a. d. Ybbs sowie des Marktes Aschbach in Österreich unter der Enns bis in den Zeitraum nach 1200 zurückreichen dürften.[20] Für den Handel mit innerösterreichischem Eisen nach Süden über Chiusaforte und Tolmezzo liefert ein Pachtvertrag von 1253 den ältesten Beleg.[21]

In der 2. Hälfte des 13. Jahrhunderts scheint im Bereiche des steirischen Erzberges eine technische Veränderung vor sich gegangen zu sein. In Bestätigungsurkunden der Eisenbezugsrechte der Klöster Gairach (1262) und Seitz (1270) werden 10 (20) alte „massae", d.s. Produkte eines eintägigen Schmelzprozesses, mit 4 (8) neuen gleichgesetzt. Unterstellt man ein Gleichbleiben der Deputatsmenge, so kann hier auf eine Vergrößerung des Luppengewichts auf das Zweieinhalbfache und damit auf Veränderungen im Produktionsprozeß geschlossen werden.[22] Diese enthalten wiederum grundlegende strukturelle und konjunkturelle Implikationen. Zusammenhänge zwischen Eisentechnologie, Produktionsumfang, Standort- und Betriebsstruktur sowie Nachfrage werden ansatzweise faßbar.

Im Jahre 1929 auf der Feistawiese am steirischen Erzberg freigelegte Verhüttungsanlagen ermöglichten die Rekonstruktion eines aus Steinen erbauten Ofens mit Schlackenabstich, bei dem die Luftzufuhr wohl mittels mehrerer einfacher Blasbälge erfolgte. Dies erforderte eine organisierte Schmelzarbeit, die sich allerdings noch innerhalb eines größeren familialen Verbandes realisieren ließ. Das Schmelzprodukt, die Maß (Luppe, Stuck), dürfte etwa 50 kg gewogen haben. Aus der Vergrößerung des Luppengewichts im späteren 12. bzw. im 13. Jahrhundert wurde dann auf die Einführung des Wasserrades zum Betrieb der Blasbälge und damit zur Verstärkung der Sauerstoffzufuhr geschlossen und ein korrespondierender Ofentyp bei der Laurentiröst in Vordernberg rekonstruiert, dessen Durchmesser gegenüber jenem der älteren Rennfeuer um ca. 30 Prozent angewachsen war.[23]

Die Verwendung des Wasserrades und feststehender Bälge zog mehrere Konsequenzen nach sich. Zum einen bedingte die Nutzung der Energie des Wassers ein Abrücken der Schmelzbetriebe und Verhüttungsanlagen aus der unmittelbaren Nähe der Abbaustelle an Flußläufe mit ausreichender Wasserführung und entsprechendem Gefälle. Am steirischen Erzberg waren dies der Vordernbergerbach und der Erzbach, am Hüttenberg der Görtschitz-, Mosinz- und Löllingbach.[24] Zum anderen ging die Vergrößerung des Ofendurchmessers mit der Ausgestaltung des Ofens und einem Wachsen desselben in die Höhe, die Steigerung der Dimension der Blasbälge und ihre feste Aufhängung mit einer baulichen Stabilisierung und einem Anwachsen des Aufwands Hand in Hand.[25] Damit nahmen aber auch die Ansprüche an die Kapitalkraft des Produzenten, mit der höheren Zahl an Arbeitskräften aber auch jene an die Organisation der Versorgung mit Lebensmitteln zu. Die Eisenerzeugung war aus ihrer Rolle als halbbäuerlicher Nebenerwerb herausgewachsen, der Abstand zur Produktion des frühen 12. Jahrhunderts, aber noch mehr zur slawischen Montanwirtschaft der Jahrhunderte davor hatte sich strukturell und quantitativ erheblich vergrößert.[26] Die Erhöhung des Produktionsumfangs und die zunehmende Bedeutung des Kapitals gaben aber auch die Grundlage für die Umgestaltung der Verwaltung ab. Während der Bergbezirk noch um 1280/90 einem „magister montis" als landesfürstlichem Beamten zugeordnet war, erscheint die Siedlung „im Eisenärzt" 1296 als Markt mit einem bürgerlichen Marktrichter.[27] 1301 wird auch das 1266 erstmals erwähnte Hüttenberg zumindest in der Qualität eines Mindermarktes („Burgfried") faßbar.[28]

Der technologische Wandel innerhalb der Eisenverhüttung des 12./13. Jahrhunderts wurde letztlich als Ursache einer weiteren betriebs- und siedlungsspezifisch wirksamen Veränderung in Anspruch genommen: der Trennung von Blahhaus und Hammer. Zunächst bedarf es freilich des Hinweises, daß der Übergang vom Schacht- zum Stuckofen zwischen den einzelnen Montangebieten, aber auch teilweise innerhalb derselben, zeitverschoben vor sich ging und sich bis ins 14. Jahrhundert erstreckte.[29] Dies gilt insbesondere für die auf einer niedrigeren Stufe weiterarbeitenden Werke des grundherrschaftlichen Typs. Folgt man der Argumentation von H. Pirchegger, so muß die Ausbringung der stark vergrößerten „massae" die Kapazität der zur Ausschmiedung in Verwendung stehenden Handhämmer wesentlich überfordert haben. Die Konsequenz war der Übergang zum mechanischen, mit Wasserkraft betriebenen Hammer, vielleicht auch schon die Teilung der Maß in zwei „Halbmaße", wie sie etwa das Wappen von Vordernberg 1453 zeigt.[30]

Der Einsatz des wasserbetriebenen Hammers steht nun, wie R. Sprandel deutlich gemacht hat, innerhalb der europäischen Eisenproduktionslandschaften entwicklungsgeschichtlich keineswegs in einem festen Verhältnis zum Radwerk.[31] Seine anfängliche Verbindung mit dem Stuckofen unter einem Dach ist zufolge des auf das Ziehen der Luppe folgenden Ausschmiedungsvorganges wohl naheliegend und die Kombination von Stuckofen, Frischfeuer und schwerem Hammer als „Deutschhammer" bis weit in die Neuzeit zu belegen,[32] die Form der Energieaufbringung zum Bewegen der Hämmer konnte allerdings variieren. Zu Ende des 13. Jahrhunderts ist im späteren Hammerbezirk von St. Gallen nordwestlich des Erzbergs lediglich ein Hammer nachweisbar. Erst im Verlaufe des 14. Jahrhunderts erfolgte dann die weitgehende Trennung von Blahhaus und Hammerwerk sowie das Abwandern der letzteren aus dem engeren Bereich der Eisenlagerstätten in einen großen Umkreis um den Erzberg. Dieser erstreckte sich von Mürzzuschlag im Osten über die nieder- und oberösterreichische „Eisenwurzen" im Norden (St. Gallen, Weyer, Kleinreifling) bis nach Murau und Obdach im Südwesten.[33]

Die Gründe für diesen Dezentralisierungsprozeß waren mehrfache: ein im Montanbezirk rasch spürbarer Holzmangel, der durch die Aufschließung weiter entlegener Wälder bei gleichzeitiger Nutzung der Transportkraft größerer Flüsse entschärft wurde, sowie das Problem der zunehmenden Proviantverknappung. Durch das Auseinanderfallen von Radwerk und Hammerwerk, das im Gebiet des steirischen Erzberges viel deutlicher als etwa im Hüttenberger Distrikt erfolgte, verringerte sich naturgemäß der Lebensmittelbedarf innerhalb des engeren Reviers erheblich. Bei ärmeren Eisenvorkommen war der Zwang zur Trennung der beiden Betriebstypen zumeist gar nicht gegeben, auch hätten die kleineren Bergherren mit ihrem bescheidenen Einflußrahmen die Sicherstellung von Energie und Proviant keineswegs gewährleisten können.

Man wird die erste große Expansionsphase des innerösterreichischen Eisenwesens, insbesondere seines vom steirischen Erzberg abhängigen Zweiges, annähernd mit dem Zeitraum zwischen 1150 und 1300/50 umgrenzen dürfen. Sie läuft parallel mit den dynamischen Etappen des hochmittelalterlichen Landesausbaus in den Ostalpen, der Überformung des ländlichen Siedlungsraumes und der Hauptphase einer, wenn auch relativ bescheidenen Urbanisierung.[34] Ohne das Modell einer bäuerlichen Überschußgüterproduktion zufolge verbesserter Geräte überspannen zu wollen, dürfen doch die Agrarkonjunktur des Hochmittelalters und das Ansteigen der Grundrente in einem wechselseitigen Verhältnis zum steigenden Eisenverbrauch gesehen werden. Für das Vordringen des eisenbewehrten Pfluges enthalten die Inventare von Kremsmünsterer Meierhöfen aus 1299 zumindest hinsichtlich größerer Betriebe verallgemeinerbare Aussagen; das bei der Rodungstätigkeit verwendete Werkzeug hat sich vereinzelt in archäologischen Funden erhalten.[35]

Seit dem späteren 13. Jahrhundert werden weiters Ansätze zu einer Reglementierung des Eisenvertriebs, die kraft landesherrlichen Privilegs erfolgte Zuordnung städtischer Verteilerzentren zu den einzelnen Montanbezirken - Steyr (1287) für den nördlichen sowie Judenburg (1277) bzw. Leoben (1314) für den südlichen Teil des Erzberges - exakt faßbar.[36] Sie lassen auf eine zunehmende Nachfrage nach Eisen innerhalb eines expandierenden Binnenmarktes schließen, verbunden mit der Ausweitung und Differenzierung eisengewerblicher Tätigkeit. So werden im Wiener Wagenmauttarif von ca. 1320 eine Reihe von Eisenhandwerkern und ihre Produkte genannt, die in der älteren Fassung aus der 1. Hälfte des 13. Jahrhunderts noch fehlen.[37] Bemerkenswert ist die Nennung von „chaerndisch eysen" in einem Münchner Zolltarif von 1320/30, wobei für eine Identifizierung mit dem Hüttenberger Erzeugnis eher die Verkehrsrichtung als die Kenntnis von der Dimension der Kärntner Produktion spricht,[38] sowie die Erwähnung von „leubnischen eysen" im Aschacher Donaumauttarif von 1371.[39]

Seit der 2. Hälfte des 14. Jahrhunderts lassen sich im innerösterreichischen Eisenwesen grundsätzlich drei Phänomene erkennen: eine über die Zunahme der Zahl der Hämmer zu erschließende Expansion der

Eisenerzeugung in der südlichen Produktionsregion, die Auseinandersetzung der habsburgischen Regalherren mit ihren Konkurrenten, insbesondere auch den Erzeugern von „Waldeisen", sowie das über den
Eisenhandel forcierte Eindringen bürgerlichen Kapitals in Bergbau und
Verhüttung. Zahlenmaterial über den Produktionsumfang steht allerdings auch für diesen Zeitraum noch nicht zur Verfügung.

Der Hauptort der Kärntner Eisenwurzen, Hüttenberg (abzuleiten von
den Hütten zum Schutze der Schmelzanlagen und Holzkohlevorräte?)
liegt inmitten einer älteren Schicht slawischer Siedlungs- und Gelän-
debezeichnungen.[40] Die rechtliche und technische Betriebsform war
ähnlich jener am steirischen Erzberg, allerdings mit einigen Abweichungen. So hielt die Verbindung von Blahhütte und Hammer länger an,
es kam auch nicht zur systematischen Ausbildung dezentralisierter
Hammerbezirke, und letztlich dürfte ein früh auftretender Kapitalmangel der Gewerken zur Abtretung von Gruben an einzelne auf eigene
Rechnung arbeitende Knappen geführt haben.[41] Darüber hinaus unterschied sich das Kärntner und Krainer Eisenwesen durch die starke Auf-
splitterung der obrigkeitlichen Kompetenz für die räumlich voneinander
getrennten Erzlagerstätten auf mehrere ständisch teilweise nur schwach
abgestufte Hoheitsträger vom steirischen Beispiel, wo die wirtschaftlichen Konkurrenten des Herzogs, die Landesklöster Admont und St.
Lambrecht, eindeutig dessen Herrschaft unterworfen waren.[42] Insgesamt
wird man die Bergbaue der einzelnen Hochstifte und Dynasten, des
Erzbischofs von Salzburg, der Bischöfe von Bamberg, Brixen und Frei-
sing sowie der Grafen von Görz und Ortenburg, in einem Übergangs-
bereich von grundherrlicher und regalherrlicher Einflußsphäre lokali-
sieren dürfen.

Der dem salzburgischen Bergrechtsbezirk Friesach zugeordnete Hüttenberger Eisenbergbau wird eindeutig erst durch ein Stapelprivileg
Erzbischof Pilgrims für den Markt Althofen aus 1381 faßbar, das allerdings schon im 15. Jahrhundert durch das Eintreten der Habsburger für
ihre Stadt St. Veit in Frage gestellt wurde.[43] Die Hindernisse für einen
kontinuierlichen Ausbau der Hüttenberger Produktion kommen aber
auch in der mangelnden hoheitsrechtlichen Zuständigkeit des Erzbischofs für die Handelsstraße nach dem Süden und die dort, im Kanal-

tal, an der Wende zum 15. Jahrhundert entstandenen und von Hüttenberg aus mit Eisen versorgten Hämmer zum Ausdruck.[44] Um die Mitte des 14. Jahrhunderts erscheinen im Kanaltal überdies Hammerwerke unter der Herrschaft des Bischofs von Bamberg, die in der 1. Hälfte
des 15. Jahrhunderts in eine Krise gerieten; vielleicht zufolge Schwierigkeiten beim Eisenbezug, dessen Richtung nicht eindeutig geklärt ist.
Jedenfalls drängte die Erzklemme schon zu Ende des 15. Jahrhunderts
zur Suche nach Erzen im Kanaltal selbst, die seit dem 16. Jahrhundert
mit bescheidenem Erfolg ausgebeutet wurden (Uggowitzeralm).[45] Als
Bezugsquelle für Roheisen der Hämmer im Kanaltal kommt aber auch
das ebenfalls bambergische Waldenstein in Frage, wo seit der Mitte des
14. Jahrhunderts Eisen in solchen Mengen abgebaut wurde, daß 1405
die herzogliche Stadt Völkermarkt als Konkurrenz zum bambergischen
Wolfsberg mit einer Niederlage ausgestattet wurde.[46] 1355 schloß hier
ein bambergischer Lehensträger als Besitzer von zwei Schmelzhütten
einen Vertrag mit einem Unternehmerkonsortium, der diesem die Ausbeutung der Erze innerhalb der Grundherrschaft zusicherte und mit
einem Priveg des Bischofs für ein Betriebsmonopol verbunden war.[47]
Die intensive Verknüpfung regalherrlicher, feudaler und bürgerlich-unter-
nehmerischer Interessen kennzeichnet eine Situation, die bis weit in
die Neuzeit für das Kärntner Eisenwesen als typisch erscheint.

Neben dem Salzburger und dem Bamberger Einflußbereich weist in
der Mitte des 14. Jahrhunderts auch die Freisinger Herrschaft an der
oberen Save, im Selzachtal bei Eisnern, Eisenproduktion auf.[48] Etwas
jünger dürfte jene an der Sava Dolinka bei Jesenice im Dominium der
Grafen von Ortenburg gewesen sein, die 1381 über einen den „Berg-
meistern auf unsern Berg unseres Aisenartz ob unsern Dorf Assnikh"
erteilten Freiheitsbrief faßbar wird.[49] Bei diesen kleineren Eisennestern
hat sich die ursprüngliche Verbindung von Grube, Blahhaus und bäuerlicher Betriebseinheit bis weit ins 15. Jahrhundert hinein gehalten.
Zuletzt ist noch auf das Eisen im Westen des Landes in der Krems zu
verweisen, das zufolge seiner günstigen Lage am Fernweg über den
Katschberg überregionale Bedeutung erhielt und 1409 der Eisenwaa-
ge und -niederlage in der erzstiftlichen Stadt Gmünd zugeordnet wurde.[50]

Grundsätzlich besaßen die zahlreichen mittleren und kleineren Eisenproduktionsstätten, wie sie in Kärnten und Krain seit dem 14. Jahrhundert auftauchen, ihre materielle Voraussetzung natürlich im Vorhandensein abbauwürdiger Erze. Dazu kam das Fehlen einer landesfürstlichen Zentralgewalt, die diesen Partikulärbildungen entscheidend hätte entgegentreten können, aber wohl auch ein zunehmender Marktanreiz, mitunter die Gelegenheit, Verluste im älteren, nunmehr darniederliegenden Edelmetallbergbau zu kompensieren. Produzenten, die von vornherein nur die Bedürfnisse einer Kundschaft im engeren Umkreis befriedigen konnten, standen solche gegenüber, denen ein umfassenderer Herrschaftkomplex als Markt offenstand, wie jener von Salzburg und Bamberg, und die sich anschicken konnten, über denselben hinauszugreifen.

Da die habsburgischen Landesherren im Gegensatz zum steirischen Erzberg in Kärnten nicht über Anteile an den Erzlagern verfügten, kam eine unmittelbare Förderung der Eisenproduktion zunächst nicht in Frage.[51] Eher mußte ihre Politik dahin gehen, durch die Gewährung von Handelsmonopolen an ihre Städte die bischöflichen und dynastischen Hoheitsrechte auszuhöhlen. Der Erfolg der dabei gesetzten Maßnahmen war unterschiedlich, vielfach wurden Fortschritte in der Festigung der eigenen Regalrechte durch Erteilung von Freibriefen an die einzelnen Wettbewerber wieder zunichte gemacht. Der Durchbruch gelang erst im Verlaufe des späten 15. Jahrhunderts und wurde im 16. durch die Definierung getrennter regal- und grundherrlicher Kompetenzen abgeschlossen.[52]

Günstigere Voraussetzungen für eine „Eisenpolitik" der Habsburger lagen dagegen in der Steiermark und im österreichischen Verarbeitungsbezirk vor, wo die Herzoge gegenüber ihren Konkurrenten schon im 14. Jahrhundert erste Teilerfolge erzielten.[53] Prohibitivmaßnahmen betrafen dabei sowohl den Eisenhandel – zugunsten des Kammerguts und der landesfürstlichen Städte - als auch die Eisenproduktion. Hiefür darf zumindest als eine weitere Voraussetzung eine ausreichende Marktbeschickung durch die unter unmittelbarer habsburgischer Herrschaft arbeitenden Hütten angenommen werden. Ziel der Angriffe war zunächst das admontische Eisen aus dem Johnsbachtal nahe dem Erzberg, dessen Absatz seit 1330 von landesherrlichen Beamten gestört und 1333 durch einen Schiedsspruch Albrechts II. auf die seit alters benützte Straße eingeengt wurde. Nach zeitweiliger Stillegung der Abbaue und Neuprivilegierung erfolgte 1385 von herzoglicher Seite die Beschränkung der Produktion auf den Bedarf der Klosterleute. Freilich sollte dieser Erfolg des Regalherrn gegenüber der Grundherrschaft nicht zu hoch eingeschätzt werden, erledigte dieser Bergbau doch noch im 15. Jahrhundert neben dem Erzberg eine Teilversorgung des großen Gallensteiner Hammerbezirks. Endgültig ging die Berghoheit erst unter Maximilian I. an den Landesfürsten über.

Eine vergleichbare Entwicklung nahm die Eisenproduktion des Klosters St. Lambrecht im Aflenztal; hier betrafen die seit 1342 verfügten Beschränkungen die Zahl der Produktionsstätten, nicht jedoch den Absatz, der bis zum Beginn des 16. Jahrhunderts auf den öffentlichen Straßen frei war. Wie bei einer Reihe anderer Bergbaue waren die Bemühungen um die Beseitigung des „Waldeisens" zu inkonsequent, so daß sich dieses bis in die Neuzeit hinein halten konnte. Zu den Auseinandersetzungen um das Vorrecht des Eisenhandels soll hier nur festgestellt werden, daß das 14. Jahrhundert die Sicherung der Monopolrechte der landesfürstlichen Stadt Steyr gegenüber dem freisingischen Zentrum Waidhofen an der Ybbs für den Handel nach dem Norden brachte.[54] Die Vorrangstellung von Leoben für das südliche Verteilernetz mußte hingegen 1492 neuerdings betont werden.[55]

In der seit dem 12./13. Jahrhundert feststellbaren Entwicklung der Eisenproduktion sind vor der Mitte des 15. Jahrhunderts keine retardierenden Vorgänge erkennbar; vielmehr deuten eine Reihe von Anzeichen eher auf eine verhältnismäßig kontinuierliche Produktionsausweitung hin. Hierher zählt über die angezogene Tatsache hinaus, daß das Waldeisen trotz energischer Bemühungen der Konkurrenz seine Position nicht nur halten, sondern sogar ausbauen konnte, das Auftreten neuer Bergwerke und dazugehöriger Eisenhütten. Dies gilt für den obersteirischen Raum (Pöllau, St. Lambrecht, Liezen, Altenmarkt) ebenso wie für den Kärntner (Paternion, Friesach, Eisenkappel, Eberstein); der Weiterbestand der Krainer Produktion läßt sich über den Nachweis fortgesetzter Privilegierung erschließen.[56]

Eine teils sprunghafte Zunahme der Hämmer - im Admonter Herrschaftsgebiet von drei auf 13 zwischen 1434 und 1467[57] – steht in einem noch ungeklärten Verhältnis zu einer neuerlichen Vergrößerung der Maße auf der Innerberger Seite des steirischen Erzberges, von der um 1430 berichtet wird;[58] ebenso fraglich ist, ob die davon abzuleitende Dimensionssteigerung des Ofens direkt zur 1439 erstmals auftauchenden Bezeichnung „Radmeister" (vom Antriebsrad der Blasbälge) für den Inhaber eines „Radwerkes" geführt hat.[59] Jedenfalls bezeichnete letzterer Begriff zunehmend den Gesamtkomplex von Schmelzhütte, Anteil am Berg, Wohnhaus, landwirtschaftlichen Betriebsflächen und Wald. Dieses Ergebnis eines vertikalen Konzentrationsprozesses steht in deutlichem Gegensatz zum älteren kleingewerblichen Betrieb. Die Problematik einer rationalen Arbeitsorganisation, aber auch der Mittelaufbringung rückte ihn rasch in den bürgerlichen Einflußbereich. Ähnliches kann für einen Teil der Hammerwerke gelten.

Um 1460 war eine neue Hammertype aufgetaucht, die zufolge ihrer Bezeichnung als „Welschhammer" auf die Einführung neuer Techniken aus Italien schließen läßt und mit der Vergrößerung der Luppen in Verbindung zu sehen sein dürfte.[60] Auch hier ging die Zerlegung und Differenzierung des Arbeitsprozesses mit einem erhöhten Kapitalbedarf Hand in Hand. Dieser äußerte sich in der Form von Betriebszuschüssen, welche die Eisenhändler gewähren mußten. In Vordernberg, wo zufolge der größeren Entfernungen ein direkter Kontakt zwischen Radgewerken und Hammermeistern zumeist nicht möglich war, fungierten die Leobener Eisenhändler als Zwischenglied zwischen beiden Produzentengruppen.[61] In Innerberg entwickelten sich die Kapitalbeziehungen in der Form, daß die Steyrer Eisenhändler die Hammerwerke und diese wiederum die Blahhäuser verlegten.[62] Ähnlich lagen die Verhältnisse im Hüttenberger Bereich, wo Bürger des Niederlagsortes Althofen als Verleger auftraten, diese Funktion jedoch im 16. Jahrhundert an die Kaufleute der Herzogsstadt St. Veit verloren.[63]

Bald nach der Mitte des 15. Jahrhunderts geriet der Aufschwung der innerösterreichischen Eisenproduktion ins Stocken. Eine Desorganisation als Ergebnis einer überhitzten Konjunktur wird sichtbar. Im Bereich des steirischen Erzberges hatte sich die Zahl der Hammerwerke über eine ökonomisch sinnvolle Relation zu den Blahhäusern hinaus entwickelt; der

71

Energieträger Holz wurde knapp. 1449 mußte der Landesherr eine For-
cierung der Radwerke, von denen etwa 25-30 am ganzen Erzberg arbeiteten, auf Kosten der Hämmer anordnen.[64] In Kärnten forderten die Hüttenberger zur gleichen Zeit die Abschaffung des Waldeisens.[65] 1456
beklagten die Kanaltaler Hammermeister ihren Ruin; 1489 feierte ein
Teil der Vordernberger Radwerke.[66] Bevor auf die Ursachen und die Voraussetzungen zur Überwindung der Krise eingegangen werden soll,
stellt sich die Frage nach den Grundlagen der „Würde", die den Zeitraum
vor 1450 kennzeichnet.

Im Gegensatz zu den einigermaßen gesicherten Angaben, aus denen
sich die Expansion des Eisenwesens vor der Mitte des 15. Jahrhunderts rekonstruieren läßt, bleiben die Hintergründe dieses Aufschwungs
unscharf, mitunter widersprüchlich. Entsprechend der Krisenhaftigkeit
des Zeitraums können keineswegs wie vor 1300 gesamtwirtschaftliche
Ursachen als Erklärungsgrund genannt werden.[67] Geht man bei den
Überlegungen vom Eisenverbrauch der agrarischen Bevölkerung aus, so
ist auf neuere Untersuchungsergebnisse zu verweisen, die als Haupt-
trend der demographischen Entwicklung in Österreich vom späteren 14.
bis zum frühen 16. Jahrhundert eher Umschichtungsvorgänge als einen
eindeutigen Bevölkerungsrückgang wahrscheinlich machen konnten.[68]
Zufolge der wachsenden Bedeutung des Weinbaus dürften die dort
erzielten Erlöse die bei den Getreidebauern zweifellos auftretenden
Einkommensverluste im Hinblick auf die Nachfrage nach Eisen kom-
pensiert haben. Dazu stellt sich eine steigende Kaufkraft in den Städten bis zur Schinderlingszeit, die etwa in der Zunahme und Spezialisierung von Eisengewerben, die für gehobene Ansprüche produzierten
(Messerer, Schwertschläger usw.), zum Ausdruck kommt.[69] Hoch ein-
zuschätzen ist der wachsende militärische Bedarf, wenngleich er sich auch
nicht annähernd quantifizieren läßt.[70] Die wichtigste Antriebskraft dürfte allerdings der Fernhandel dargestellt haben, in den Innerösterreich
im Spätmittelalter zunehmend integriert wurde. Dies gilt nicht nur für
die Ausfuhr ins deutsche Reich, die vor 1400 nur schwach entwickelt
war,[71] sondern auch für den wohl älteren Export nach Italien, insbesondere nach Venedig. Der Kampf um die Eisenhandelsrechte in Kärnten, die Gründung einer Eisenhandelskompanie in Leoben (1415),[72] aber

auch die Kapitalanhäufung in der Hand Steyrer Kaufleute sind nur einige Hinweise, die diese Annahme unterstützen können.[73]

Der Stellenwert des überregionalen Eisenhandels erhellt letztlich auch aus den Erschütterungen, welche Türkenkrieg und Ungarneinfälle in der 2. Hälfte des 15. Jahrhunderts in Innerösterreich verursachten. Diese legten nicht nur ein funktionierendes Fernverkehrsnetz lahm, sondern führten darüber hinaus auch zur zeitweiligen Verödung weiter Landstriche.[74] Der dadurch bedingte Ausfall bäuerlicher Nachfrager für Eisen sowie eine Krise der städtischen Wirtschaft ergänzten einander im negativen Sinne; dazu kamen rasch anwachsende steuerliche Belastungen, die zu einer weiteren Verdünnung der Kaufkraft führten.

Ein deutlicher Aufschwung setzte dann wieder in den neunziger Jahren des 15. Jahrhunderts ein, der sich etwa in der Gründung neuer Blahwerke und der Entstehung zahlreicher Hämmer äußerte, wobei die Zunahme in der Steiermark viel deutlicher ausfiel als in Hüttenberg.[75] Der Zusammenhang mit dem Regierungsantritt Maximilians I. ist augenfällig, sollte allerdings auch nicht überbewertet werden, reichen doch in ihren wirtschaftlichen Auswirkungen eher unerhebliche Bestrebungen einer zentralen obrigkeitlichen Regulierung am steirischen Erzberg bis in die Mitte des 15. Jahrhunderts zurück. So wurde 1448/49 der Berg in zwei Abbauhälften geschieden und die Marktverwaltung von Innerberg (Eisenerz) und Vordernberg von der Administration des Berges, die landesfürstlichen Beamten übertragen wurde, getrennt. Dazu kamen Maßnahmen gegen die Konkurrenzierung durch das Waldeisen, Preissatzungen, Zwangsbestimmungen für den Eisenverkauf und letztlich eine erste Festschreibung der Holz- und Proviantwidmung.[76]

Die landesfürstliche Reformation seit den neunziger Jahren schloß hier an, ohne eine Bereinigung der Probleme im großen zu erzielen. Fortschritte wurden eher in Einzelfragen erreicht, etwa der systematischen Abgrenzung der Innerberger Hammerbezirke, einer gleichmäßigeren Verteilung des erzeugten Rauheisens auf die verschiedenen Hammergruppen, der Schaffung eines festen organisatorischen Rahmens für die ausreichende Bereitstellung von Energie und Nahrungsmitteln und dem Ausbau der Infrastruktur durch Errichtung von Rechen für die Holzbringung. Mit dem allerdings kaum durchsetzbaren, den Haupteisenwurzen Innerberg-Vordernberg (zuzüglich St. Lambrecht) und Hüttenberg zugesicherten Erzeugungsmonopol wurde immerhin der weitere Aktionsradius frühneuzeitlicher Fürstenmacht angedeutet.[77]

Einen höheren Stellenwert als die regalherrlichen Verordnungen für das Wachstum der österreichischen Eisenproduktion in der 1. Hälfte des 16. Jahrhunderts besaß wohl das Anziehen der Nachfrage im Reich. Für die Murauer Eisenniederlage konnte zwischen 1491/1500 und 1551/60 mehr als eine Verdoppelung der ausgeführten Eisenmengen errechnet werden.[78] In zweiter Linie sind auch der steigende Armeebedarf und der Ausbau einer Militärgüterindustrie zu beachten, die als Abnehmer steirischen Eisens auftrat.[79] Die in Thörl bei Mariazell entstandene Waffenschmiede des Sebald Pögl, die rasch zum größten privaten Unternehmen Innerösterreichs aufstieg, beweist den Konjunkturaufschwung in dieser Branche.[80] Letztlich ist auch auf den Anstieg der Bevölkerungskurve zu verweisen und auf die sich zugunsten der Bezieher von Agrareinkommen öffnende Preisschere, wodurch wohl auch der Binnenmarkt kräftig expandierte.[81]

Im Verlaufe des 16. Jahrhunderts ändert sich der Charakter des Quellengutes; fehlte für die mittelalterliche Produktionsperiode durchwegs quantifizierbares Material - die für 1480 genannten Zahlen von 4000 bzw. 5500 t für beide Seiten des Erzberges basieren auf unsicheren Schatzungen -,[82] so lassen sich nach 1500 immerhin Näherungswerte auf der Grundlage überlieferter Luppengewichte, der Zahl der Blahhäuser sowie einzelner Eisenlieferungen errechnen.

Am Beginn des 16. Jahrhunderts standen am steirischen Erzberg 33 Radwerke in Betrieb, davon 19 auf der Innerberger und 14 auf der Vordernberger Seite. Diese Zahlen blieben relativ konstant, so daß die Steigerung der Produktion vorweg über die Vergrößerung der Maße erfolgte, was wiederum eine Neudimensionierung der Öfen zur Voraussetzung hatte. Besaßen die Luppen nach 1500 noch ein Gewicht von ca. 420 kg in Innerberg und von 300 kg in Vordernberg, so stieg dieses auf ca. 530 (390) kg im Jahre 1538, 620 (530) kg um 1560 und 780 (670) kg im Jahre 1601 an.[83] Die Maß bildete die Einheit, nach der die Lieferung der Radmeister an ihre Verleger berechnet wurde. Neben den Maßen wurde als Nebenprodukt im absätzigen Verfahren in geringen Mengen flüssiges Roheisen gewonnen, das der Radmeister frei verkaufen durfte und in der Regel gegen Lebensmittel eintauschte. Dieses „Provianteisen" machte einschließlich sonstiger Abfallsorten ca. 20-30 Prozent der Roheisenproduktion aus, wobei sich höhere Anteile zumeist in Zeiten der Nahrungsmittelteuerung einstellten.[84]

Zufolge der nur indirekten Überlieferung müssen die für das 16. Jahrhundert für die innerösterreichische Eisenproduktion gebotenen Produktionsziffern Näherungswerte darstellen. Für das Jahr 1507 wurde für den Erzberg eine Zahl von 6-7000 t, für 1520 eine von 9000 t und für 1537 für die Innerberger Seite eine Jahresproduktion von 6000 t errechnet; einschließlich der Vordernberger Seite, die etwa um ein Drittel weniger erzeugte, belief sich die Ziffer auf 10000 t.[85] Um die Mitte des 16. Jahrhunderts dürfte die Jahresproduktion auf dem steirischen Erzberg rund 13-14000 t betragen haben, nicht mitgezählt das Waldeisen, für das im Jahre durchschnittlich 200-300 t anzusetzen wären.[86] Damit war ein Höhepunkt gegeben, der nicht lange gehalten werden konnte.

Im Hüttenberger Bereich galt als Einheit der Meiler zu 10 Pfundzentnern (560 kg).[87] 1530 standen bei einem Abbau von 47 Erzgruben 27 Blahhäuser und zwölf Hämmer in Betrieb, die eine durchschnittliche Jahresproduktion von ca. 3000 t erbrachten.[88] Bis 1563 entspricht einem Rückgang der Zahl der Hütten auf 22 ein solcher der Ausbringung auf etwa 2600 t. Bemerkenswert ist die geringe Produktionssteigerung des Blahhauses von 200 auf 210 Meiler pro Jahr gegenüber einer 50prozentigen bei den Hämmern (200 auf 300 Meiler geschlagenes Eisen), wodurch bei einem nur geringen Rückgang der Gesamterzeugung eine Verringerung der Zahl der Hämmer um ein Viertel (12 auf 9) verkraftet werden konnte.

Die für Hüttenberg lediglich zu zwei Stichjahren überlieferten Produktionsziffern sind hinsichtlich einer Trendaussage kaum verwertbar. Daher erscheint es zweckmäßig, die weitere Entwicklung des innerösterreichischen Eisenwesens bis zum Beginn des 17. Jahrhunderts am wesentlich besser belegten Innerberger Beispiel zu verfolgen, ohne allerdings davon generelle Aussagen abzuleiten.

Auf die Konjunktur der sechziger Jahre des 16. Jahrhunderts folgte

nach einer vorübergehenden Krise ein neuerlicher Produktionsauf-
schwung auf nahezu die frühere Höhe, wobei der Anteil des Proviant-
eisens wuchs. Die Schätzungen für die Jahre 1578 und 1588 liegen bei
12200 und 12700 t Jahresproduktion am ganzen Berg.[89] 1589 wurde
in Eisenerz mit 9130 t nochmals das Maximum von 1565 erreicht;[90]
abgesehen von vereinzelten Krisenjahren, ergaben sich keine allzu-
großen Schwankungen. Die Trendwende erfolgte gegen Jahrhundertende, der Zusammenbruch in den zwanziger Jahren des 17. Jahrhunderts.
Am Tiefpunkt im Jahre 1625 standen in Innerberg von den 19 Radwerken
nur mehr fünf in Betrieb, die ca. 1460 t Roheisen erzeugten.[91]

In Vordernberg machte sich die „Unwürde" nicht im gleichen Maße
bemerkbar. Entsprechend den wenigen zur Verfügung stehenden Ver-
gleichszahlen hatte sich das Verhältnis zu Innerberg von 2:3 um die
Mitte des 16. Jahrhunderts auf 3:4 um 1605/06 verändert;[92] am Höhepunkt der Krise lag dann Vordernberg mengenmäßig bereits voran. Insgesamt wird dem südlichen Abschnitt des Erzberges überhaupt eine
größere Stabilität nachgesagt, die allerdings nur recht unbefriedigend
mit einer geschickteren Preispolitik, dem Vorrang des Leobner Eisens
als Rohstoff für die Rüstungsindustrie der steirischen Stände sowie der
Nachfrage nach einer speziellen Stahlqualität für die Sensenerzeugung
(Mock) erklärt wird.[93]

Es stellt sich nun wiederum die Frage nach den Ursachen der Kon-
junkturschwankungen im 16. und frühen 17. Jahrhundert, den struktu-
rellen Veränderungen und insbesondere den seitens der landesfürstlichen Gewalt gesetzten Maßnahmen, die letztlich 1625 in eine grundlegende Neuorganisierung des Eisenwesens einmündeten.

Die Zeit des Booms im steirischen Eisenwesen in der 1. Hälfte des
16. Jahrhunderts kennt keine spektakulären technischen oder organisatorischen Neuerungen.[94] Auf die fortschreitende Vergrößerung der
Maße und damit der Öfen ist hingewiesen worden; letztere erreichten
im 17. Jahrhundert eine Höhe von 5-6 m gegenüber 3,5 m um 1500.
Der Schmelzprozeß erfolgte die gesamte Periode hindurch im absätzigen Stuckofenbetrieb, und der arbeitserleichternde „Sackzug" des Erzes
vom Berg zur Haupthalde wurde erst 1564 eingeführt.[95] In der Steiermark zunächst nicht durchgesetzt hat sich der 1541 im Revier Krems-

brücke in Betrieb genommene Floßofen (weitere 1559, 1566 Eisentratten, 1578 Urtlgraben usw.),[96] was zum Teil mit Problemen des Verlags, dem Wegfall der Provianteisensorten und der durch die höhere Produktivität gebotenen Verringerung der Zahl der Hütten, andererseits mit dem Zwang zur ständigen Betriebsweise erklärt wurde.[97] Die Aussagen zum Stellenwert des Kohleverbrauchs divergieren.[98]

Die dreigliedrige Organisation der Eisenproduktion blieb erhalten und wurde zunehmend in scheinbar rational geplante Strukturen eingebunden, bei deren Gestaltung Staat und frühkapitalistisches Bürgertum zusammenwirkten. So wurden die Bestimmungen über den Verkauf des Roheisens verschärft, das Recht auf einen Stollen vom Besitz eines Radwerks abhängig gemacht und der Radmeister an seinen Betrieb gebunden: er sollte ihn „mit eigenem Rücken" besitzen.[99] Eine „Reformation" des Jahres 1583 legte die Zahl der zum Innerberger Bezirk gehörigen großen oder „welschen" Hämmer mit 47 fest, denen in Vordernberg 43 große Hämmer gegenüberstanden.[100] Zur Versorgung der Eisenhandwerker und Hammerwerke, denen es nicht gelang, sich über die Verleger oder den Markt zu versorgen, richtete man Eisenkammern ein. Hingegen wurden Versuche, die Verproviantierung über Getreidekästen zu organisieren, wieder aufgegeben.[101]

Eine Bestimmung des Konjunkturverlaufs über die von allen Seiten vorgetragenen Beschwerden würde ein verzerrtes Bild liefern. Freilich nahmen die gegenseitigen Vorwürfe nach der Jahrhundertmitte zu; das zur Abwendung der Krise eingesetzte Instrumentarium wurde immer differenzierter. Neben die Verbesserung der infrastrukturellen Einrichtungen traten Maßnahmen der arbeitsrechtlichen Disziplinierung und immer wieder Erhöhungen der Eisenpreise als meist zu späte Reaktion auf die rascher steigenden Lebensmittelkosten.[102] Zur Hebung der Liquidität gewährte die Stadt Steyr 1580 an 46 Hämmer einen dauernden und unverzinslichen Kredit in der Höhe von 192800 fl., der zu den monatlich einlösbaren Verlagsgeldern (375-500 fl. pro Hammer) hinzutrat.[103] Seit 1583 war der Eisenhandel über eine in Steyr gegründete Eisenkompagnie kommunalisiert.[104] Der Ankauf bankrotter Blahhäuser durch Erzherzog Karl und die Errichtung ärarialer Hütten in Vordernberg in den achtziger Jahren wurden zu einem finanziellen Debakel.[105]

Die Inflation von 1622 und die Neubewertung der Münze 1623, bei der die Steyrer Handelskompagnie ihre Fähigkeit, den Verlag zu erstatten, einbüßte, führten dann 1625 zur Gründung der Innerberger Hauptgewerkschaft.[106] Ihr Gesellschaftsvermögen setzte sich aus dem Anlagewert der Werke der Rad- und Hammermeister sowie aus den Verlagsschulden derselben als Einlage der Steyrer Eisenhändler zusammen. Als Erwerbsgesellschaft auf Gewinn und Verlust übernahm sie den Betrieb auf dem Berg, die 19 Radwerke, 42 Hämmer, den Verlag und Verschleiß des Eisens sowie die Erhaltung der Infrastruktureinrichtungen.[107] In Vordernberg schlossen sich die Gewerken 1626 zu einer „Kommunität" zusammen, die den Einkauf der Betriebsmittel organisierte sowie Löhne und Arbeitsbedingungen - in eher traditionell-zünftischer Weise - regelte.[108]

Ein Zugang zu den Ursachen der Trendwende in der Eisenkonjunktur des 16. Jahrhunderts ergibt sich durch einen Blick auf die Veränderungen der Nachfrage, allerdings mit der Einschränkung, daß exakte Zahlen hinsichtlich der Verteilungsstruktur nicht zur Verfügung stehen. Der wichtigste Exportmarkt für Innerberger Eisen war im 16. Jahrhundert Deutschland. Wie anhand der Linzer Mautregister gezeigt werden konnte, wies der donauaufwärts gehende Eisenexport gewisse Übereinstimmungen mit der Produktionsentwicklung auf. Nach einer Aufschwungsphase, die bis in die sechziger Jahre anhielt, folgte nach 1570 eine erste Krise, gegen Jahrhundertende eine Erholung; 1632 kam der Export nahezu zum Erliegen, um in der 2. Hälfte des 17. Jahrhunderts wieder stärker anzusteigen.[109] Zusammen mit den Eisenbezügen der wichtigsten Legorte dürften die Exporte nach Deutschland etwa 40-50 Prozent des Verkaufs der Hauptgewerkschaft ausgemacht haben.

Den Erklärungswert des Deutschlandhandels für die Schwankungen in der Eisenproduktion hatte man schon früher erkannt, ihn zweifellos aber zu hoch eingeschätzt. Der Schmalkaldische Krieg (1546/1547) und der Zusammenbruch der Augsburger Kaufhäuser (1561–64) wurden als hauptsächliche Ursachen der Zäsur der sechziger Jahre genannt.[110] Verstärkt wurden diese in der Folge von spezifisch innenpolitischen Problemen, der Länderteilung von 1564, mit der eine Grenze zwischen Österreich und der Steiermark gezogen wurde, sowie der Durchführung der Gegenreformation, insbesondere aber auch durch den Anstieg der Lebensmittelpreise. Weiters wurde auf die Konkurrenz anderer Eisenverhüttungslandschaften, darunter solcher im Verbande des habsburgischen Länderkomplexes, verwiesen. Daß etwa in Tirol seit dem späteren 16. Jahrhundert neue Eisenbergbaue eröffnet wurden, wurde oben angedeutet; auch in Kärnten finden sich neue Hütten im grundherrlichen Bereich (Salzburg, Dietrichstein, Ortenburg, Finkenstein, Rosegg, Hollenburg), die freilich zumeist auf Kosten älterer produzierten.[111]

Ehe auf Überlegungen zum weiteren Konjunkturverlauf, wie sie 1974 von R. Sandgruber angestellt wurden, verwiesen wird, ist die Entwicklung nach 1625 nachzutragen. Nachdem die Produktion 1625 bei ca. 1460 t Roheisen gelegen war, konnte in den dreißiger Jahren ein Umfang von etwa 4000 t erreicht werden, doch stiegen gleichzeitig die unverkauften Lager kontinuierlich an. Ein Tiefpunkt war nach den Wirren der vierziger Jahre mit ca. 3000 t gegeben. In der folgenden, bis in die neunziger Jahre anhaltenden Stagnationsphase verharrte die Produktion auf einer Höhe von etwa 3900 t, nahm dann bis zum Ende der zwanziger Jahre des 18. Jahrhunderts auf etwa 5300 t zu und verblieb schließlich bis zum Ende der fünfziger Jahre auf diesem Niveau.[112]

Zur Erklärung der Krise im 17. Jahrhundert wurden - wesentlich beeinflußt durch die Flut zeitgenössischer Stellungnahmen in Form von Beschwerden, Kommissionsgutachten und Kostenberechnungen - vorwiegend Veränderungen der Produktionsfaktoren neben der Rolle des Exports als Ursachen angeführt. Zweifellos ergab sich eine Scherenbildung zwischen den Holzkohle- und Lebensmittelpreisen einerseits, den Verkaufspreisen des Eisens andererseits, da letztere langfristig fixiert und dem Einfluß der Produzenten weitgehend entzogen waren.[113] R. Sandgruber hat nun versucht, durch stärkere Berücksichtigung der Nachfrageverhältnisse, insbesondere auch jener des Binnenmarkts, eine differenziertere Sicht zu gewinnen.

Unter Zugrundelegung der Datenreihen zur Innerberger Produktion, zur Lagerhaltung und zum Provianteisenverkauf konnten dabei innerhalb der Krise von 1570 bis zur Mitte des 18. Jahrhunderts mehrere Phasen unterschieden werden: In der ersten, die von 1570 bis 1620 reichte, hatten Kostensteigerungen das Angebot verringert. Diese waren durch Verknappung von Holzkohle, Erzklemme und Lebensmittelteuerung zustande gekommen. In der Phase von 1620 bis 1690 ging dann die Nachfrage zurück, was sich in einem allgemeinen Eisenüberfluß trotz stark gesunkener Produktion äußerte. Die Gründe hiefür waren wiederum vorrangig in der Verkleinerung des äußeren und inneren Marktes zu suchen.[114]

Zum Rückgang des Exports, besonders ins Reich, zufolge des Dreißigjährigen Krieges, war eine ungünstige Entwicklung auf dem Binnenmarkt hinzugekommen. Als Faktoren derselben konnten sowohl die Bevölkerungs- als auch die Preisentwicklung, vor allem jene für Agrarprodukte, verdeutlicht werden. Während der Eisenkonjunktur des 16. Jahrhunderts hatte sich die Zahl der eisenverarbeitenden Gewerbe bei gleichzeitiger starker Branchenauffächerung vervielfacht, was zweifellos einen höheren Eisenverbrauch signalisiert. Ihre Ansiedlung erfolgte vorab in den Städten und Märkten der Eisenwurzen, teilweise auch auf dem platten Lande.[115] Nach 1620, als eine langfristige Agrarkrise einsetzte und die Bevölkerungszahlen regional bis zur Mitte des 18. Jahrhunderts zu stagnieren begannen, ging auch die Nachfrage nach Eisen zurück. Das Übergewicht der Eisengewerbe in zahlreichen Bürgersiedlungen verschwand, auf dem Lande setzte ein Ausleseprozeß ein, den am besten die Sensenschmieden überdauerten.[116]

Vordernberg, das den größeren Teil der Steiermark und auch den westungarischen Raum mit Eisen belieferte, dürfte - soweit die wesentlich schmälere Datenbasis überhaupt Aussagen zuläßt - von den Depressionserscheinungen der Zeit weniger erfaßt worden sein. Um die Mitte des 18. Jahrhunderts wurde mit 7100 t Roheisen schon mehr als das Anderthalbfache von Innerberg erzeugt.[117] Wie weit die hier früher faßbare Trendumkehr in der Bevölkerungsentwicklung, vielleicht aber auch der Übergang zu teils großbetrieblicher Landwirtschaft für diesen Vorsprung verantwortlich war, wäre zu überprüfen.

Der Kärntner Hüttenberg produzierte nach einem Kommissionsbericht von 1758 4024 t Roheisen; das war etwa ein Drittel mehr als 1560. Hinzu kamen 1255 t der Waldeisengewerken mit einem Produktionsanteil der Herrschaft Gurk von 45 Prozent, der Herrschaft Gmünd von 36 Prozent sowie der Herrschaft Waldenstein von 13 Prozent.[118] Innerhalb des Lavanttaler Eisens, dessen Krise in der 2. Hälfte des 17. Jahrhunderts durch zahlreiche Stillegungen besonders deutlich geworden war, hatte sich ein Konzentrationsprozeß vollzogen, in Gmünd fiel die Produktion zwischen 1713 und 1744 auf etwa die Hälfte bei gleichzeitigem Anwachsen der Produktionskosten auf das Doppelte des Ausgangswerts.[119] Wenngleich man unterstellen darf, daß die Zahlen für die Mitte des 16. Jahrhunderts zufolge Nichtberücksichtigung der Eisenerzeugung in den Deutschhämmern etwas zu niedrig angesetzt wurden, so dürften doch das 17. und die 1. Hälfte des 18. Jahrhunderts für den Hüttenberger Bezirk eine Produktionsausweitung - auch auf Kosten des Waldeisens - gebracht haben. Dafür sprechen auch die fortschreitende Arbeitsteilung im Finalbereich und der zumindest nicht rückläufige Wert der Eisenausfuhr Kärntens nach Italien.[120]

Die Mitte des 18. Jahrhunderts bedeutete für den innerösterreichischen Eisenbergbau in mehrfacher Hinsicht eine Zäsur. Die Nachfrage nach Eisen stieg nach dem Ende des österreichischen Erbfolgekrieges (1748) erstmals wieder deutlich an: im Bereiche der Innerberger Hauptgewerkschaft um etwa ein Fünftel, so daß am steirischen Erzberg unter Einschluß Vordernbergs etwa 13000 t produziert wurden. Bereits in den siebziger Jahren hat dann die steirische Produktion die 20000- Tonnen-Grenze erreicht;[121] für Kärnten wird zu 1768 eine Zahl von etwa 6500 t, für 1783 von 8400 t genannt.[122] Der säkulare Aufschwung setzte in beiden Regionen freilich erst in den zwanziger Jahren des 19. Jahrhunderts ein.

Die Anhebung der Nachfrage, der chronische Holzmangel sowie geologische Faktoren beschleunigten am steirischen Erzberg die Einführung des Floßofenbetriebs. Nach ersten Versuchen 1751 in Eisenerz wurden innerhalb von 20 Jahren sowohl in der Innerberger Hauptgewerkschaft als auch in Vordernberg - hier fand der erste Versuch am Radwerk VI im Jahre 1760 statt - alle Stucköfen durch Floßöfen ersetzt.[123] In Hüttenberg legte der Zusammenschluß der Gewerken Mayerhofer und Secherau die Grundlage für den unter Auflassung von fünf Stucköfen erfolgten Bau des ersten Floßofens zu Lölling (1764); nach Anschluß des dritten Gewerken, Christalnigg, an die Union wurden die alten Stucköfen bis 1780 aufgelassen.[124] Parallel dazu erfolgte die Anpassung der Arbeit in den Hammerwerken an die Erzeugung der Roheisenflossen.

Die Umwälzung der Produktionstechnik um die Mitte des 18. Jahrhunderts verfolgte ein doppeltes Ziel: gleichzeitig sollte mehr und brennstoffsparend produziert werden. Nachdem die Initiative zum Einsatz des Floßofens zunächst von den Unternehmern in den Kärntner Waldeisenrevieren ausgegangen war, handelte es sich nunmehr in den Haupteisenwurzen vor allem um eine solche des Staates. Ob und inwieweit für die Umstellung auch die Produktionskostenfrage einen Ausschlag gegeben hat, ist derzeit nur schwer zu entscheiden. Wesentlich erscheint, daß sich die Veränderungen um die Mitte des 18. Jahrhunderts noch während des Bestehens der alten Organisation des Eisenwesens vollzogen, die durch eine starke Bevormundung von Produktion und Handel durch den Staat charakterisiert erscheint. Sollte ein auf marktwirtschaftlichen Grundsätzen und nicht auf staatlicher Lenkung beruhendes System entstehen, mußten die Handelsmonopole und Produktionsschranken beseitigt werden. Dieser Zustand war erst erreicht, als 1781/82 Josef II. alle Verkaufsordnungen, Preisfestsetzungen sowie Energie- und Proviantwidmungen aufhob. Ein Jahr später wurde auch das für das Montanwesen zuständige Oberkammergrafenamt beseitigt.

---

* Der Beitrag geht auf ein 1986 im Rahmen der XVIII Settimana di studio des Istituto internazionale di storia economica „Francesco Datini" in Prato gehaltenes Referat zurück. Später erschienene Literatur wurde in Auswahl nachgetragen.

1) Zur Steiermark vgl. die Bibliographie von Anton L. Schuller, Erz und Eisen in der Grünen Mark (Steirische Bibliographie So.Bd. 1, Graz 1983).

2) Vgl. die Einleitung bei Adelheid J. Handtmann, Der technische Fortschritt im Eisenhüttenwesen der Steiermark und Kärntens von 1750 bis 1864, Diss. Marburg/Lahn 1980, 17 ff.

3) Helmut Langmann, Der Eisenbezirk (aus Obersteiermark und Teilen beider Österreich), geisteswiss. Hausarb. Wien 1985, 7 f.

4) Übersichten bei Franz Kirnbauer, Historischer Bergbau I und II, in: Österreichischer Volkskundeatlas. Kommentar zur 3. Lief., Wien 1971, 3 ff.; Max v. Wolfstrigl-Wolfskron, Die Tiroler Bergbaue 1301-1665, Innsbruck 1902; Robert R. v. Srbik, Bergbau in Tirol und Vorarlberg, Berichte des naturwissenschaftlich-medizinischen Vereines Innsbruck 41 (1929), 113 ff.; Gerhard Heilfurth, Bergbaukultur in Südtirol, Bozen 1984; Ferdinand Tremel, Das Eisenwesen in der Steiermark und in Tirol 1500-1650, in: Schwerpunkte der Eisengewinnung und Eisenverarbeitung in Europa 1500-1650, hg. v. Hermann Kellenbenz, Köln-Wien 1974, 285 ff.; Wilhelm Freh, Der Eisenbergbau im Lande ob der Enns, Oberösterreichische Heimatblätter 3 (1949), 193 ff.; Gustav Otruba, Überblick der Entwicklung des niederösterreichischen Bergbaus von seinen Anfängen bis zur Gegenwart, in: Bergbau in Niederösterreich, hg. v. Andreas Kusternig (Studien und Forschungen aus dem Nö. Institut für Landeskunde 10, Wien 1987), 61 ff

82

5) Karl Kaus, Zur Zeitstellung von ur- und frühgeschichtlichen Eisenverhüttungsanlagen Burgenlands auf Grund der Kleinfunde, in: Archäologische Eisenforschung in Europa (Wissenschaftliche Arbeiten aus dem Burgenland 59, Eisenstadt 1977), 63 ff.

6) Vgl. Gerhard Sperl, Die Entwicklung des steirischen Eisenhüttenwesens vor der Einführung des Hochofens, in: Erz und Eisen in der Grünen Mark. Beiträge zum steirischen Eisenwesen, hg. v. Paul W. Roth, Graz 1984, 85 f., mit Hinweisen auf die Arbeiten von Walter Schmid, Hermann Vetters, Gernot Piccotini, Gerhard Sperl u.a.; vgl. zuletzt Herbert Graßl, Zur Problematik des Ferrum Noricum. Eine Kritik neuerer Forschung, in: Bericht über den 17. österr. Historikertag in Eisenstadt 1987, Wien 1989, 54 ff., der die These vertritt, daß die Eisenfunde vom Magdalensberg aus Kärntner Erzvorkommen stammen.

7) Sperl, Entwicklung des steirischen Eisenhüttenwesens, 86; Rolf Sprandel, Das Eisengewerbe im Mittelalter, Stuttgart 1968, 34, Anm. 20.

8) Urkundenbuch des Herzogthums Steiermark (StUB) 1, Graz 1875, 24 f., n. 20.

9) für Obdach entschied sich Ludwig Bittner, Das Eisenwesen in Innerberg-Eisenerz bis zur Gründung der Innerberger Hauptgewerkschaft im Jahre 1625, Archiv für österreichische Geschichte 89/2 (1901), 459; Ferdinand Tremel, Der Bergbau in der Steiermark zur Traungauerzeit, in: Das Werden der Steiermark (Veröffentlichungen des steiermärkischen Landesarchives 10, Graz Wien-Köln 1980), 362 f.; für das Lavanttal Hans Pirchegger, Das steirische Eisenwesen bis 1564 (Steirisches Eisen 2, Graz 1937), 40; Hermann Wießner, Geschichte des Kärntner Bergbaues III. Kärntner Eisen (Archiv für vaterländische Geschichte und Topographie 41/42, Klagenfurt 1953), 269.

10) Vgl. dazu Fritz Posch, Die Besiedlung und Entstehung des Landes Steiermark, in: Das Werden der Steiermark (wie Anm. 9), 23.

11) Pirchegger, Eisenwesen bis 1564, 9, 11; Sprandel, Eisengewerbe, 141.

12) Sperl, Entwicklung des steirischen Eisenhüttenwesens, 86.

13) MGH, Necr. Germ. 2, 401; Pirchegger, Eisenwesen bis 1564, 11.

14) Sprandel, Eisengewerbe, 142.

15) StUB 1, 112, n. 95.

16) Hubert Preßlinger - Hans Gahm - Clemens Eibner, Die Eisenverhüttung im steirischen Ennstal zu Beginn des 12. Jahrhunderts, Berg- und Hüttenmännische Monatshefte 128 (1983), 163 ff.; Clemens Eibner - Hubert Preßlinger, Archäologische Zeugnisse des Admonter Eisenerzbergbaues und der Verhüttung im 12. Jahrhundert, Beiträge zur Mittelalterarchäologie in Österreich 6 (1990), 43 ff.

17) Hubert Preßlinger - Clemens Eibner, Die Eisenhütte des Abtes Wolfhold von Admont auf dem Dürrnschöberl, Da schau her. Beiträge aus dem Kulturleben des Bezirkes Liezen 3/5 (1982), 15 ff.; Sperl, Entwicklung des steirischen Eisenhüttenwesens, 87.

18) Pirchegger, Eisenwesen bis 1564, 10 f.

19) Herbert Knittler, Zum ältesten Steiner Zolltarif, Mitteilungen des Kremser Stadtarchivs 17/18 (1978), 52 f.

20) Herbert Knittler, Salz- und Eisenniederlagen. Rechtliche Grundlagen und wirtschaftliche Funktion, in: Österreichisches Montanwesen, hg. v. Michael Mitterauer (Sozial- und wirtschaftshistorische Studien, Wien-München 1974), 205 f.; Othmar Pickl, Der Eisenhandel und seine Wege, in: Erz und Eisen in der Grünen Mark (wie Anm. 6), 345 f.

21) Sprandel, Eisengewerbe, 364.

22) Pirchegger, Eisenwesen bis 1564, 14 f.; Sprandel, Eisengewerbe, 143.

23) Sperl, Entwicklung des steirischen Eisenhüttenwesens, 88 f.; Pirchegger, Eisenwesen bis 1564, 14 f. Vgl. auch die Habilitationsschrift von Gerhard Sperl, Montangeschichte des Erzberggebiets nach archäologischen und schriftlichen Dokumenten, ergänzt durch praktische Versuche, Wien 1989.

24) Ferdinand Tremel, Eisenerz. Abriß einer Geschichte der Stadt und des Erzberges (Leobener Grüne Hefte 70, Wien 1963), 12 f.; ders., Der Bergbau als städtebildende Kraft Innerösterreichs, in: Beiträge zur Wirtschafts- und Sozialgeschichte. Festschrift für Hektor Ammann, hg. v. Hermann Aubin u.a., Wiesbaden 1965, 101; Michael Mitterauer, Produktionsweise, Siedlungsstruktur und Sozialformen im österreichischen Montanwesen des Mittelalters und der frühen Neuzeit, in: Österreichisches Montanwesen (wie Anm. 20), 244.

25) Sperl, Entwicklung des steirischen Eisenhüttenwesens, 88; zum Eisenschmelzverfahren weiters Wilhelm F. Schuster, Das alte Metall- und Eisenschmelzen. Technologie und Zusammenhänge (Technikgeschichte in Einzeldarstellungen 12, Düsseldorf 1969).

26) Sprandel, Eisengewerbe, 141.

27) Maja Loehr, Die Organisation der steirischen Eisenkammergutswirtschaft in älterer Zeit, in: Steiermark. Land Leute - Leistung, Graz 1956, 161.

28) Sprandel, Eisengewerbe, 142.

29) Wießner, Kärntner Eisen, 16; vgl. auch Manfred Wehdorn, Die Baudenkmäler des Eisenhüttenwesens in Österreich: Trocken-, Röst und Schmelzanlagen (Technikgeschichte in Einzeldarstellungen 27, Düsseldorf ²1982), 35.

30) Heinrich J. Purkarthofer, Das Wappen der Gemeinde Vordernberg, in: Erzherzog Johann. Radmeister in Vordernberg 1822-1859. Ausstellungskatalog, Vordernberg 1982, 68 ff.

31) Sprandel, Eisengewerbe, 221 ff.

32) Vgl. etwa Wießner, Kärntner Eisen, 85 f.

33) Bittner, Eisenwesen in Innerberg-Eisenerz, 503 f.; Pirchegger, Eisenwesen bis 1564, 62 ff.; Sprandel, Eisengewerbe, 143; Mitterauer, Produktionsweise, 245 f.

34) Vgl. Herbert Knittler, La città austriaca nel Basso Medioevo, in: Aristocrazia cittadina e ceti popolari nel tardo Medioevo in Italia e in Germania, hg. v. Gina Fasoli u. Reinhard Elze, Bologna 1984, (deutsch: Stadtadel und Bürgertum in den italienischen und deutschen Städten des Spätmittelalters, Berlin 1991), 255 ff.

35) Die mittelalterlichen Stiftsurbare des Erzherzogtums Österreich ob der Enns 2, hg. v. Konrad Schiffmann, Wien-Leipzig 1913, 102, 106 u. oft; Harry Kühnel, Die materielle Kultur Österreichs zur Babenbergerzeit, in: 1000 Jahre Babenberger in Österreich. Ausstellungskatalog, Wien 1976, 91; vgl. auch Otfried Kastner, Handgeschmiedet. Eisenkunst in Österreich aus der Zeit der Landnahme, Romanik und Gotik, Linz 1967.

36) Vgl. dazu Anm. 20; zuletzt Othmar Pickl, Die Rolle der österreichischen Städte für den Handel mit Eisen und Eisenwaren, in: Stadt und Eisen, hg. v. Ferdinand Opll (Beiträge zur Geschichte der Städte Mitteleuropas 11, Linz 1992), 171 ff.

37) Johann A. Tomaschek, Die Rechte und Freiheiten der Stadt Wien 1, Wien 1877, 94 n. 29; vgl. weiters Helfried Valentinitsch, Das eisenverarbeitende Gewerbe im Umkreis des Steirischen Erzbergs, in: Erz und Eisen in der Grünen Mark (wie Anm. 6), 212.

38) Sprandel, Eisengewerbe, 142 f.

39) Urkundenbuch des Landes ob der Enns 8, Wien 1883, 562, n. 563.

40) Sprandel, Eisengewerbe, 142.

41) Pirchegger, Eisenwesen bis 1564, 31 ff.; Wießner, Kärntner Eisen, 18 ff.; Karl Dinklage - Alfred Walkolbinger, Kärntens gewerbliche Wirtschaft von der Vorzeit bis zur Gegenwart, Klagenfurt 1953, 129 ff.; 2500 Jahre Eisen aus Hüttenberg. Eine montanhistorische Monografie (Kärntner Museumsschriften 68, Klagenfurt 1981).

42) Zur Kärntner Situation allgemein vgl. Ulf Dirlmeier, Mittelalterliche Hoheitsträger im wirtschaftlichen Wettbewerb (VSWG Beih. 51, Wiesbaden 1966), 10 ff.

43) Wießner, Kärntner Eisen, 24 ff.; Dinklage, Kärntens gewerbliche Wirtschaft, 70 ff.; Sprandel, Eisengewerbe, 149 f.

44) Sprandel, Eisengewerbe, 144.

45) Pirchegger, Eisenwesen bis 1564, 44; Wießner, Kärntner Eisen, 255; Karl Dinklage, Alte Hämmer in Kärnten, Radex Rundschau 1955.

46) Wießner, Kärntner Eisen, 268 ff.; Karl Dinklage, Alte Eisenindustrie im Lavanttal, Blätter für Technikgeschichte 16 (1954), 68 ff.

47) Sprandel, Eisengewerbe, 145.

48) Ebd.

49) Alfons Müller, Geschichte des Eisens in Innerösterreich, Wien 1909, 374 ff

50) Pirchegger, Eisenwesen bis 1564, 43; Wießner, Kärntner Eisen, 144 ff.; Dinklage, Kärntens gewerbliche Wirtschaft, 132.

51) Sprandel, Eisengewerbe, 146.

52) Wießner, Kärntner Eisen, 27 f., 32 ff., 146 f.; Dinklage, Kärntens gewerbliche Wirtschaft, 72 f., 150.

53) Pirchegger, Eisenwesen bis 1564, 24 ff.; Sprandel, Eisengewerbe, 146.

54) Michael Mitterauer, Zollfreiheit und Marktbereich (Forschungen zur Landeskunde von Niederösterreich 19, 1969), 290 ff.; Josef Ofner, Die Eisenstadt Steyr, Steyr 1956, 24f.

55) Pirchegger, Eisenwesen bis 1564, 52; Ferdinand Tremel, Die Eisenproduktion auf dem steirischen Erzberg im 16. Jahrhundert, in: Die wirtschaftlichen Auswirkungen der Türkenkriege, hg. v. Othmar Pickl (Grazer Forschungen zur Wirtschafts- und Sozialgeschichte 1, Graz 1971), 324.

56) Vgl. zusammenfassend Sprandel, Eisengewerbe, 147 f.

57) Sprandel, Eisengewerbe, 149, Anm. 44.

58) P. Jakob Wichner, Geschichte des Benediktiner-Stiftes Admont 3, Graz 1878, 157.

59) Pirchegger, Eisenwesen bis 1564, 45; vgl. auch Ferdinand Tremel, Der Frühkapitalismus in Innerösterreich, Graz 1953, 53 f.

60) Sprandel, Eisengewerbe, 149, 248 f.; vgl. Gerhard Sperl, Die Technologie der direkten Eisenherstellung, in: Erz und Eisen in der Grünen Mark (wie Anm. 6), 104 ff.

61) Pirchegger, Eisenwesen bis 1564, 21; Tremel, Eisenwesen in der Steiermark, 293.

62) Bittner, Eisenwesen, 530 f.

63) Knittler, Salz- und Eisenniederlagen, 223.

64) Pirchegger, Eisenwesen bis 1564, 47.

65) Wießner, Kärntner Eisen, 142.

66) Ebd., 254; Tremel, Eisenproduktion, 324.

67) Vgl. zuletzt: Europa 1400. Die Krise des Spätmittelalters, hg. v. Ferdinand Seibt, Stuttgart 1984, mit umfassenden Literaturhinweisen.

68) Kurt Klein, Quantitative Informationen zu den Verödungserscheinungen des 14.-16. Jahrhunderts in Niederösterreich, in: Mittelalterliche Wüstungen in Niederösterreich, hg. v. Helmuth Feigl u. Andreas Kusternig (Studien und Forschungen aus dem Nö. Institut für Landeskunde 6, Wien 1983), 72 ff.

69) Bittner, Eisenwesen in Innerberg-Eisenerz, 544 ff.; Alfred Hoffmann, Wirtschaftsgeschichte des Landes Oberösterreich 1, Wien 1952, 41 f.; Irmgard Hack, Eisenhandel und Messererhandwerk der Stadt Steyr bis zum Ende des 17. Jahrhunderts, phil.Diss. Graz 1949; für Wien Karl Uhlirz, in: Geschichte der Stadt Wien II/2, Wien 1905, 648 ff.; für die Steiermark Valentinitsch, Eisenverarbeitende Gewerbe, 212f.

70) Vgl. Alois Ruhri - Reinhard Dittrich, Schwerpunkte der Waffenerzeugung im Umkreis des Steirischen Erzbergs, in: Erz und Eisen in der Grünen Mark (wie Anm. 6), 236 ff.

71) Theodor Mayer, Zwei Passauer Mautbücher aus den Jahren 1400-01 und 1401-02, SD Landshut 1908, 392.

72) Zuletzt Pickl, Eisenhandel, 348.

73) Bittner, Eisenwesen in Innerberg-Eisenerz, 532 ff.; Ofner, Eisenstadt Steyr, 27, 30; Alois Zauner, Das Städtewesen im Lande ob der Enns, in: Die Stadt am Ausgang des Mittelalters, hg. v. Wilhelm Rausch (Beiträge zur Geschichte der Städte Mitteleuropas 3, Linz 1974), 112.

74) Heinrich Purkarthofer, Beispiele des Siedlungsrückgangs, in: Atlas zur Geschichte des steirischen Bauerntums, hg. v. Fritz Posch, Graz 1976, K. 7.

75) Sprandel, Eisengewerbe, 151.

76) Bittner, Eisenwesen in Innerberg-Eisenerz, 470 ff.; Pirchegger, Eisenwesen bis 1564, 47 ff.

77) Pirchegger, Eisenwesen bis 1564, 51 ff.; zum Widmungsproblem vgl. auch Peter Csendes, Historischer Bergbau III, in: Österreichischer Volkskundeatlas. Kommentar zur 4. Lief., Wien 1971, 5 f.

78) Ferdinand Tremel, Die Niederlage der Stadt Murau 1490-1740, VSWG 36 (1943), 37.

79) Tremel, Eisenwesen in der Steiermark, 300 ff.; Erich Egg, Der Tiroler Geschützguß 1400-1600 (Tiroler Wirtschaftsstudien 9, Innsbruck 1961); Ruhri-Dittrich, Schwerpunkte der Waffenerzeugung, 238 ff.; Helfried Valentinitsch, Die Standorte der österreichischen Rüstungsproduktion in der frühen Neuzeit, in: Beiträge zur eisengeschichtlichen Forschung in Österreich (Leobener Grüne Hefte NF 6, Wien 1986), 161 ff.

80) Maja Loehr, Thörl. Geschichte eines steirischen Eisenwerkes vom vierzehnten Jahrhundert bis zur Gegenwart, Wien 1952, bes. 44ff.

81) Kurt Klein, Die Bevölkerung Österreichs vom Beginn des 16. bis zur Mitte des 18. Jahrhunderts, in: Beiträge zur Bevölkerungs- und Sozialgeschichte Österreichs, hg. v. Heimold Helczmanovszki, Wien 1973, 66 ff., 78 f.; Roman Sandgruber, Die Innerberger Eisenproduktion in der frühen Neuzeit, in: Österreichisches Montanwesen (wie Anm. 20), 89.

82) Tremel, Eisenproduktion, 324; Sprandel, Eisengewerbe, 274, nach Pirchegger, Eisenwesen bis 1564, 51 f. u. 277; vgl. auch Paul W. Roth, Die Roheisenproduktion als Maßstab für die Wirtschaftsentwicklung der Steiermark, in: Erz und Eisen in der Grünen Mark (wie Anm. 6), 13.

83) Tremel, Eisenproduktion, 322, nach Pirchegger, Eisenwesen bis 1564.

84) Sandgruber, Innerberger Eisenproduktion, 74; vgl. auch ders., Der Scheibbser Eisen- und Provianthandel vom 16. bis ins 18. Jahrhundert, mit besonderer Berücksichtigung preis- und konjunkturgeschichtlicher Probleme, phil.Diss. Wien 1971.

85) Tremel, Eisenproduktion, 325 ff.

86) Ferdinand Tremel, Die Eisenproduktion in Innerberg in der Mitte des 16. Jahrhunderts, Zeitschrift des Historischen Vereines für Steiermark 52 (1961), 162 ff.; ders., Eisenproduktion, 326; ders., Eisenwesen in der Steiermark, 290; vgl. auch die Tabellen zur Roheisenproduktion bei Sandgruber, Innerberger Eisenproduktion, 75, 94 ff.

87) Wießner, Kärntner Eisen, 39, Anm. 10.

88) Ebd., 36, 42; Sprandel, Eisengewerbe, 270, errechnet nach Wießner, a.a.O., 48.000 Pfundzentner, d.s. 2688 t.

89) Tremel, Eisenproduktion, 327 f., ausgehend von Hans Pirchegger, Das steirische Eisenwesen von 1564 bis 1625 (Steirisches Eisen 3, Graz 1939), 115 ff., 122 f., 125.

90) Sandgruber, Innerberger Eisenproduktion, 94.

91) Ebd., 76.

92) Pirchegger, Eisenwesen 1564-1625, 131; Tremel, Eisenwesen in der Steiermark, 291.

93) Tremel, Eisenproduktion, 326; Sandgruber, Innerberger Eisenproduktion, 92.

94) Zur Innerberger Amtsordnung von 1539 vgl. Bittner, Eisenwesen in Innerberg-Eisenerz, 516 ff.; zum Erfolg der Reformen Kurt Kaser, Eisenverarbeitung und Eisenhandel. Die staatlichen und wirtschaftlichen Grundlagen des innerösterreichischen Eisenwesens, Wien-Berlin 1932, 93.

95) Tremel, Eisenwesen in der Steiermark, 289; Wilhelm Schuster, Die Entwicklung der Eisenschmelztechnik in der Ostmark, in: Beiträge zur Geschichte der Technik und Industrie 29, Berlin 1940, 85 ff.; ders., Vordernberg und seine technischen Denkmale (Leobener Grüne Hefte 37, Wien 1978).

96) Karl Dinklage, Technischer Fortschritt und wirtschaftlicher Aufschwung des Kärntner Eisenwesens, namentlich in der frühen Neuzeit, in: Schwerpunkte der Eisengewinnung und Eisenverarbeitung in Europa 1500-1650 (wie Anm. 4), 325 ff.; zur Steiermark, wo ein Hochofen seit 1662 in der schwarzenbergischen Hütte zu Turrach in Betrieb stand, ein Versuch der Flossenerzeugung in Innerberg 1665 fehlschlug, Hans Jörg Köstler, Das steirische Eisenhüttenwesen von den Anfängen des Floßofenbetriebs im 16. Jahrhundert bis zur Gegenwart, in: Erz und Eisen in der Grünen Mark (wie Anm. 6), 110.

97) Franz Kahler, Metallgewinnung in Kärnten, in: Kärnten in europäischer Schau (1961), 11 ff.; Ákos Paulinyi, Der technische Fortschritt im Eisenhüttenwesen der Alpenländer und seine betriebswirtschaftlichen Auswirkungen (1600-1860), in: Österreichisches Montanwesen (wie Anm. 20), 153; ders., Die Technik des Eisenschmelzens in der Habsburger Monarchie vom 16. bis zum 18. Jahrhundert, in: Festschrift O. Pickl zum 60. Geburtstag, hg. v. Herwig Ebner u.a., Wien-Graz 1987, 463 ff.

98) Das 17. Jahrhundert setzte den Kohlenverbrauch zufolge des notwendigen Frischprozesses hoch an, wogegen sich nach Feststellung einer Kommission 1756 der Verbrauch von Floßofen zu Stuckofen wie 1 : 1,4 verhielt (Köstler, Steirisches Eisenhüttenwesen, 111).

99) Pirchegger, Eisenwesen bis 1564, 91, 120; Produktionsweise, 269.

100) Tremel, Eisenwesen in der Steiermark, 294.

101) Pirchegger, Eisenwesen bis 1564, 113.

102) Zu den Reformen in Innerberg vgl. Bittner, Eisenwesen in Innerberg-Eisenerz, 600 ff.; zur Steyrer Eisenhandelskompagnie auch Jakob Strieder, Studien zur Geschichte kapitalistischer Organisationsformen, München-Leipzig 1914, 129 ff.

103) Pirchegger, Eisenwesen 1564-1625, 29; Bittner, Eisenwesen in Innerberg-Eisenerz, 603.

104) Bittner, Eisenwesen in Innerberg-Eisenerz, 606 ff.

105) Pirchegger, Eisenwesen 1564-1625, 32 ff.

106) Bittner, Eisenwesen in Innerberg-Eisenerz, 618.

107) Pirchegger, Eisenwesen 1564-1625, 60 ff.; Anton v. Pantz, Die Innerberger Hauptgewerkschaft 1625-1783 (Forschungen zur Verfassungs- und Verwaltungsgeschichte der Steiermark VI/2, Graz 1906), 19 ff., 160 ff.

108) Pirchegger, Eisenwesen 1564-1625, 106 f.

109) Sandgruber, Innerberger Eisenproduktion, 84 f.; im Trend ähnlich die Mengen des durch die Murauer Niederlage ausgeführten Eisens bei Tremel, Niederlage der Stadt Murau, 39, 49; vgl. auch Othmar Pickl, Die Rolle der habsburgischen Ostalpenländer im Ost-West-Handel von der Mitte des 15. bis zur Mitte des 17. Jahrhunderts, in: Domus Austriae. Festgabe Hermann Wiesflecker zum 70. Geburtstag, hg. v. Walter Höflechner u.a., Graz 1983, 303 ff.

110) Tremel, Eisenproduktion, 328 ff.; ders., Eisenwesen in der Steiermark, 295 f.

111) Wießner, Kärntner Eisen, 142 ff.; Dinklage, Kärntens gewerbliche Wirtschaft, 152, 155 ff. In der Steiermark entstanden neue Waldeisenbaue erst im Verlaufe des 17. Jahrhunderts, 1656 in der Turrach und 1690 bei Neuberg an der Mürz: Ferdinand Tremel, Die Geschichte des Bergbaues in der Steiermark, in: Steiermark. Land - Leute - Leistung, red. v. Berthold Sutter, Graz 1971, 885 f.

112) Pantz, Innerberger Hauptgewerkschaft, 164 f.; Sandgruber, Innerberger Eisenproduktion, 76 f.

113) Handtmann, Technischer Fortschritt, 44.

114) Sandgruber, Innerberger Eisenproduktion, 79 ff.; dazu Handtmann, 206, Anm. 44.

115) Hoffmann, Wirtschaftsgeschichte, 117 ff.; Tremel, Eisenwesen in der Steiermark, 298 ff.

116) Valentinitsch, Eisenverarbeitende Gewerbe, 221.

117) Ludwig Beck, Die Geschichte des Eisens in technischer und kulturgeschichtlicher Beziehung 1, Braunschweig 1884, 823; vgl. weiters Schuster, Vordernberg und seine technischen Denkmale.

118) Wießner, Kärntner Eisen, 85 f.

119) Ebd., 155 f.

120) Dinklage, Technischer Fortschritt, 336.

121) Roth, Eisenproduktion, 14.

122) Handtmann, Technischer Fortschritt, Anh. 103.

123) Paulinyi, Technischer Fortschritt, 156.

124) Dinklage, Kärntens gewerbliche Wirtschaft, 218 f.

Andreas Resch

Das alpenländische Sensengewerbe und das merkantilistische Eisenwesen um den steirischen Erzberg

Bis ins 19. Jahrhundert war die Erzeugung von Sensen der ökonomisch bedeutendste Zweig der österreichischen Eisenverarbeitung. Als spezialisiertes Großhandwerk entwickelte sie sich um die Wende vom 16. zum 17. Jahrhundert. Ihr Werdegang wurde von einer Vielfalt zeitgenössischer institutioneller Rahmenbedingungen geprägt. Die Sensenschmiede waren der Einflußnahme ihrer Grundherrn ausgesetzt, in Zunftordnungen eingebunden, und sie befanden sich in einem Abhängigkeitsverhältnis zum landesfürstlich regulierten Eisenwesen.

Die Entstehung der großhandwerklichen Sensenerzeugung

Sowohl die alpenländische Eisenerzeugung als auch die Finalgewerbe konnten im 14. und 15. Jahrhundert große Zuwächse erzielen. Dieses Wachstum war mit einer Differenzierung der Produktionszweige verbunden. Im 15. Jahrhundert entwickelte sich in diesem Prozeß ein spezialisiertes Sensenschmiedehandwerk heraus. Die Sensenproduzenten lösten sich von bestehenden Schmiedezünften ab und bildeten eigene Innungen. Sensenschmiedezünfte wurden zum Beispiel 1449 in Waidhofen an der Ybbs, 1458 in Knittelfeld, 1502 in Freistadt und 1503 in Bruck an der Mur gegründet.[1] Die ökonomische Wachstumsphase des 16. Jahrhunderts bot den Sensenschmieden günstige Absatzmöglichkeiten.

Die Produktionstechnik und -organisation unterschied sich zu dieser Zeit noch grundlegend von der späteren, großhandwerklichen Erzeugung. Die Sensenproduktion war zumeist in drei separierte Fertigungsabschnitte unterteilt, die in eigenen Betriebsstätten vollzogen wurden. In den Hammerwerken, die dem landesfürstlich regulierten

88

Eisenwesen zugehörten, wurden die Sensenknüttel (Zaine) angefertigt. Sie setzten sich aus dem teureren Scharsachstahl für die Schneide und dem billigeren Mockstahl für den Sensenrücken zusammen. Die eigentlichen Sensenschmiede verarbeiteten die Knüttel - noch unter dem Fausthammer - zu Sensenblättern. In Schleifereibetrieben wurden die Sensen zu gebrauchsfertigen Werkzeugen vollendet. Die Dispositions- und Finanzierungsfunktion übernahm in diesem Produktionssystem der Verleger, der eine weitgehende Kontrolle über die Produktion und den Handel erlangte. Das führende Zentrum dieser Art von Sensenproduktion war Waidhofen an der Ybbs.[2]

Für die Kaufleute bildeten aber nicht nur die fertigen Sensen lohnende Handelsobjekte, sondern auch die von den Hammerwerken erzeugten Sensenknüttel. Vor allem Waidhofener und Freistädter Bürger verkauften diese Halbfertigprodukte in großen Mengen nach Böhmen, Sachsen, Bayern und Schwaben.[3] Gleichzeitig erhöhte sich aber im frühen 16. Jahrhundert angesichts der wachsenden Absatzmärkte auch die Zahl der Sensenschmieden im Gebiet der Eisenwurzen. Diese litten durch den umfangreichen Knüttelexport selbst an einer unzureichenden Belieferung mit Zainen. Überdies erwuchs ihnen durch die Schmiede im Ausland, die mit steirischem Eisen versorgt wurden, eine Konkurrenz.[4]

Daher setzten sich die Meister seit den 1520er Jahren bei den landesfürstlichen Behörden für eine Beschränkung des Knüttelexports ein. Sensenschmiede aus Freistadt, Waidhofen, Steyr, Kirchdorf, Gramastetten und Amstetten protestierten gegen die unzureichende Versorgung und die Ausfuhr von Zainen.[5] Sie argumentierten, daß auch für den Landesfürsten eine Exportregelung, welche die inländische Sensenerzeugung förderte und die Ausfuhr von fertigen Sensen anstelle von Zainen erzwänge, ökonomisch vorteilhafter wäre, denn er erzielte dadurch höhere Maut- und Zollerträge. Die Schmiede begannen auch, zur Sicherung ihrer Versorgung mit dem Ausgangsmaterial, selbst aus „rauhem Zeug" Sensenknüttel herzustellen.[6]

Der Widerstand gegen die Ausfuhr der Zaine bewirkte, daß 1524 ein Freistädter Bürger arretiert wurde, der den Export von 10.000 Knütteln nach Sachsen vermitteln hatte wollen.[7] 1574 befahl Kaiser Maximilian II., daß die Kirchdorfer Sensenschmiede bevorzugt mit Stahl zu versorgen seien.[8] In der Generalsatzordnung für das gesamte Innerberger Eisenwesen aus dem Jahr 1583 wurde dann den Hammermeistern die Erzeugung von Sensenknütteln explizit verboten. Somit erlangten die Sensenschmiede das ausschließliche Recht, die Zaine in ihren Betrieben zu erzeugen.[9] Unter diesen geänderten Rahmenbedingungen entstanden betriebliche Einheiten mit wesentlich gesteigerter Produktionstiefe. An entsprechenden Wasserläufen errichtete man Werkstätten, die über einen wasserradgetriebenen Zainhammer verfügten, in denen das Ausschmieden der Sensenblätter vorgenommen wurde und die auch mit einer wasserradgetriebenen Schleife ausgestattet sein konnten. Dadurch wurden die bisher auf drei Betriebe aufgeteilten Erzeugungsschritte nunmehr unter einem Dach vereint. Diese Schmieden bildeten die Grundlage für eine entscheidende Neuerung in der Sensenproduktion: Im Jahr 1584 begann der Micheldorfer Meister Konrad Eisvogel, den vorhandenen, mit Wasserkraft betriebenen Hammer nicht mehr nur zur Erzeugung der Knüttel, sondern auch zum Ausschmieden (Breiten) der Sensenblätter zu verwenden.[10] Damit war das Grundmuster großhandwerklicher Sensenerzeugung in arbeitsteiligen Betrieben geschaffen, das die nächsten Jahrhunderte hindurch das alpenländische Sensengewerbe prägte.

Von nun an gehörten zum Standardinventar einer Sensenschmiede zwei wasserradgetriebene Hämmer, einer zum Zainen und einer zum Breiten, eine wasserradgetriebene Schleife und drei bis fünf Essen.

Die neuen großhandwerklichen Sensenwerke konnten nur an Standorten errichtet werden, die genügend Platz für die Betriebsstätte und ausreichende Wasserkräfte für den Antrieb der erforderlichen Wasserräder boten. Die alten städtischen Sensenschmieden, in denen nur mit dem Fausthammer die Knüttel zu Sensenblättern verarbeitet worden waren, konnten im engen, urbanen Siedlungsraum diese Expansion kaum mitvollziehen. Sie vermochten sich daher zumeist nicht zu behaupten. Es setzten sich neuerrichtete Werke durch, die man an geeigneten Gewässern an neuen Standorten baute. So wurde die Sensenerzeugung mit dem Wandel zur großhandwerklichen Fertigung von einem städtischen zu einem ländlichen Gewerbe.

Von Kirchdorf-Micheldorf ausgehend verbreitete sich die neue Technologie rasch. In Oberösterreich übernahmen sie die Innungen Freistadt und Mattighofen. In der Steiermark entstanden, orientiert am Kirchdorfer Vorbild, die Zünfte Rottenmann, Kindberg und Judenburg.[11] In Niederösterreich bestanden im 17. und 18. Jahrhundert die Zünfte Waidhofen an der Ybbs und Hainfeld.

Der Veränderungsprozeß barg erheblichen Konfliktstoff in der Beziehung zwischen dem Waidhofener und dem Kirchdorf-Micheldorfer Handwerk in sich. Die noch nach dem alten System produzierenden Waidhofener Verleger und Schmiede wollten ihre Vormachtstellung gegenüber den aufstrebenden Kirchdorf-Micheldorfer Meistern wahren. Rat und Richter protestierten bei der Hofkammer in Wien gegen die neuen Sensenbetriebe. Sie beschwerten sich, daß diese die Sensen nicht nach den traditionell überlieferten Produktionsverfahren erzeugten. Die Waidhofener Händler ließen die von ihnen beschäftigten Schmiede weiter die Knüttel mit dem Fausthammer bearbeiten. Die landesfürstlichen Behörden erkannten aber, daß die neue Methode bei weniger Rohstoffverbrauch eine höhere Produktion gewährleistete und daher gutzuheißen war.

Als Gegenmaßnahme erklärte nun die Kirchdorf-Micheldorfer Zunft, keine Waidhofener Schmiede mehr als redliche Meister anzuerkennen, weil diese ja nicht am Wasserhammer gelernt hätten.

Die Waidhofener mußten sich somit auch entschließen, das Ausschmieden unter dem mechanisch angetriebenen Hammer zu übernehmen. Die Knüttelerzeugung verblieb aber in gesonderten Betriebsstätten. Der Investitionsbedarf für die Umrüstung der Betriebe brachte die Waidhofener Schmiede in noch größere wirtschaftliche Abhängigkeit von ihren Verlegern.[12]

Diese Umstellung bildete 1615 die Basis für einen Vergleich zwischen den beiden Zünften unter eisenoberamtlicher Assistenz. Es wurden nun wieder die Meister und Gesellen beider Handwerksorganisationen als redlich anerkannt.

Noch das gesamte 17. Jahrhundert über erfolgten immer wieder wechselseitig Anzeigen und Beschwerden beim Eisenoberamt und Landesfürsten, wegen nicht zunftgemäßer Arbeitsweise und vor allem auch wegen angeblicher Überschreitung der durch Zunftwesen und Eisenoberamt geregelten Produktionsmengen. Die Kirchdorf-Micheldorfer vergaßen bei ihren Eingaben an den Herrscher nie den Hinweis, daß Waidhofen eine freisingisch-bayrische Herrschaft war, offenbar um zu insinuieren, daß die ökonomische Entwicklung dieser Stadt nicht in erster Linie den wirtschaftlichen Interessen des Landesfürsten diene.[13]

Die neue Erzeugungsmethode ermöglichte gleichzeitig eine Produktivitätssteigerung und eine Verbesserung der Qualität der Sensen. Unter dem Fausthammer waren pro Tag je nach Modell ungefähr 13 bis 20 Sensen erzeugt worden,[14] nur in Waidhofen sollen es im 16. Jahrhundert bereits bis zu 70 Stück gewesen sein. Mit den wasserradgetriebenen Zain- und Breithämmern wurde es um 1600 allgemein üblich, pro Arbeitstag etwa 70 Sensen fertigzustellen, vom Zain bis zum geschliffenen Endprodukt. Angeblich hätte man auch bereits täglich hundert und mehr Stück erzeugen können, jedoch wurde die Menge aus zukunftpolitischen Gründen auf die genannte Zahl beschränkt. Im 18. Jahrhundert bürgerte sich dann bei weiter verbesserter Qualität eine Tagesproduktionsleistung von etwa 120 Sensen pro Betrieb ein.[15]

Mit der großhandwerklichen, arbeitsteiligen Produktionsorganisation entwickelte sich eine differenzierte hierarchische Struktur unter den in einer Sensenschmiede tätigen Arbeitskräften. Die höchsten Positionen hatten die Männer inne, die den glühenden Stahl schmiedeten. Dies waren der Hammerschmied, der unter dem Zainhammer aus zwei bis drei Eisensorten den Sensenknüttel erzeugte, der Eßmeister, der den Zain unter dem Breithammer zum Sensenblatt ausschmiedete und der Abrichter, der den Sensenrücken zur Versteifung des Erntegeräts mit einem Fausthammer auf einem speziellen Amboß aufbog. Danach erfolgte durch weitere Arbeitskräfte das Beschneiden und das Märken der Sensenrohlinge. Anschließend wurden sie vergütet.[16] Zuletzt wurden die Sensen mehrfach kalt gehämmert, geschliffen und in der Kram für den Versand verpackt.

Zu einem Sensenwerk gehörten üblicherweise neben dem Schmiedegebäude ein Herrenhaus, Arbeiterunterkünfte, sowie Stallgebäude und Bodenflächen für landwirtschaftliche Produktion. Durch diese Struktur konnte die Schmiede für die überregionalen Absatzbeziehungen

92

Sensen erzeugen und sie verfügte darüberhinaus über eine von der Marktverflechtung unabhängige agrarische Subsistenzbasis.

Das im Betrieb beschäftigte Personal wohnte im Großhaushalt des Meisters mit. Die Schlafstelle und die Verköstigung waren ein Teil des Lohnes. Der Meister, seine Familie im heutigen engeren Sinne (Ehefrau und Kinder) sowie die mitwohnenden Arbeiter verkörperten zusammen die Sozialform des „ganzen Hauses". [17] Das heißt, die Knechte waren nicht allein als Lohnarbeiter im Rahmen der Ausübung ihrer Produktionstätigkeit an den Meister gebunden, sondern ihre gesamte Lebenspraxis war eingebunden in eine von ihm dominierte Sozial- und Herrschaftsstruktur. Der Meister hatte autoritäre Verfügungsgewalt über seinen Großhaushalt und ihm war die Repräsentation nach außen vorbehalten.

Die höchsten Positionen unter dem Meister hatten die drei „Standknechte" inne, der Eßmeister, der Hammerschmied und der Abrichter. Diese blieben oft ein Leben lang beim gleichen Gewerken. Die Standknechte konnten oft selbst einen kleinen Grundbesitz erwerben und sich auch verheiraten. Besonders der Eßmeister, der gleichsam Stellvertreter des Sensenschmiedemeisters war (seit etwa ab der Mitte des 17. Jahrhunderts immer mehr Gewerken nicht mehr selbst die Sensen breiteten), war eine Respektperson im Werk und in der regionalen Gesellschaft. Auch wenn die Standknechte eine eigene Familie gegründet hatten, wurden sie noch im Haus des Meisters verköstigt.

Der Heizer (Gehilfe des Hammerschmieds), der Beschneider, der Kramrichter und ein bis zwei Hammerer hatten den Status von „Wochenknechten". Ihr Geldlohn war um etwa ein Drittel geringer als jener der Standknechte und sie wechselten häufiger den Meister. Daneben arbeiteten in der Schmiede auch Lehrlinge. Ab dem 18. Jahrhundert wurde das Personal zumeist durch sogenannte „Buben" ergänzt. Das waren angelernte Hilfskräfte, die nicht in die Zunft und oft auch nicht in das „ganze Haus" integriert waren. Sie rekrutierten sich häufig aus den agrarischen Kleinstelleninhabern in der Region, die im Sensenwerk einen Zuerwerb fanden.

Die Bedingungen, unter denen die Sensenarbeiter aufgenommen wurden, waren von den Zünften vorgegeben. Die Arbeitskräfte wurden jeweils durch „Anrede" für ein Schmiedejahr engagiert. Durch die Übergabe des „Leihkaufs" (Angeld, etwa in der Größenordnung eines Monatslohns) wurde das Arbeitsverhältnis besiegelt. Wurde der Arbeiter im Laufe des Schmiedejahres nicht erneut angeredet, so lief sein Arbeitsverhältnis mit dem Ende der Schmiedesaison durch Zeitablauf aus und er mußte versuchen, am nächsten „Jahrtag" der Zunft bei einem anderen Meister unterzukommen.[18] Die Dauer des Arbeitstages eines Schmiedes war nicht durch eindeutige Stundenangaben begrenzt, sondern er mußte ein bestimmtes „Tagwerk" zustande bringen.

Das Zunftwesen der Sensenschmiede: kollektive Selbstregulierung, konfirmiert durch den Landesfürsten

Die Sensenschmiedebetriebe agierten nicht als unabhängige wirtschaftliche Einheiten. Sie waren in Zünften beziehungsweise Innungen zusammengeschlossen, genossenschaftlichen Organisationen, in denen sich die Mitglieder Regeln für das handwerkliche Leben setzten.

Die Zünfte[19] gaben die Anzahl der Werkstätten, somit die Anzahl der Meisterstellen in ihrem Geltungsbereich vor. Sie bestimmten auch die Anzahl der Arbeitskräfte in den Betrieben, die Produktionsmenge (Tagwerk), die Preise und gemeinsame Qualitätsstandards. Außerdem regelten sie das Markenwesen, das heißt die Kennzeichnung der Produkte der einzelnen Sensenschmiedemeister mit ihnen zugewiesenen Markenzeichen, sowie dem Beischlag der jeweiligen Zunft.

Für die Rekrutierung und Ausbildung der gewerblichen Arbeitskräfte wurden von den Innungen detaillierte Vorschriften entwickelt. Der Eintritt in die Lehre erfolgte durch das „Aufdingen" in die Zunft. Voraussetzung, um als Lehrling aufgenommen werden zu können, war eheliche Geburt. Beim Aufdingen hatten der Meister, der den Lehrjungen einstellte, und der Lehrling Abgaben in die Zunftlade zu erlegen. Der Junge mußte zwei Bürgen beibringen, die versicherten, daß er sich als Zunftzugehöriger normgemäß verhalten würde. Die Bürgen hatten auch das Recht, bei Übergriffen des Meisters zu intervenieren, etwa wenn er von seinem Züchtigungsrecht in unangemessenem Ausmaß Gebrauch machte. Die Lehre endete durch die Freisprechung zum Knecht (Gesellen), in den meisten Zünften nach drei Jahren. Die weitere Ausbildung zum Eßmeister dauerte noch einmal drei Jahre.

Da die Ausbildungsvorschriften im wesentlichen von den Sensenschmiedemeistern formuliert wurden, war es ihnen möglich, sie so zu gestalten, daß ihre eigenen Söhne privilegiert wurden. Meistersöhne erhielten zum Beispiel Vergünstigungen bei den Abgaben, die an die Zunftlade beim Aufdingen und Freisprechen zu bezahlen waren. In manchen Zünften wurde angehenden Eßmeistern, die keine Meistersöhne waren, nach der Lehre noch eine besonders lange Wanderzeit auferlegt. Die Strategien der Meisterfamilien zur Selbstrekrutierung der neuen Sensenschmiedemeister aus ihren Reihen waren sehr erfolgreich. Es bildeten sich einige richtige Meisterdynastien heraus. Im Jahre 1784 befand sich fast die Hälfte der rund hundert Werkstätten im innerösterreichisch-steirischen Gebiet im Besitz von nur fünf Familien. Die Familie Moser besaß 17, die Familie Zeitlinger 11, die Familien Kaltenbrunner und Weinmeister hatten je acht und der Familie Hierzenberger gehörten sechs Sensenbetriebe.[20]

Die laufenden Zunftangelegenheiten wurden in ritualisierten Zusammenkünften geregelt. Einmal jährlich fand der Jahrtag statt. Dazwischen hielt man bei Bedarf weniger formalisierte Versammlungen ab. Am Jahrtag wählten die Meister den Zechmeister und vier Fürmeister als Leiter und Repräsentanten der Zunftorganisation. Nur die Meister durften vollberechtigt in Zunftangelegenheiten mitbestimmen.

Arbeiter, die für das kommende Schmiedejahr noch keine Stelle hatten, mußten sich am Jahrtag den versammelten Meistern als Arbeitskraft anbieten und hoffen, doch noch eine „Anrede" zu erlangen. Auch das Aufdingen und Freisagen von Lehrlingen wurde an diesem Tag vorgenommen.

Die Zunft als religiöse Gemeinschaft ließ am Jahrtag einen Gottesdienst für alle Zunftzugehörigen zelebrieren. Anschließend versammelte man sich zur Regelung von Streitfällen. Beendet wurde der Jahrtag durch ein großes Festbankett, zu dem nur die Meister zugelassen waren.[21]

Die Knechte bildeten Ansätze zu eigenen Organisationsformen im Rahmen der Zunft aus, die Knechtschaft. Ein selbständiges Agieren wurde jedoch von den Meistern in den Sensenzünften unterbunden. Die Knechte der Kirchdorf-Micheldorfer Zunft durften sich zum Beispiel nur in Anwesenheit von zwei Meistern versammeln.[22]

Die Gestaltung der Zunftpolitik blieb fast ausschließlich den Meistern vorbehalten, das heißt jenen Zunftmitgliedern, die bereits den höchsten Rang im Handwerk erlangt hatten. Sie waren jeweils Patriarchen eines Meisterhaushalts und somit vollberechtigte Zunftmitglieder. In dieser Position war es naheliegend, vor allem auf die Wahrung des Erreichten zu achten, das heißt Tradition und Stabilität hochzuhalten. Ihrer Stellung entsprach es, gemäß den gültigen Standards „moralischer Ökonomie"[23] das standesgemäße Auskommen der Mitglieder ihrer Häuser zu sichern und so ihre eigene Position zu festigen. Risikobehaftetes, wachstumsorientiertes Agieren wurde demgemäß eher gemieden. Besonders die Meister von florierenden Zünften konnten nur wenig Interesse haben, Änderungen in ihrem Handwerk zuzulassen. Dadurch ergaben sich immer wieder Konflikte zwischen stabilitätsorientierter Zunftpolitik und wachstumsorientiertem Unternehmertum und es kam vor, daß ökonomische Entwicklungsmöglichkeiten nicht wahrgenommen wurden, die dann Konkurrenten außerhalb des Einflußbereichs der jeweiligen Zunft zu nutzen vermochten.

Die unternehmerisch äußerst regen Jörger von Tollet errichteten zum Beispiel um 1600 in ihrer Grundherrschaft Scharnstein fünf Werke, in denen bereits auf die neue Weise Sensen erzeugt wurden. Das Kirchdorf-Micheldorfer Handwerk wandte sich gegen diese Neugründungen und wollte sie nicht als redliche Betriebe anerkennen. Helmhart Jörger verfügte aber über hervorragende Beziehungen zum Hof und auf eine Weisung von Kaiser Rudolf II. hin mußten die Scharnsteiner Meister 1589 in die Zunft aufgenommen werden.[24]

Einige Jahrzehnte später konnten vom Konjunkturaufschwung im späten 17. Jahrhundert vor allem die steiermärkischen Zünfte profitieren. Die Kirchdorf-Micheldorfer Meister zeigten sich erneut Wachstumsprozessen äußerst wenig aufgeschlossen. Sie weigerten sich, die 1604 festgeschriebene Zahl von 42 Schmieden im Bereich ihrer Innung zu erhöhen. Ausgebildete Eßmeister, die keine eigene Werkstätte erlangen konnten, wanderten in die Steiermark aus. Sie konnten im Rahmen der

Bild 1   Spital/Pyhrn: Historische Ansicht der Lindermayrschmiede

Bild 2: Spital/Pyhrn: Historische Innenansicht der Lindermayrschmiede mit Essen und Schwanzhammer

Bild 3:   Spital/Pyhrn: Blasebalg in der Lindermayrschmiede

Bild 4: Sensenwerk Schröckenfux, Gemeinde Rossleithen: Aufstellen der Hamme

Bild 5: Sensenwerk Schröckenfux, Gemeinde Rossleithen: Breiten der Sense durch den Eßmeister

Bild 6:   Sensenwerk Blumau, Gemeinde Inzersdorf (1934): der Eßmeister beim Breiten

Bild 7:   Sensenwerk Blumau, Gemeinde Inzersdorf (1934): Heizen des Rohlings für das Abrichten

Bild 8: Sensenwerk Schröckenfux, Gemeinde Rossleithen: Abrichten der Sense (Aufstellen der Ränder)

Bild 9: Sensenwerk Schröckenfux, Gemeinde Rossleithen: Rauhhämmern der Sense
(Falten aus dem Sensenblatt entfernen)

Bild 10:   Sensenwerk Schröckenfux, Gemeinde Rossleithen: Fertigung der Warze

Bild 11:   Sensenwerk Blumau, Gemeinde Inzersdorf (1934): In der Härterei

Bild 12: Sensenwerk Schröckenfux, Gemeinde Rossleithen: Tupfen der Sense

Bild 13: Sensenwerk Schröckenfux, Gemeinde Rossleithen: Dengeln der Sense

Bild 14: Sensenwerk Blumau, Gemeinde Inzersdorf (1934): Der Breithammer

Bild 15: Sensenwerk Briethal bei Leonstein (1910): Zainfeuer-Esse mit Blasebalg

Bild 16: Hinterstoder: Holzfäller vor ihrer Lafthütte

Bild 17: Hinterstoder: Holzbringung mit dem Schlitten

Bild 18:   Hinterstoder: Rise zur Holzbringung

Bild 19:   Steyrbruck: Sammeln des Holzes nach der Trift

Bild 20: Steyr Daimler Puch AG., Waffenfertigung: Laufrichter bei der Arbeit

Bild 21: Steyr Daimler Puch AG., Waffenfertigung: Montage des Laufes

Bild 22: Garsten: Meister Brettenthaler schmiedet seine Nägel

Bild 23:　Trattenbach, Gemeinde Ternberg: Frauen beim Verpacken der Feitl

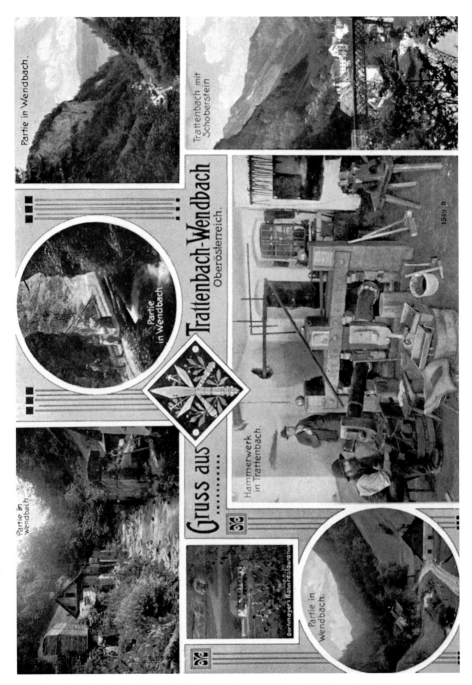

Bild 24: Trattenbach, Gemeinde Ternberg (1947): Ansichtskarte mit Bild vom Rameishammer

Bild 25: Laussa: Maultrommelfertigung

Bild 26:   Großraming: In der Küche der Anlaufalm

Bild 27:   Großraming: Almabtrieb von der Anlaufalm

Bild 28: Weyer: Taverne am Kasten mit Floßlände

Bild 29: Floßfahrt im Jahre 1942

Bild 30: „Fletzer" auf einem Ennsfloß

Rottenmanner, Kindberger und Judenburger Zunft neue Betriebe gründen, weil diese noch keine starren Obergrenzen für die Anzahl der
Schmieden eingeführt hatten. Angeblich wurden in der Steiermark von
1646 bis 1676 ungefähr 15 neue Werkstätten errichtet.[25]

Die Zunftordnungen waren üblicherweise durch den Landesfürsten
konfirmiert. Die Schmiede erhielten das ausschließliche Privileg, Sensen
in der jeweiligen Region zu erzeugen. Wenn Konkurrenten auftraten, die
nicht zu einer anerkannten Zunft gehörten ("Störer", "Fretter"), so konnten die Schmiede veranlassen, daß deren Waren durch landesfürstliche
Überreuter beschlagnahmt wurden.[26]

Die Zunftordnungen mußten bei jedem Herrscherwechsel neu
bestätigt werden. Dieser Vorgang bildete jeweils eine Gelegenheit, einzelne Punkte geänderten Verhältnissen anzupassen. Zur Erneuerung
und Abänderung war es stets erforderlich, das Original an den Hof ein-
zusenden und sich der teuren dort angestellten Hofagenten zu bedie-
nen, um die eigenen Anliegen in Wien durchsetzen zu können.[27]

Das landesfürstlich regulierte Eisenwesen

Die Sensenerzeugung als Finalgewerbe war nicht Teil der landesfürstlich regulierten eisenschaffenden Produktion, aber sie war in vieler
Hinsicht mit der Entwicklung des Eisenwesens verbunden.

Das Eisenwesen bildete stets ein bevorzugtes Objekt für landesfürstliche Eingriffe. Während umfassende merkantilistische Lehrgebäu-
de erst durch fürstliche Berater wie Johann Joachim Becher und Philipp
Wilhelm von Hörnigk in der zweiten Hälfte des 17. Jahrhunderts formuliert wurden und nicht vor dem 18. Jahrhundert eine weitgehende
Umsetzung fanden, setzten die obrigkeitlichen Regulierungsbemühun-
gen im Eisenwesen bereits viel früher ein.

In dieser Branche blieb es zwar - im Gegensatz zum Salzbergbau
und Quecksilberbergbau - beim Privatbesitz der Gruben, aber die staatliche Einflußnahme wurde schrittweise ausgebaut.[28]

Das ergiebigste Eisenvorkommen in der Alpenregion war neben dem
Hüttenberg in Kärnten und zahlreichen kleineren Abbaustätten ("Waldeisen") der steirische Erzberg.[29] Bis in die Mitte des 18. Jahrhunderts

wurden aus dem Erz in den Radwerken[30] die Maße (auch Luppe, Wolf oder Stuck genannt) gewonnen und in den Hammerwerken zu gängigen Stahlsorten verarbeitet.[31]

Die Entfaltungsmöglichkeiten des eisenschaffenden Gewerbes drohten in den kargen Gebirgsgegenden durch mangelnde Nahrungsversorgung für die zahlreichen Arbeitskräfte und durch Knappheit an Holzkohle für die Rad- und Hammerwerke an ihre Grenzen zu stoßen. Um durch Versorgungsmängel bedingte Stockungen zu vermeiden und die Belieferung des Verarbeitungsgewerbes mit Rohmaterial sicherzustellen, schuf man von landesfürstlicher Seite ein zunehmend ausdifferenziertes System planwirtschaftlicher Regulierung. Die landesfürstliche Lenkung umfaßte sowohl die Versorgung der einzelnen „Eisenglieder" (Radwerke, Hammerwerke) mit Nahrungsmitteln, Holz(-Kohle) und Erz beziehungsweise Eisen als auch die Qualitätssicherung und den Absatz der Zwischen- und Endprodukte (Verschleißgebiete, Preise, Mengen).[32]

Der Eisenabbau am Erzberg und der Eisenhandel waren seit alters her in zwei Bereiche getrennt. Die Stadt Steyr fungierte als privilegiertes Zentrum für den Handel mit Innerberger Eisen,[33] und die Leobener Händler setzten sich im 15. Jahrhundert als Verleger für das Vordernberger Eisen weitgehend durch.[34]

Der Anspruch des Landesfürsten, das Montanwesen seinem Reglement zu unterstellen, manifestierte sich zum Beispiel in den Ordnungen von König Friedrich[35] (1448/49), Kaiser Maximilian I. (1517) und König Ferdinand[36] (1553). Friedrich bestätigte die von alters her bestehende Trennung des Innerberger und Vordernberger Bergbaus und Eisenabsatzes. Er ließ bereits für die beiden Bereiche Mautämter gründen, Ansatzpunkte für eine weitergehende landesfürstliche Lenkung des Eisenwesens. Um die Wende zum 16. Jahrhundert wurde das Innerberger Mautamt zum Innerberger Amt ausgestaltet und 1539 dafür eine Amtsordnung ausgearbeitet. Es entwickelte sich zur landesfürstlichen Zentralbehörde für das gesamte Eisenwesen.[37]

Das organisatorische Gefüge von Radmeistern, Hammermeistern und Verlegern nahm in Innerberg und Vordernberg in der Zeit vom 16. bis zum 18. Jahrhundert unterschiedliche Strukturen an.

Im Innerberger Bereich, der sich ja über die Steiermark, Oberösterreich und Niederösterreich erstreckte, verkomplizierte sich im Jahr 1564 die staatliche Verwaltung des Eisenwesens durch die Aufteilung der habsburgischen Erbländer: Oberösterreich und Niederösterreich gelangten unter die Herrschaft Maximilians II., Innerösterreich fiel Erzherzog Karl zu, der in Graz eigene Kammerbehörden einrichtete. Für das Innerberger Eisenwesen bedeutete dies das Ende der gemeinsamen Zentralbehörden.[38]

Unter diesen Bedingungen war eine konstruktive Weiterentwicklung nur schwer möglich. Außerdem gelangte man zur Ansicht, daß die Eisenhändler in der Stadt Steyr individuelle Geschäftsinteressen auf Kosten des Gesamtgefüges des Innerberger Eisenwesens verfolgten.

In den frühen 1580er Jahren erfolgte eine Neuregelung der Beziehungen zwischen den Innerberger Rad- und Hammermeistern und den Verlegern in Steyr. 1581 arbeiteten kaiserliche Beamte und Steyrer Bürger eine neue Verlagsordnung für den gesamten Innerberger Bereich aus. Das Handels- und Finanzierungsgeschäft wurde den einzelnen Steyrer Händlern entzogen und dafür einer von ihnen gemeinsam gegründeten Gesellschaft übertragen, der Steyrer Eisenhandelscompagnie. Diese nahm 1583 die Geschäftstätigkeit auf, die Stadt Steyr haftete für das Unternehmen. Zur Intensivierung der landesfürstlichen Kontrolle wurde im Jahr 1584 die Eisenobmannschaft für Österreich mit Sitz in Steyr gegründet. Sie amtierte als oberste lokale landesfürstliche Behörde für alle österreichischen Glieder des Eisenwesens, die Hammermeister, die Eisencompagnie, die Provianthändler und die Finalproduzenten. Der Eisenobmann bildete somit ein Pendant und Gegengewicht zum steiermärkischen Amtmann in Innerberg und dessen Jurisdiktionsansprüchen.[39]

Auf die Reform folgte eine ökonomisch äußerst schwierige Phase. Bereits im späten 16. Jahrhundert traten Absatzprobleme auf, und das 17. Jahrhundert war über Jahrzehnte von einer generellen Schrumpfung der inneren und äußeren Märkte gekennnzeichnet, im Gefolge des Dreißigjährigen Kriegs, der Wirren im Münzwesen und der Protestantenverfolgungen.

Unter diesen Bedingungen zeigte die Eisenhandelscompagnie bald weitgehende Zerfallserscheinungen. Sie konnte infolge des schlechten

Geschäftsganges und wegen Kapitalmangels ihren Verpflichtungen nicht mehr nachkommen. In der Stadt Steyr wurde im Zuge der Gegenreformation 1625 ein katholischer Stadtrat installiert, der den unrentabel gewordenen Eisenverlag nicht mehr übernehmen wollte.

Auf Betreiben Ferdinands II. wurde in diesem Jahr wiederum eine umfassende Neuorganisation des Innerberger Eisenwesens initiiert; die „löbliche Hauptgewerkschaft der Stachel- und Eisenhandlung im Lande Steyr und Österreich" wurde unter weitgehender landesfürstlicher Kontrolle gegründet.[40] In dieser „Innerberger Hauptgewerkschaft" wurden die bis dahin formell als selbständige Unternehmen agierenden 19 Radwerke in Eisenerz, 44 Hammerwerke des Innerberger Eisenwesens und der Steyrer Eisenhandel zu einem großen frühkapitalistischen Montankonzern zusammengeschlossen. Dieses Unternehmen beschäftigte in den folgenden beiden Jahrhunderten ungefähr 2000 bis 3000 Menschen und bestritt etwa 30 bis 40 Prozent der gesamtösterreichischen Eisenproduktion.[41]

Gleichzeitig wurde auch die Stellung des Innerberger Kammergrafenamtes ausgebaut. Ihm wurde die Jurisdiktion über das gesamte Innerberger Eisenwesen übertragen, einschließlich des Gewerkschaftsbesitzes, des Handels mit den Produkten, des Verschleißes in Steyr sowie der dortigen Niederlage und Eisenkammer. Es war auch über alle Angelegenheiten der Innerberger Hauptgewerkschaft zu unterrichten und behielt sich die „völlige Disposition über das gesamte Wesen" vor. Die Kompetenzen des Eisenerzer Kammergrafenamtes erstreckten sich nun über die Grenzen der Steiermark hinaus. Daher war eine Abgrenzung gegenüber den Agenden der in den 1580er Jahren eingesetzten Eisenobmannschaft in Steyr erforderlich. In deren Zuständigkeit fiel nunmehr nur noch die Weiterverarbeitung der von der Hauptgewerkschaft abgegebenen Produkte, das heißt die Kleineisenindustrie der ober- und niederösterreichischen Eisenwurzen.[42]

Aufgrund der ungünstigen wirtschaftlichen Rahmenbedingungen im 17. Jahrhundert, wohl aber auch durch eine verfehlte Geschäftsführung geriet die Innerberger Hauptgewerkschaft bald wieder in schwere Bedrängnis. Nur durch eine erneute Reform- und Sanierungsaktion Ende der 1660er Jahre, bei der die Hauptgewerkschaft nun vollständig

der landesfürstlichen Lenkung unterstellt wurde, konnte ein Weiter-
bestehen sichergestellt werden. In der Konjunktur der 1690er Jahre konnten die Lager abgebaut werden. In den 1720er, 1740er und 1750er Jahren traten wiederum vorübergehende Verkaufsstockungen auf, anson-
sten überwog im 18. Jahrhundert die Nachfrage sogar oft die Produk-
tionsmöglichkeiten.[43]

Im Vordernberger Bereich kam es zu keinem so engen wirtschaftlichen
Zusammenschluß der Eisenglieder. Hier bewahrten die Gewerken weitgehende ökonomische Selbständigkeit. Nur die Radmeister organisierten 1626 unter dem sanften Druck der Regierung in einer „Kommunität"
den gemeinsamen Einkauf von Holz und Kohle en gros, der Verkauf des
Eisens blieb aber frei.[44]

Einen letzten Höhepunkt erreichte die landesfürstlichen Regulierung
des Eisenwesens unter Maria Theresia. Der insbesondere im Innerberger Bereich um die Mitte des 17. Jahrhunderts auftretende Eisenman-
gel veranlaßte die Regierung zu umfassenden Maßnahmen. 1747 wurde das gesamte Eisenwesen einer neu geschaffenen Zentralinstanz,
dem Oberkammergrafenamt in Eisenerz unterstellt, die Steyrer Eisenobmannschaft und das Vordernberger Amt wurden zur ihm unterge-
ordneten jeweiligen ersten Instanz für das österreichische beziehungsweise steiermärkische Eisenwesen. Die Regelung der Zuteilung des
knapp gewordenen Eisens fand im sogenannten „Abgabe-Systema" vom
12. Dezember 1768 ihren Höhepunkt. Darin wurde die angeordnete,
jedoch keineswegs gesicherte Produktionsmenge zentnerweise den einzelnen Beziehern zugeordnet. Unter Joseph II. erfolgte in den frühen
1780er Jahren eine weitgehende Liberalisierung. Die Preisregelungen,
Verschleißordnungen sowie die Proviant- und Holzwidmungen wurden
aufgehoben.[45]

Die Entwicklung des Sensenhandwerks in Abhängigkeit vom landes-
fürstlich regulierten Eisenwesen

Die Sensenschmiedemeister wurden als Verarbeiter des steirischen
Stahls in vielfacher Hinsicht von den landesfürstlichen Regulierungen des
Eisenwesens mitbetroffen, insbesondere bezüglich der Standortwahl, der

Möglichkeiten zum Stahlbezug sowie der Absatzgebiete und -wege. Bei der Standortwahl für die Errichtung von Sensenwerken mußte unter anderem das landesfürstliche Reglement für die Proviant- und Holzkohlenversorgung des Eisenwesens berücksichtigt werden. Bereits seit dem 15. Jahrhundert behielten staatliche Bestimmungen das agrarische Mehrprodukt der Bauern in genau bestimmten Regionen um den Erzberg der Ernährung der Arbeitskräfte im Eisenwesen vor. Zum Handel mit diesen Nahrungsmitteln wurden privilegierte Provianthändler bestimmt, zum Beispiel in den drei Märkten Scheibbs, Purgstall und Gresten.[46]

Ebenso wurden bestimmte Waldregionen für die Holzkohlenversorgung der Rad- und Hammerwerke gewidmet. Mit der Ausweitung der Eisenproduktion im Spätmittelalter durch die Nutzung der Wasserkraft für den Antrieb von Blasbälgen in den Radwerken war der Kohlenverbrauch der Eisenerzeugung erheblich gestiegen. Damit die Wälder um den Erzberg angesichts des erhöhten Holz(kohlen)bedarfs nicht durch Raubbau zerstört wurden, war eine räumliche Trennung der Radwerke und Hammerwerke erforderlich. Nur noch die Radwerke arbeiteten in unmittelbarer Nähe des Erzbergs. Die Weiterverarbeitung in den Hammerwerken wurde in den umliegenden Regionen dezentralisiert. Damit konnte die Holzkohlenversorgung des Eisenwesens aus einem größeren Raum von Forstgebieten bewerkstelligt werden. In Waldordnungen, die vom 16. bis zum 18. Jahrhundert durchgesetzt wurden, erfolgte die Widmung der Wälder in den Gebieten um den Erzberg für das Eisenwesen. Die Innerberger Hauptgewerkschaft wurde aus Forsten um Eisenerz, im Salzatal, im Ennstal sowie in den ober- und niederösterreichischen Eisenwurzen beliefert. Die Vordernberger Eisenwirtschaft bezog die Holzkohle aus dem Mur- und Mürztal, dem Palten- und Liesingtal sowie den Regionen um Ligist und Eibiswald.[47]

Die großhandwerklichen Sensenschmieden hatten ebenfalls einen enormen Holzkohlenbedarf. Zum Beispiel benötigte ein Sensenwerk im 18. Jahrhundert pro Jahr zirka 12.000 bis 15.000 Hektoliter Holzkohle, das entsprach etwa 2500 bis 3000 Raummetern Holz, bevorzugt Buchenholz. Um eine derartige Menge nachhaltig bereitstellen zu können, mußten 700 bis 800 Hektar Wald zur Verfügung stehen, der nicht bereits für das Eisenwesen gewidmet war. Daraus ergab sich für die Sensenschmiedemeister die Notwendigkeit, sich noch weiter entfernt vom Erzberg anzusiedeln als die Hammerwerke; in Regionen wo ihnen die Grundherrn Forste, die nicht bereits der Eisenerzeugung gewidmet waren, als sogenannte „Verlaßberge" gegen Entgelt zur Nutzung überlassen konnten. Die Holzkohlenerzeugung für die Sensenschmieden übernahmen entweder Kohlbauern oder hauptberufliche Holzknechte und Köhler.[48] Die Zentren der Sensenerzeugung und ihre Zunftsitze befanden sich am äußersten Rand der Region um den Erzberg. Kirchdorf und Waidhofen lagen knapp außerhalb des Innerberger Waldbezirks, Kindberg, Übelbach und Judenburg um den Vordernberger Forst-Widmungsbezirk, Mattighofen, Freistadt und Hainfeld weiter abseits der reservierten Waldgebiete.

Beim Bezug des verarbeiteten Eisens waren die Sensenschmiede an die privilegierten Händler gebunden, die gemäß dem landesfürstlichen Reglement für ihre Region zuständig waren. Insbesondere wurde in den kaiserlichen Ordnungen immer wieder die Trennung zwischen dem Vordernberger und dem Innerberger Gebiet festgeschrieben. Die ober- und niederösterreichischen Schmiede mußten den Stahl vornehmlich bei den Innerberger Verlegern in Steyr kaufen, die steiermärkischen Zünfte bezogen ihr Rohmaterial von den Vordernberger Händlern.[49]

Diese Vorschriften waren für die Sensenproduzenten verbindlich, auch wenn der Bezug von anderen Lieferanten für sie günstiger gewesen wäre. Immer wieder trachteten die Schmiede jedoch, derartige obrigkeitliche Regeln, wenn sie zu ihrem Nachteil waren, zu ändern oder zu umgehen.

Ein Beispiel dafür ist der Widerstand von Kirchdorf-Micheldorfer Sensengewerken im 17. Jahrhundert gegen den Zwang, das verarbeitete Eisen in Steyr kaufen zu müssen.

1629, wenige Jahre nach der Gründung der Innerberger Hauptgewerkschaft, bestätigte der Landesfürst Ferdinand II. durch ein kaiserliches Generalmandat erneut die Trennung des Eisenerzer und Leobener Eisenbezirks. Die Kirchdorf-Micheldorfer Meister appellierten an den Herrscher, daß es für die Schmieden außerhalb von Klaus untragbar wäre, den Zeug von Steyr statt von den nähergelegenen Vordernberger Hammerwerken zu beziehen. Diese verkauften überdies angeblich qualitativ höherwertigen Mockstahl zu günstigeren Preisen. 1630 wurde den Schmieden tatsächlich gestattet, gewisse Mengen von Vordernberger Mock zu verwenden. 1631 zogen die landesfürstlichen Behörden dieses Zugeständnis aber, offenbar auf Betreiben der Innerberger Hauptgewerkschaft, wieder zurück. Das ließen nun wiederum die Sensenschmiede nicht auf sich beruhen. Die Kirchdorf-Micheldorfer Meister intervenierten erneut bei den zuständigen Stellen und sie verstanden es, nunmehr auch zusätzlich ihre Grundherrn zu mobilisieren. In Wien setzte sich der Bischof Anton Wolfradt, der zuvor Abt von Kremsmünster gewesen war, für die Schmiede ein. Der Eisenobmann bestätigte ihnen überdies, daß sie sich auf „uralte Rechte" beriefen. 1634 wurde der Kirchdorf-Micheldorfer Innung zugestanden, daß jeder Meister wöchentlich einen Sämb Mock (2,5 Zentner) über den Pyhrn bringen durfte.[50]

Nach der Gründung der Hauptgewerkschaft stieg die jährliche Innerberger Eisenproduktion, die 1625 mit 26.000 Zentnern ihren Tiefpunkt erreicht hatte, wieder an. In den 1630er Jahren wurde die Erzeugung auf beinahe 73.000 Zentner p. a. erhöht. Der Verkauf konnte jedoch noch nicht entsprechend ausgeweitet werden, sodaß sich immer größere Lagerbestände aufhäuften.[51]

Die Hauptgewerkschaft wurde daher erneut initiativ, sich das Monopol für Eisenverkäufe an die Kirchdorf-Micheldorfer Sensenschmiede zu sichern. 1667 richtete sie eine Beschwerdeschrift an den Kaiser Leopold I., denn ihre Lagerbestände waren bereits auf 133.708 Zentner liegengebliebenen weichen Zeugs (Mock) angewachsen. Wiederum traten sowohl die Sensenschmiedemeister als auch ihre geistlichen und weltlichen Grundherrn gegen den Versuch ein, die Bezugsrechte in Vordernberg zu schmälern. Abt Plazidus von Kremsmünster, Propst Matthias Franziskus von Spital am Pyhrn, Abt Nivard von Schlierbach, Sigmund Graf von Salburg und Georg Christoph von Zedlitz wandten sich beim Eisenobmann gegen die „anmaßenden Verleger" und gegen deren Versuch, „ihren eigenen privaten Nutzen" aus dem zu ziehen, „was man Monopol nennt".[52]

Bei einer Aussprache der Streitparteien am Jahrtag der Sensenschmiede in Kirchdorf an der Krems kam es zu keiner Einigung. Bürgermeister, Rat und Richter der Kammerstadt Steyr sowie Vertreter der Innerberger Hauptgewerkschaft argumentierten in einer Eingabe an den landesfürstlichen Kammerobmann im Herbst 1670 erneut, daß die Sensenschmiede offenbar wesentlich mehr Vordernberger Zeug einkauften, als ihnen gestattet war. Durch diese Konterbande entgingen dem Landesfürsten Mautgefälle und die Hauptgewerkschaft blieb auf ihrem Mock sitzen. Überdies begehrten sie auch, die Funktion der Verleger der Kirchdorf-Micheldorfer Sensenschmiede zu übernehmen, die mehrheitlich als selbständige Kaufleute agierten. Dafür boten sie an, Abnahmegarantien für erzeugte Sensen zu gewähren. Sie verliehen ihren Forderungen Nachdruck, indem sie den unmittelbar bevorstehenden ökonomischen Zusammenbruch der Innerberger Hauptgewerkschaft ankündigten, falls ihrem Verlangen nicht entsprochen würde.

Die Grundherrn der Sensenschmiede befaßten 1671 den Landtag mit der Materie. Eine kaiserliche Kommission in Wien unter dem Vorsitz des Geheimen Hofkanzlers, in der auch die Sensenschmiede und die Innerberger Hauptgewerkschaft vertreten waren, führte schließlich im Oktober 1671 eine Entscheidung herbei. Die Kirchdorf-Micheldorfer Meister konnten sich weitgehend durchsetzen. Ihnen wurde zugestanden, weiterhin wöchentlich einen Sämb Mockstahl aus Vordernberg über den Pyhrn zu führen. Um eine Überschreitung dieser Menge zu verhindern, unterstellte man den Transport der Aufsicht der Innerberger Hauptgewerkschaft. Unerlaubte Mockzufuhr wurde mit einer Strafe von 1000 Dukaten belegt.[53]

Genauso wie der Stahlbezug war auch der Sensenverkauf an die Vorschriften der landesfürstlichen Planwirtschaft gebunden. Für die Fertigprodukte galten dieselben Verschleißvorschriften wie für das Eisen, aus dem sie erzeugt wurden. Den Kirchdorf-Micheldorfer, Waidhofener und Freistädter Sensengewerken waren als Verarbeiter Innerberger Eisens neben den lokalen Märkten jene Gebiete vorbehalten, die als Absatzregionen für das Innerberger Eisen vorgesehen waren. Sie durften mit ihren Waren die deutschen Märkte, Frankreich und die Schweiz,

Böhmen, Schlesien und Mähren sowie die ungarischen Gebiete beliefern. Außerdem stand ihnen das bedeutende Geschäft mit Polen und Rußland zu.

Den Handel über Wien sowie nach Südbayern und Schwaben mußten sich die Innerberger und Vordernberger teilen. Aus Vordernberg wurden die Zünfte Rottenmann, Übelbach, Judenburg sowie auch Hainfeld in Niederösterreich und Mattighofen in Oberösterreich mit Zeug beliefert. Diese hatten Salzburg, Tirol, Steiermark, Ungarn und den Balkan als Absatzgebiete. Entlang der Italienstraße, die auch dem Handel mit Eisen aus dem Kärntner Hüttenberg diente, gelangte Vordernberger Ware nach Villach, Oberitalien und Venedig. Auf den Handel mit der Lagunenstadt hatte aber auch Steyr ein altes Anrecht.[54]

Diese Absatzregelungen wurden durch zusätzliche Differenzierungen verkompliziert. Die Steyrer lieferten mehr ins Reich, die Freistädter und die Kremser Händler vor allem in die nordöstlichen Länder. Die Innerberger Hauptgewerkschaft, die in den ersten Jahrzehnten nach ihrer Gründung wegen ihrer schlechten wirtschaftlichen Lage nicht vermocht hatte, Verleger der gesamten Kirchdorf-Micheldorfer Sensenschmiedezunft zu werden, trachtete in der zweiten Hälfte des 17. Jahrhunderts eine stärkere Position im Sensenhandel zu erlangen. Sie schloß mit einigen Meistern individuelle Verlagsverträge ab. Das heißt, sie belieferte sie mit Stahl, finanzierte die Produktion vor und übernahm den Verkauf. Dadurch kam sie in Konflikt mit Waidhofen an der Ybbs als einem „zum Sensenhandel privilegierten Orte". 1678 einigte man sich in einem Vergleich darauf, daß Steyr der Verschleiß ins Reich überlassen wurde.[55]

Immer wieder versuchten Sensenanbieter die beengenden Regulierungen zu umgehen und ihre Waren auch in Regionen abzusetzen, die ihnen gemäß den Verschleißordnungen verboten waren. Derartige Verstöße wurden, wenn sie von der Konkurrenz oder den landesfürstlichen Behörden aufgedeckt wurden, mit Beschlagnahme der Konterbande und mit Geldstrafen geahndet.[56]

Dem Sensenhandel waren zusätzlich zur Zuordnung von Absatzgebieten auch durch den sogenannten „Wegzwang"[57] die Transportrouten vorgeschrieben. Die umfassende Regelung diente nicht nur dem Ziel, ein wohlgeordnetes Ineinandergreifen aller Faktoren des Wirtschaftslebens sicherzustellen, sondern auch der Wahrnehmung fiskalischer Interessen. Wenn die Warenströme entlang der Obrigkeit genau bekannten Wegen verliefen, war es leichter, die Mauten und Gefälle einzuheben. Der sich entwickelnde merkantilistische Zentralstaat befand sich ständig in drückenden Finanznöten. Er änderte immer wieder die Praxis der Abgabeneinhebung und war erfinderisch im Ersinnen neuer Finanzierungsinstrumente.

Bei der Kostenkalkulation für den Sensenfernhandel war neben den Frachtspesen eine Vielzahl von Abgaben einzurechnen. Zum Beispiel mußten in den 1660er Jahren allein an den Kaiser pro Faß Sensen beim Transport von Kirchdorf bis nach Krems 15 Gulden 20 Kreuzer an Mauten und Aufschlägen bezahlt werden. Die entsprechenden Abgaben auf dem Weg von Ybbs bis Breslau betrugen 12 Gulden 32 Kreuzer und von Freistadt bis Breslau 15 Gulden 44 Kreuzer.[58] Wurden an den Handelswegen die Abgaben verändert, so konnte das weitgehende Auswirkungen auf die Geschäftsmöglichkeiten für die Produzenten und Händler mit sich bringen.

Ein Beispiel für die Verzerrung der Wettbewerbsbedingungen durch staatliche Eingriffe ist die Vergabe des sogenannten „Sensen-Appalts" im Jahr 1661 an den Grafen Albrecht von Zinzendorf und Potendorf. Der Begriff „Appalt" bedeutet „im weiteren Sinne Pacht überhaupt, in engerem, staatsökonomischen Sinne Pacht von Kameraleinnahmsquellen, der Domänen, Regalien, Monopole und indirekten Abgaben aller Art, vornehmlich das pachtmäßige Bezugs- und Verkaufsrecht von örtlichen oder allgemeinen monopolistischen Produkten des Staates."[59] Zinzendorf war einer der einflußreichsten Männer seiner Zeit in Österreich und unter anderem erster Minister des Kaisers Leopold I. Mit der Überlassung des Sensen-Appalts erhielt er das ausschließliche Recht, den Verkauf der in Nieder- und Oberösterreich erzeugten Sensen, Sicheln und Strohmesser durch die von ihm bestellten Händler und Faktoren nach Polen und in die angrenzenden „mitternächtigen" Länder durchzuführen.

Hätte Zinzendorf das Handelsgeschäft tatsächlich in der ihm zustehenden Weise ausgeübt, wären die Sensenschmiede von ihren ausländischen Handelspartnern abgeschnitten worden, die nicht nur die Ware abnahmen sondern auch mit Krediten zur Finanzierung der Produktion beitrugen. Aber der Graf zog es vor, selbst keine kaufmännischen Aktivitäten zu entfalten. Vielmehr ließ er sich dafür, daß er seine erworbenen Monopolrechte nicht ausübte und die etablierten Produzenten und Händler gewähren ließ wie bisher, mit 15 Gulden Appaltgeld pro Sensenfaß bezahlen.[60]

Die Kirchdorf-Micheldorfer Meister wandten sich mit dem Ersuchen um Interventionen gegen diesen Zustand an ihre Grundherren. Die Gegenmaßnahmen blieben aber erfolglos. 1671 wurde Zinzendorf der Appalt auf weitere 10 Jahre verlängert.[61]

Die zusätzliche Kostenbelastung des Sensenhandels in den Norden führte zu gravierenden Umsatzrückgängen. 1677 richteten die Kirchdorf-Micheldorfer Schmiede eine Beschwerde an die Niederösterreichische Hofkammer, in der sie erklärten, nicht länger existieren zu können und mit Weib und Kind auswandern zu müssen, wenn nichts zur Hebung ihres Absatzes getan würde. In ihrer Not forderten sie nun, daß Zinzendorf von seinem Handelsrecht in der Weise Gebrauch machen sollte, daß er ihnen Ware gegen bare Bezahlung abnahm und den Absatz in den Nordosten organisierte.[62]

Von der Schrumpfung des Geschäftsgangs wurde die Innerberger Hauptgewerkschaft empfindlich getroffen.[63] Ihr Verkauf von Eisen an die Sensenschmiede stockte. Daher versuchte sie zum einen als Sensenhändler aktiv zu werden, was den oben angeführte Interessenkonflikt mit Waidhofen mit sich brachte und zum anderen den Sensenappalt zu erwerben, was ihr 1681 für die Dauer von 12 Jahren gelang. Als nunmehrige Inhaberin des Sensenverkaufsmonopols in die nordöstlichen Länder konnte sie die ökonomische Macht über die Schmiede ausweiten und Steyr zu einem Zentrum für den über Polen gehenden Sensenhandel machen. Die Wahrung der aus dem Sensenappalt erwachsenden Rechte übertrug sie an den erfolgreichen Geschäftsmann Hans Ludwig Mittermayr von Waffenberg.[64]

Später diente der Appalt noch verschiedenen Umschuldungsaktionen des Kaisers, dessen Finanznöte im Zusammenhang mit den Türkenkriegen besonders prekär wurden. 1693 überließ Leopold I. das Sensenhandelsmonopol dem Grafen Gotthard von Salburg zur Ablösung der gegen namhafte Antizipationen verpfändeten Herrschaften Vöcklabruck und Engelhartszell, und auch den österreichischen Ständen wurde der Appalt als Sicherstellung für ein Darlehen von 100.000 Gulden versprochen. Unter Karl VI. reduzierte man 1728 die Abgabe pro Sensenfaß auf 3 Gulden 20 Kreuzer, die dafür aber auf die gesamte Ware aus Innerberger Eisen eingehoben werden sollte,[65] nicht mehr nur auf Exporte in den Norden.[66]

Angesichts dieser Abgabenbelastung war die oben angeführte Zurückhaltung der Kirchdorf-Micheldorfer Meister hinsichtlich einer Ausweitung ihrer Zunft offenbar nicht die einzige Ursache dafür, daß ihr Handwerk während des Konjunkturaufschwungs im späten 17. Jahrhundert stagnierte, während die Innungen, die Vordernberger Zeug verarbeiteten, ein dynamisches Wachstum aufwiesen. Einen gewichtigen Faktor dafür bildete die skizzierte Behinderung des Absatzes von Sensen aus Innerberger Stahl infolge ihrer Verteuerung durch die hohen Appaltgelder. Überdies wurden 1672 die Donaumauten erhöht. Der steiermärkische Murboden erlebte in diesen Jahren geradezu eine „Schmiedeinvasion",[67] in Rottenmann soll allein von 1658 bis 1678 ein Dutzend neuer Sensenwerkstätten entstanden sein und die Hainfelder Innung blühte auf.[68]

Diese Gewerberegionen profitierten außerdem davon, daß durch die militärischen Erfolge der Habsburger gegen das Osmanische Reich nach 1683 neue Handelswege in den Osten zugänglich wurden. Sie konnten nun ihre Waren auf dem Wasserweg bis Kiew bringen und somit den althergebrachten Innerberger Handel nach Norden und Osten (über Polen) konkurrenzieren, ohne ihnen verbotene Wege im Herrschaftsbereich ihres Landesfürsten zu nehmen.[69]

Das Kirchdorf-Micheldorfer Handwerk und die Innerberger Hauptgewerkschaft wandten sich immer wieder bei der Hofkammer gegen die übermäßige Abgabenbelastung und Kostenbenachteiligung ihres Handels, durch den sie ins Hintertreffen gegenüber dem steiermärkischen Gewerbe zu geraten drohten. 1704 reagierte die Hofkammer auf diese Urgenzen; allerdings nicht mit einer Senkung der Abgabenbelastung für den Innerberger Bereich, sondern mit einem Verbot, weitere Sensenschmieden in der Steiermark aufzurichten.[70]

Resümee

Bis zur Liberalisierung unter Joseph II. in den 1780er Jahren war das alpenländische Sensengewerbe in hohem Grade vom merkantilistischen Eisenwesen bestimmt.

Der Landesfürst und seine Behörden, die zum Teil selbst untereinander um Kompetenzen konkurrierten, übten eine regulierende Funktion aus, mit dem Ziel, ein wohlproportioniertes Wirtschaftsgefüge zu verwirklichen und für den entstehenden Zentralstaat möglichst umfangreiche Einnahmequellen sicherzustellen.

Die planwirtschaftliche Struktur, die sich seit dem 15. Jahrhundert entwickelte, wurde aber nicht nur vom Herrscher und seinen Beamten bestimmt. Interessenten und Interessentengruppen, die direkt zum Eisenwesen gehörten, wie die Radwerksmeister, Hammerwerksmeister und Händler griffen mitgestaltend ein.

Für das Sensengewerbe war der Landesfürst die Instanz, welche die Zunftordnungen konfirmierte, wodurch zum Beispiel der Steyrer Eisenobmann gleichsam die Stellung eines Vogts der Kirchdorf-Micheldorfer Zunft innehatte. Den Schmieden war durch das staatliche Reglement auch ihre geschäftliche Gebarung weitgehend vorgeschrieben, etwa durch die Regelungen für den Stahlbezug und die Absatzgebiete. Aber die Sensenschmiedemeister und ihre Grundherren waren nicht nur Objekte der staatlichen Regulierung. Sie brachten selbst immer wieder Interventionen, Anregungen, Beschwerden und Forderungen ein.

Das Eisenwesen war zwar ein schwerfälliges Gefüge, aber doch nicht völlig starr und unveränderlich. Auch konnte nie der Landesfürst oder ein anderer Interessent eine so uneingeschränkte Vormachtstellung erlangen, daß eine unhinterfragbare, despotische Lenkung von einer Instanz durchgesetzt worden wäre. Die Gestion war stets von wechselnden Koalitionen und Konfliktlagen unter den beteiligten Personen und Gruppierungen bestimmt. Überdies konnten im unübersichtlichen Alpengebiet vorgegebene Bestimmungen nicht immer lückenlos durchgesetzt werden. Daher ergaben sich bei aller Bevormundung neben der zentralen Regulierung immer wieder Freiräume für Veränderungsschübe und individuelle Initiativen.

1) Josef Zeitlinger, Sensen, Sensenschmiede und ihre Technik, in: Jahrbuch des Vereines für Landeskunde im Gau Oberdonau, 91 (1944), 38.
2) Edmund Frieβ, Geschichte der Hammer- und Sensengewerke in Waidhofen a. d. Ybbs bis zur Mitte des XVII. Jahrhunderts, in: Jahrbuch für Landeskunde von Niederösterreich, N. F. 10 (1911), Wien 1912, 157; Kurt Kaser, Eisenverarbeitung und Eisenhandel. Die staatlichen und wirtschaftlichen Grundlagen des inner-österreichischen Eisenwesens, (Beiträge zur Geschichte des österreichischen Eisenwesens, Abt. II, H. 1, Wien, Berlin, Düsseldorf 1932), 166.
3) Franz Fischer, Die blauen Sensen. Sozial- und Wirtschaftsgeschichte der Sensenschmiedezunft zu Kirch-dorf-Micheldorf bis zur Mitte des 18. Jahrhunderts, (Forschungen zur Geschichte Oberösterreichs, hg. vom Oberösterreichischen Landesarchiv, 9, Linz 1966), 3 ff; Frieβ, Hammer- und Sensengewerke, 167.
4) Zeitlinger, Sensen, 39 ff.
5) Fischer, Blaue Sensen, 5.
6) Frieβ, Hammer- und Sensengewerke, 168; Alfred Hoffmann, Wirtschaftsgeschichte des Landes Ober-österreich. Band 1. Werden, Wachsen, Reifen. Von der Frühzeit bis zum Jahre 1848, Linz 1952, 125.
7) Ludwig Bittner, Das Eisenwesen in Innerberg-Eisenerz bis zur Gründung der Innerberger Hauptgewerk-schaft im Jahre 1625, in: Archiv für österreichische Geschichte, 89 (1901), 596.
8) Hoffmann, Wirtschaftsgeschichte, 127.
9) Zeitlinger, Sensen, 42.
10) Franz Schröckenfux, Geschichte der österreichischen Sensenwerke und deren Besitzer, Linz, Achern 1975, 181; Kurt Holter, Zur Wirtschaftsgeschichte des Sensenschmiedewesens, in: OÖ Sensenschmiede-museum Micheldorf. Die Werkstatt am Gries (Gradn-Werk), Micheldorf o. J., 49.
11) Ferdinand Tremel, Steirische Sensen, in: Blätter für Heimatkunde, hg. vom Historischen Verein für Stei-ermark, 27 (1953) H. 2, 38 ff.
12) Frieβ, Hammer- und Sensengewerke, 176 ff.
13) Vgl. Fischer, Blaue Sensen, 89 ff.
14) Ferdinand Tremel, Wirtschafts- und Sozialgeschichte Österreichs, Wien 1969, 189.
15) Hoffmann, Wirtschaftsgeschichte, 125; K. Tanzer, Vom norischen Eisen zum steirischen Stahl, in: Deut-sches Museum. Abhandlungen und Berichte, Jg. 2, H. 4, Berlin 1930, 96 f; Zeitlinger, Sensen, 59 f. Bei den Mengenangaben ist zu beachten, daβ eine Vielzahl verschiedener Modelle in diversen Größen pro-duziert wurde. 1738 wurde zum Beispiel von der Kirchdorf-Micheldorfer Zunft festgelegt, daβ von den größten Sensen, die sechs Spannen (1,2 m) lang waren 70, von den „sechshändigen" (ca. 60 cm lan-gen) 200 pro Tag erzeugt werden durften. Schröckenfux, Geschichte der österreichischen Sensenwer-ke, 54.
16) Die dafür erforderlichen Arbeitsschritte waren das Härten durch Abschrecken in einem Fettbad, Abscha-ben und anschließende Anlassen in einem Anlaβfeuer, wodurch die Sensen die charakteristische blaue Färbung erhielten.
17) Vgl.: Otto Brunner, Das „ganze Haus" und die alteuropäische Ökonomik, in: ders., Neue Wege der Ver-fassungs- und Sozialgeschichte, Göttingen 1956, 33 ff.
18) Gustav Maix, Die Arbeitsverhältnisse in der Sensenindustrie, in: Sociale Rundschau, 1900, II. Band, 742 ff; Max Winter, Menschenhandel, in: Sigrid Augeneder/Wolfgang Maderthaner/Reinhard Mittersteiner (Hg.), Metallerleben. 100 Jahre Gewerkschaft Metall - Bergbau - Energie, Wien 1990, 68 ff.
19) Zu den folgenden Ausführungen siehe etwa: Fischer, Blaue Sensen, 19 ff; Andrea Pühringer, Die Scharn-steiner Sensenwerke von ihren Anfängen bis 1870, in: Andreas Resch (Hg.), Mächtig dröhnt der Häm-mer Klang. Sensenindustrie und regionale Entwicklung in Scharnstein (Linzer Schriften zur Sozial- und Wirtschaftsgeschichte, hg. von Gustav Otruba und Roman Sandgruber, Linz 1991), 12 ff; Schröcken-fux, Geschichte der österreichischen Sensenwerke 8 ff und passim; Ferdinand Tremel, Die Handwerks-ordnung der Sensenschmiede zu Kindberg, in: Blätter für Heimatkunde, hg. vom Historischen Verein für Steiermark, 24, (1950) H. 4, 99 ff; Tremel, Steirische Sensen, 39 ff.
20) Michael Mitterauer, Zur familienbetrieblichen Struktur im zünftischen Handwerk, in: ders., Grundtypen alteuropäischer Sozialformen. Haus und Gemeinde in vorindustrieller Zeit, Stuttgart 1979, 111; Franz

Forcher von Ainbach, Die alten Handelsbeziehungen des Murbodens mit dem Auslaufe, in: Zeitschrift des Historischen Vereines für Steiermark, Jg. 5 (1907), 67.

21) Ferdinand Krackowitzer, Von den Sensenschmieden im Kremstal. Separatdruck der Linzer Zeitung, Jg. 1910, Nr. 4, 6.

22) Fischer, Blaue Sensen, 55 f.

23) Vgl. Edward P. Thompson, Plebeische Kultur und moralische Ökonomie, Aufsätze zur englischen Sozialgeschichte des 18. und 19. Jahrhunderts, hg. von Dieter Groh, Wien 1980 (Ullstein Materialien, 35046); Leonhard Bauer/Herbert Matis, Die Geburt der Neuzeit, Vom Feudalsystem zur Marktgesellschaft, München 1988 (dtv, 4466), 33 ff.

24) Edmund Baumgartinger, Die Geschichte der Herrschaft Scharnstein, Viechtwang-Scharnstein, 1970, 69 ff; Pühringer, Scharnsteiner Sensenwerke, 12; Heinrich Wurm, Die Jörger von Tollet (Forschungen zur Geschichte Oberösterreichs, hg. vom Oberösterreichischen Landesarchiv, 4, Graz, Köln 1955), 87.

25) Forcher, Murboden, 69; Fischer, Blaue Sensen, 94 f.

26) Fischer, Blaue Sensen, 101 ff; Kaser, Eisenverarbeitung, 183; Tremel, Steirische Sensen, 42.

27) Schröckenfux, Geschichte der österreichischen Sensenwerke, 19. Zum Beispiel wurde die Kirchdorf-Micheldorfer Zunftordnung, die 1604 von Kaiser Rudolf II. genehmigt worden war, 1614 von Mathias I., 1629 von Ferdinand II., 1642 von Ferdinand III., 1668 von Leopold I., 1706 von Josef I., 1713 von Karl VI. und 1742 von Maria Theresia bestätigt.

28) Ernst Bruckmüller, Sozialgeschichte Österreichs, Wien, München 1985, 254 f.

29) Walter Gräf/Johann Georg Haditsch, Steirische Eisenerzvorkommen, in: Erz und Eisen in der Grünen Mark. Beiträge zum steirischen Eisenwesen, hg. von Paul W. Roth, Graz 1984, 23 ff.

30) Die Ofenanlagen zur Eisengewinnung wurden Radwerke genannt, wegen der markanten Wasserräder zum Antrieb der Blasbälge für die Sauerstoffzufuhr.

31) Gerhard Sperl, Die Entwicklung des steirischen Eisenhüttenwesens vor der Einführung des Hochofens, in: Roth (Hg.), Erz und Eisen, 83 ff; Gerhard Sperl, Die Technologie der direkten Eisenherstellung, in: ebenda, 95 ff. In der zweiten Hälfte des 18. Jahrhunderts wurde dieses „direkte" Verfahren auch am Erzberg durch das zweistufige Verfahren abgelöst. Nunmehr wurde das Roheisen in kontinuierlichem Betrieb in Schmelzöfen (Hochöfen) gewonnen, wobei es aber so viel Kohlenstoff aufnahm, daß es in einem zweiten Schritt, dem Frischen, entkohlt werden mußte. Akos Paulinyi, Der technische Fortschritt im Eisenhüttenwesen der Alpenländer und seine betriebswirtschaftlichen Auswirkungen (1600-1860), in: Österreichisches Montanwesen. Produktion, Verteilung, Sozialformen, hg. von Michael Mitterauer (Sozial- und wirtschaftshistorische Studien, hg. von Alfred Hoffmann und Michael Mitterauer, München 1974), 149 ff; Hans Jörg Köstler, Das steirische Eisenhüttenwesen und die österreichische Stahlindustrie im internationalen Vergleich, in: Roth (Hg.), Erz und Eisen, 109 ff; Adelheid Jesse Handtmann, Der technische Fortschritt im Eisenhüttenwesen der Steiermark und Kärntens von 1750 bis 1864, Marburg a. d. Lahn 1980.

32) Hans Pirchegger, Das steirische Eisenwesen bis 1564. Mit einem Überblick über das Kärntner Eisenwesen (Steirisches Eisen. Beiträge zur Geschichte des österreichischen Eisenwesens, Band II, Graz 1937), 55; Kaser, Eisenverarbeitung, 3 ff.

33) Steyr erhielt 1287 von Herzog Albrecht I. ein Privileg für den Eisenhandel. 1501 wurde die ausschließliche Berechtigung der Stadt für den Innerberger Eisenfernhandel zuungunsten der bayrisch-freisingischen Stadt Waidhofen an der Ybbs bestätigt. Bittner, Eisenwesen, 74 ff; Frieß, Hammer- und Sensengewerke, 147.

34) Kaser, Eisenverarbeitung, 129 f. Auch im Vorderberger Bereich wurden bei der Gewährung der Handelsberechtigungen die landesfürstlichen Städte bevorzugt. Die Eisenhandelsprivilegien für Judenburg (1277) und Leoben (1314) gingen eindeutig zu Lasten des teilweise erzbischöflich-salzburgischen „Eisenmarktes" Trofaiach. Othmar Pickl, Der Eisenhandel und seine Wege, in: Roth (Hg.), Erz u. Eisen, 346f.

35) Ab 1452 Kaiser Friedrich III.

36) Ab 1556 Kaiser Ferdinand I.

37) Bittner, Eisenwesen, 26 f.

38) Hoffmann, Wirtschaftsgeschichte, 118.

39) Bittner, Eisenwesen, 148 ff.

40) Anton von Pantz, Die Innerberger Hauptgewerkschaft 1625-1783 (Forschungen zur Verfassungs- und Verwaltungsgeschichte der Steiermark, hg. von der historischen Landes-Kommission für Steiermark, VI. Band, 2. Heft, Graz 1906), 12 ff.

41) Roman Sandgruber, Die Innerberger Eisenproduktion in der frühen Neuzeit, in: Mitterauer (Hg.), Österreichisches Montanwesen, 73.

42) Pantz, Hauptgewerkschaft, 30.

43) Sandgruber, Innerberger Eisenproduktion, 82 f. In den 1770er Jahren geriet die Innerberger Hauptgewerkschaft trotz der guten Marktlage durch unglückliche Spekulationsgeschäfte und durch den Mißerfolg einer in Graz errichteten Stahlwarenfabrik erneut in Schwierigkeiten. 1783 wurde die landesfürstliche Oberlenkung der Hauptgewerkschaft aufgehoben und sie wurde von den Steyrer Verlegern in Selbstverwaltung weitergeführt. Manfred Brandl, Die Stellung Steyrs in der Innerberger Hauptgewerkschaft von 1783 bis 1789 (Die Periode der Selbstverwaltung), phil. Diss., Wien 1965. 1798 verkaufte die Stadt Steyr ihre Anteile an die „privilegierte Kanal- und Bergbaugesellschaft", von der sie an den kaiserlichen Familienfonds und später an den Montanärar übergingen. Anton Tautscher, Die Capitulation der Innerberger Hauptgewerkschaft und die erste Fusion der alpinen Eisenwirtschaft 1625, Graz 1973, 15.

44) Tremel, Wirtschaftsgeschichte, 256.

45) Pantz, Innerberger Hauptgewerkschaft, 129 ff und 157 f.

46) Roman Sandgruber, Von der Widmung zum Wettbewerb. Der Scheibbser Eisen- und Provianthandel vom 17. bis zum 19. Jahrhundert, in: Unsere Heimat. Zeitschrift des Vereines für Landeskunde von Niederösterreich und Wien, 48 (1977), 193 ff.

47) Helmut Lackner, Die Brennstoffversorgung des steirischen Eisenwesens, in: Roth (Hg.), Erz und Eisen, 190 f; Bittner, Eisenwesen, 43 ff und 52; Kaser, Eisenverarbeitung, 13 und 97.

48) Zeitlinger, Sensen, 85 ff.

49) Kaser, Eisenverarbeitung, 113 ff.

50) Fischer, Blaue Sensen, 120 ff.

51) Sandgruber, Innerberger Eisenproduktion, 75 ff.

52) Fritz Posch, Die oberösterreichischen Sensenschmiede und ihre Eisen- und Stahlversorgung aus der Steiermark, in: Beiträge zur Rechts-, Landes- und Wirtschaftsgeschichte. Festgabe für Alfred Hoffmann zum 60. Geburtstag (Mitteilungen des Oberösterreichischen Landesarchivs; 8. Band, Graz, Köln 1964), 475.

53) Posch, Stahlversorgung, 476 ff.

54) Pickl, Eisenhandel, 350 f; Kaser, Eisenverarbeitung, 112 ff; Zeitlinger, Sensen, 61.

55) Pantz, Innerberger Hauptgewerkschaft, 102; Edmund Friess, Zum Ferntransporte nieder- und oberösterreichischer Sensenwaren vor der Zollordnung von 1775, in: Jahrbuch für Landeskunde von Niederösterreich, N. F. 26 (1936), 164; Hoffmann, Wirtschaftsgeschichte, 210.

56) Vgl. Schröckenfux, Geschichte der österreichischen Sensenwerke, 80 ff.

57) Bereits 1507 bestimmte Maximilian die Straßen für die Eisenwagen. Pirchegger, Eisenwesen, 56.

58) Fischer, Blaue Sensen, 174. Ein Faß beinhaltete zirka 800 Sensen und hatte einen Handelswert von ungefähr 130 Gulden.

59) Heinrich Ritter von Srbik, Der staatliche Exporthandel Österreichs von Leopold I. bis Maria Theresia, Wien, Leipzig 1907, XXXI, nach: Fischer, Blaue Sensen, 171.

60) Ferdinand Tremel, Zur Geschichte des Sensenappalts, Oberösterreichische Heimatblätter 6 (1952), 361.

61) Fischer, Blaue Sensen, 171.

62) Tremel, Sensenappalt, 362.

63) Pantz, Innerberger Hauptgewerkschaft, 101.

64) Tremel, Sensenappalt, 362 f.

65) Im regionalen Handel wurde die Abgabe jedoch stillschweigend erlassen.

66) Fischer, Blaue Sensen, 172 ff.

67) Forcher, Handelsbeziehungen, 68.

68) Pantz, Hauptgewerkschaft, 102.

69) Hoffmann, Wirtschaftsgeschicht, 211.

70) Fischer, Blaue Sensen, 95.

Rudolf Kropf

Die Krise der Kleineisenindustrie in der oberösterreichischen Eisenwurzen im 19. Jahrhundert

„Oesterreich ob der Enns, seit den ältesten Zeiten der Sitz einer ausgedehnten Eisen-Manufactur erhält nebst dem damit vereinigten metallreichen Herzogthume Salzburg eine erhöhte Wichtigkeit durch die Hallstätter und Halleiner Salzberge und die dadurch genährten Sudwerke, welche das für die Nahrung, die Viehzucht und die Industrie unentbehrliche Kochsalz bereiten, und die westlichen Provinzen der Monarchie damit versorgen. Der Mittelpunkt der durch den ganzen Traun-Kreis verbreiteten Eisen-Manufactur ist die Stadt Steyr, welche die ganze Monarchie und viele fremde Länder mit Feilen, Scheren und Messerklingen versieht und bereits vor Jahrhunderten in den engsten Beziehungen zu dem großartigen Eisenwerke der Innerberger Hauptgewerkschaft stand...",[1] so bewerteten die Tafeln zur Statistik der österreichischen Monarchie im Jahr 1841 die Bedeutung der oberösterreichischen Kleineisenindustrie für die Habsburgermonarchie.

Unter Kleineisenindustrie verstand man bis in das 20. Jahrhundert die in vorindustriellen Strukturen verhaftete Eisenerzeugung und -verarbeitung. Der Begriff ist definitionsmäßig nicht exakt festgelegt und diente manchmal zur Kennzeichnung der Summe aller Schmiedschaften, er wurde aber auch zur begifflichen Zusammenfassung aller Hammerwerke herangezogen. Vorwiegend verstand man darunter die Gesamtheit der eisenverarbeitenden Betriebe in der Eisenwurzen. Heute versteht man unter Kleineisenindustrie die Verarbeitung von Eisen und Stahl als Halbfabrikat zu verschiedenen Gebrauchsgegenständen, also die kleingewerbliche Herstellung von Sensen, Sicheln, Messern, Nägeln, Feilen, Ahlen, Zwecken, Maultrommeln etc.[2] Da diese Finalproduktion sehr eng mit der Erzeugung von Eisen und Stahl als Halbfabrikate verbunden war, sollen auch die kleinbetrieblich strukturierten Eisen- und Stahlhämmer sowie andererseits die wegen ihre Größe und ihrer arbeitsteiligen Produktion den Fabriken zugezählte Sensen-, Sichel- und Strohmessererzeugung in die Betrachtung miteinbezogen werden.

1. Die Krise der Kleineisenindustrie in der ersten Hälfte des 19. Jahrhunderts

Die Kleineisenindustrie hatte im 17. und 18. Jahrhundert einen hohen Grad der Spezialisierung erreicht. Vom steirischen Erzberg ausgehend erstreckte sich in Oberösterreich ein weitverzweigtes Netz von relativ hoch spezialisierten Verarbeitungsbetrieben, vorwiegend über die Eisenwurzen, aber auch über das Hausruck-, Inn- und Mühlviertel, wo man die Wasserkraft der gefällsreichen Flüsse und Bäche nutzte. Das Zentrum dieser Industrie bildete die alte Eisenstadt Steyr, in der auch die meisten Verleger für den Eisenhandel ansässig waren. Die Manufakturtabellen vom Ende des 18. und beginnenden 19. Jahrhunderts geben einen umfassenden Einblick in die Vielfalt und Bedeutung der oberösterreichischen Eisenverarbeitung.

Oberösterreichs Kleineisenindustrie im Jahr 1812
(nach den Manufakturtabellen)

	Meister	Gesellen	Jungen	Gehilfen	Hämmer
Eisen- und Stahlhämmer	22	25		11	28
Blechschmieden	6	14	6	5	7
Drahtzüge	6	22	2	1	11
Sensen-, Sicheln- und Strohmesserschmiede	48	313	53	312	74
Hackenschmiede	49	53	11		44
Hammerschmiede	152	143	50	10	152
Pfannenschmiede	6	15	5		8
Waffenschmiede	6	5			
Rohrschmiede	2	6	1		2
Nagelschmiede	193	389	91	126	
Zweckschmiede	26	15	1		
Feilhauer	19	35	8		
Ahlschmiede	36	26	7	1	

Bohrer- und Neigerschmiede	10	9	3	1
Nadler	23	15	3	2
Zirkelschmiede	7	8		
Zeug- und Schrottschmiede	11	16	4	
Maultrommelmacher	31	17	3	
Klingenschmiede	65	56	21	
Messerer/Messerschmiede	236	107	39	95
Scharsacher	27	27	19	
Schermesserer	12	13	3	3
Scherenschmiede	8	11	3	
Schwertfeger	3	2		
Lötschlosser	18	13	2	
Frimschlosser	5	8	2	
Büchsenmacher	26	16	3	
Sporer	2			
Striegelmacher	4	2	1	
Spengler	13	4	6	
Ringmacher	18	3	5	

Quelle: Hoffmann A., Wirtschaftsgeschichte, S. 354 ff.

Insgesamt waren damals allein in den oben genannten Werkstätten 3.407 Personen beschäftigt. Weitere Eisengewerbe im geringen Umfang waren z. B. die Kartatschenmacher, die Kämme für die Wollfabrikation herstellten, die Schnallenherzlmacher und die Hufschmiede, deren Anzahl in den Jahren 1789/90 auf mindestens 780 Meister geschätzt wurde.[3] In dieser Statistik sind die vielen im Transport- und Versorgungsgewerbe sowie bei der Holzarbeit und Köhlerei beschäftigten Personen allerdings nicht enthalten.

Die Position der österreichischen Kleineisenindustrie ging auf dem europäischen Markt seit den Napoleonischen Kriegen immer mehr verloren. Die ausländische Konkurrenz setzte sich zunächst in Westeuropa auf den englischen und belgischen Märkten und letztlich auch in Deutschland durch. Neue technologische Verfahren, moderne Verkehrswege, eine günstigere Kapitalausstattung usw. verschafften der Eisenindustrie dieser Länder gegenüber den österreichischen Betrieben gravierende Vorteile. Die einheimische Kleineisenindustrie geriet durch steigende Produktionskosten infolge hoher Eisenpreise ins Hintertreffen. Die Lage der österreichischen Eisenindustrie war im Vormärz bereits krisenhaft, obwohl es noch zu keinen größeren Betriebsstillegungen kam. Durch die infolge der industriellen Revolution sprunghaft angestiegene Nachfrage nach Eisen und Eisenwaren wurden diese Probleme zunächst nicht deutlich erkennbar, obwohl die Habsburgermonarchie gegenüber Westeuropa einen beträchtlichen technologischen Rückstand aufwies.

Die Sensenindustrie, deren Zentren im Krems-, Alm-, Steyr- und Ennstal beziehungsweise in deren Seitentälern sowie im Mattigtal und im unteren Mühlviertel um Freistadt lagen, war das „Herz- und Kernstück"[4] der gesamten, vom steirischen Erzberg ausgehenden Eisenverarbeitung. Die Sensenhämmer, deren hochwertige Erzeugnisse als „blaue Sensen"[5] bezeichnet wurden, bildeten den Übergang von der Montanindustrie zu den Eisengewerben und waren mit Hämmern versehen, auf denen das für ihren Bedarf erforderliche Eisen verfrischt wurde. Aufgrund ihres fortgeschrittenen, für damalige Verhältnisse extrem arbeitsteiligen Verfahrens, zählten sie zu den größten Betrieben der Eisengewerbe und bedurften einer Konzession des Berggerichts. Einige Werke erwarben im 19. Jahrhundert die Fabriksbefugnis, ohne deshalb der berggerichtlichen Jurisdiktion entzogen zu sein.[6] Infolge der Napoleonischen Kriege, des Staatsbankrotts von 1811 und der Errichtung von Sensenwerken in Frankreich und Deutschland war die Lage der Sensenerzeugung bis ca. 1825 nicht sehr günstig. Bereits seit dem Ende des 18. Jahrhunderts klagten manche Sensenwerke über die Konkurrenz neuer Solinger und Remscheider Betriebe, die den westeuropäischen Absatzmarkt eroberten und auch nach Rußland vordrangen. Die drei oberösterreichischen Sensenschmiedezünfte in Kirchdorf-Micheldorf, Mattighofen und Freistadt forderten daher von der Hofkammer Maßnahmen zur Einstellung des Nachschlagens österreichischer Meisterzeichen und des Erblandwappens, um das Eindringen ausländischer - vor allem deutscher - Betriebe in die Absatzmärkte der österreichischen Erzeuger zu verhindern, weiters verlangten die drei Zünfte die Aufhebung der Ausfuhrbewilligung von rohem Mock und Stahl ins Ausland, ein

Auswanderungsverbot und die Befreiung vom Militärdienst für Sensenarbeiter sowie ein Verbot der Erzeugung von Strohmessern durch Hammer- und Hackenschmiede.

Die Zahl der in Betrieb stehenden Sensenhämmer war infolge der Krise von 1807 bis 1823 von 98 auf 23 zurückgegangen. Daher hatten die Hämmer der Freistädter Zunft im Jahr 1824 bereits einen Warenvorrat im Ausmaß einer gesamten Jahresproduktion.[8] Auch die Gründung des deutschen Zollvereins im Jahr 1834 und der weitere Verlust traditioneller Absatzgebiete ließen die Klagen der Sensengewerken bis in die 40er Jahre über krisenhafte Zustände und unzureichende sowie zu teure Stahlversorgung nicht verstummen.[9]

Seit den 30er Jahren des 19. Jahrhunderts kam es zu einer Intensivierung der bereits seit einiger Zeit bestehenden Geschäftskontakte zu den russischen Sensenhändlern, die alljährlich nach Österreich reisten, um bei diversen Betrieben Sensen einzukaufen. Damit entstand eine neue Dimension von Abhängigkeiten, die sich in einer konzentrierten Ausrichtung auf den russischen Markt äußerte.

Trotz dieser kritischen Situation verminderte sich die Anzahl der Sensenhämmer in der ersten Hälfte des 19. Jahrhunderts nur geringfügig. Im Jahr 1806 zählte man in Oberösterreich 98 Hämmer mit 55 Meistern, 409 Gesellen, 88 Jungen und 360 Gehilfen; 1812 waren nur mehr 74 Hämmer im Betrieb.[10] Im Jahr 1841 verzeichnete man in der gesamten Monarchie 175 Sensenwerke, davon in Oberösterreich 46, in Niederösterreich 20 und in der Steiermark 38;[11] damals war allerdings in den oberösterreichischen Betrieben von 2.800 Arbeitern infolge von Absatzschwierigkeiten fast die Hälfte verdienstlos. Als Ursachen für diese Probleme der Sensenindustrie wurden angegeben:

- die hohen Schutzzölle durch den deutschen Zollverein,
- die Errichtung neuer Sensenwerke in Norddeutschland, Frankreich und Rußland, die zum Teil mit österreichischen Arbeitern und österreichischem Stahl arbeiteten,[12]
- die Verteuerung des Stahls,
- der hohe Ausfuhrzoll, der den Export von Sensen hemmte,
- der Sensenhandel, der in die Hände ausländischer Händler gelangt war,

- die Sensenerzeuger, die nur auf Bestellung arbeiteten und

- die alte Arbeitsverfassung, nach der der Unternehmer an die jährliche Kündigungsfrist der Arbeiter gebunden war.

Die durchschnittliche Jahresproduktion eines Sensenhammers erreichte im 18. Jahrhundert 28.000 bis 33.000 Sensen, im 19. Jahrhundert etwa 36.000 Stück. Während im 18. Jahrhundert etwa neun bis zwölf Personen in einer Sensenschmiede arbeiteten, waren es 1845 bereits durchschnittlich 35. Der Gewerke Kaspar Zeitlinger in Micheldorf vereinigte 1845 sogar vier Hämmer in seiner Hand mit 451 Arbeitern und einer jährlichen Produktion von 150.00 bis 200.000 Sensen.[13] Die Sensenwerke waren damals hochkapitalisierte Unternehmen mit enger Verbindung von Produktion und Vertrieb, deren Eigentümer, aufgrund ihrer sozialen Stellung als „schwarze Grafen" bezeichnet wurden und durch ein dichtes Netz familiärer Beziehungen untereinander verbunden waren.[14]

Das bedeutende oberösterreichische Messerer- und Klingenschmiedehandwerk war als exportorientiertes Gewerbe völlig in die Hände der Verleger geraten. Durch die laufend zunehmende - vor allem englische - Konkurrenz schlitterte dieses Gewerbe im 18. Jahrhundert in eine schwere Krise. Gemeinsam mit der Regierung versuchte man nach 1775, die Ursachen für diesen Niedergang zu eruieren und geeignete Gegenmaßnahmen einzuleiten.[15] Das Messererhandwerk vermochte sich noch im Vormärz zu behaupten. Im Jahr 1841 zählte man in Steyr und Umgebung (Garsten, Sierning, Neuzeug, Steinbach an der Steyr und Grünburg) 158 Messerschmiede, die mehr als vier Millionen Messer und Gabeln sowie sechs Millionen Taschen- und Rasiermesser herstellten.[16]

Die Nagelschmiede nahmen in Oberösterreich wegen der umfangreichen Produktion und der zahlreichen dabei beschäftigten Personen unter den Eisengewerben eine wichtige Position ein. Im Gegensatz zur Sensen- und Sichelproduktion dominierten bei der Massenherstellung von Nägeln kleingewerblich-hausindustrielle Organisationsformen. Das Zentrum der Nägelerzeugung bildeten die Orte Ternberg und Losenstein, wo nach einem Rückschlag im 18. Jahrhundert nun wieder ein Aufschwung einsetzte. Im Jahr 1779 waren von den 154 Nagelschmieden

Oberösterreichs 138 mit rund 1.150 Beschäftigten in Losenstein konzentriert.[17] Die Nagelschmiede standen vollkommen in der Abhängigkeit von den Verlegern, die unter dem Vorwand schlechter Qualität
häufig die Preise drückten.

Im 19. Jahrhundert geriet das alte Handwerk durch die Einführung
des maschinellen Betriebes in eine Krise. Die englische und holländische
Konkurrenz hatte die österreichische Produktion bei weitem überflügelt.
Auch im Inland verloren die oberösterreichischen Erzeugnisse durch
billige Nägel aus Böhmen und vom Gußwerk bei Mariazell ständig wichtige Absatzmärkte.[18] Infolge dieser Schwierigkeiten waren im Jahr 1840
im Traunkreis 2.000 Arbeiter gefährdet.[19] Im Jahr 1841 gab es in
Oberösterreich 103 Nagelschmiedmeister zu Losenstein, 34 in Garsten
und weitere 24 im übrigen Land.[20]

Die Feilenerzeugung war in Oberösterreich bis zur Mitte des 19.
Jahrhunderts ausschließlich in den Händen handwerklicher Feilenhauer, die in den 40er Jahren etwa 200 bis 400 Personen beschäftigten.
Das Zentrum der Feilenproduktion lag in und um Steyr (Grünburg, Neuzeug und Steinbach an der Steyr). Die österreichischen Feilen waren
wegen ihrer Qualität auf ausländischen Märkten gesucht. Die bekannten Ankerfeilen wurden wegen ihrer Härte, ihres Hiebs, ihrer Dauerhaftigkeit und Feinheit sogar nach England exportiert.[21]

Zu den übrigen Gewerben der Kleineisenindustrie zählten in der
ersten Hälfte des 19. Jahrhunderts:
- Ahlschmiede, die in Steyr und Umgebung saßen. Im Jahr 1845
zählte man in Steyr 18 Meister, 40 Gesellen und 40 Hilfsarbeiter, in Neuzeug 24 Meister, 70 Gesellen und 50 meist weibliche Hilfsarbeiter,
- Bohrer- und Neigerschmiede, von denen im Jahr 1841 Werkstätten
in Steyr, Gaflenz und Grünburg genannt werden.
- Nadler.
- Zirkel-, Zeug- und Schrottschmiede, die vorwiegend Zirkel, Schraub-
stöcke und Zangen erzeugten.
- Scharsacher, die aus Scharsachstahl Messer- und Kürschnerklingen
sowie Kneipen für Handwerker herstellten,
- Schermesserer, die in Steyr und Umgebung ansässig waren und

Rasierklingen herstellten. Im Jahr 1845 erzeugten hier 12 Meister mit 40 Hilfsarbeitern 80.000 bis 100.000 Rasiermesser,
- Scherenschmieden; sie waren ebenfalls in Steyr ansässig,
- Schwertschmiede, die Degen- sowie Säbelklingen erzeugten - und Schwertfeger, die die Degen- und Säbelklingen mit Griffen und Scheiden versahen und vorwiegend in Steyr saßen,
- Schlosser,
- Büchsenmacher mit dem Zentrum Steyr,
- Sporer: Sie erzeugten Reit- und Fahrmundstücke, Trensen, Kinnketten, Koppelzäume, Steigbügel, Sporen etc.,
- Striegelmacher, die Striegel aus Blech zum Kämmen der Pferde erzeugten,
- Zweckschmiede: Sie waren ein Nebenzweig der Nagelfabrikation und in Steyr ansässig,
- Spengler oder Klampferer,
- Ringmacher,
- Hammer- und Hackenschmiede, die vorwiegend für den lokalen Bedarf arbeiteten und sich in erster Linie im wasserreichen Mühl- und Machlandviertel niederließen.[22]

Zu den eigenartigsten Eisengewerben zählten die Maultrommelnmacher von Molln. Im Jahr 1841 werden Werkstätten in Molln, Grünburg, Ramsau und Breitenau genannt.

2. Der Niedergang der Kleineisenindustrie in der zweiten Hälfte des 19. Jahrhunderts

Die Krise der Kleineisenindustrie, die bereits im Vormärz infolge der beginnenden Industrialisierung deutlich spürbar war, begann um die Mitte des 19. Jahrhunderts für die kleinen Betriebe dramatisch zu werden. Von den nun gegenüber der ersten Hälfte des 19. Jahrhunderts wesentlich ausgeprägteren Niedergangstendenzen waren die exportorientierten Gewerbe stärker betroffen als die, die für den Binnenmarkt oder gar für den lokalen Markt arbeitenden. Es kam zur ersten großen Welle von Betriebsstillegungen. Der Niedergang dieser kleingewerblichen Produktion beschleunigte sich in Krisenzeiten und verlangsamte sich während einer Hochkonjunktur. Vor allem seit dem Jahr 1854, als der

Krimkrieg die osteuropäischen Märkte der heimischen Industrie verschloß und durch das Inkrafttreten des neuen Zolltarifes mit Preußen, kam es zu umfangreichen Betriebseinstellungen. Der neue Zolltarif setzte die alpenländische Kleineisenindustrie durch Senkung der Tarife für Ganz- und Halbfabrikate verstärkt der deutschen Konkurrenz aus und förderte den Import von Solinger und Remscheider Eisenwaren.[23]

Ab 1859 bekam auch die Kleineisenindustrie die Auswirkungen der kurz zuvor einsetzenden weltweiten Depression zu spüren. Durch die Eröffnung der Westbahn von Wien nach Linz und weiter nach Salzburg sowie Passau verzeichnete man zunächst noch in den Jahren 1859 und 1860 eine sehr gute Konjunktur. Ein erster Höhepunkt des Niederganges setzte zwischen 1860 bis 1866 ein. Die wirtschaftliche Krise und die hernach folgende Stagnation führten zu einem Verfall der Eisenpreise und zu Exportschwierigkeiten bei nahezu allen Eisenerzeugnissen. Die dezentrale, kapitalschwache einheimische Kleineisenindustrie wurde von der deutschen und englischen Konkurrenz bedrängt.

In der Zeit der Hochkonjunktur von 1867 bis 1873 konnte sich die oberösterreichische Eisenindustrie noch einmal etwas erholen. Infolge der günstigen Wirtschaftslage gab es auch für die Kleineisenindustrie reichlich Beschäftigung, doch herrschten zwischen den einzelnen Branchen beträchtliche Unterschiede. Die Strukturschwächen blieben bestehen und wurden durch die gute Wirtschaftskonjunktur verdeckt.

In der schweren Wirtschaftskrise, die dem Wiener Börsenkrach von 1873 folgte, kam es zu umfangreichen Betriebsstillegungen. Die Katastrophe der Kleineisenindustrie dauerte bis zur Mitte der 80er Jahre und versetzte dem in seiner Existenz bedrohten Gewerbe den Todesstoß. Ein Preissturz und eine schlagartige Verringerung des Konsums, gepaart mit billigen Importen, blockierten die ohnehin geringen Absatzmöglichkeiten der einheimischen Erzeuger. Die Zahl der Betriebsauflassungen stieg sprunghaft an. Zwischen 1874 und 1883 wurden im benachbarten Ybbs- und Erlauftal 71 Betriebe stillgelegt.[24]

Um 1884 war der Höhepunkt der Krise überschritten und es setzte ein langsam fortschreitender Verfall ein, der im wesentlichen bis zum Ersten Weltkrieg anhielt. In dieser „Zeitspanne der Resignation" gingen die schwächeren Betriebe und jene Sparten der Kleineisenindustrie, die gegen die maschinelle Konkurrenz keine Chance besaßen, zugrunde. Betriebe, die diese Zeit überdauerten, waren meist mit einer kleinen Landwirtschaft verbunden. Ein jahrelanges Dahinsiechen war die Folge. Nach dem Tod des Meisters folgte meist die Stillegung des Betriebes, weil die Nachkommen entweder ein anderes Gewerbe erlernt hatten oder in die Fabriken abgewandert waren. Nach 1897 verlangsamte sich der Niedergang etwas. Die Rückkehr zum Schutzzollsystem, vor allem der neue autonome Zolltarif von 1882, gab der Kleineisenindustrie gegenüber der ausländischen Konkurrenz einen gewissen Halt. Während eine Reihe von kleineren eisenverarbeitenden Gewerben gänzlich verschwand, mußten auch einst bedeutende Sparten schwere Einbrüche hinnehmen. So ging zum Beispiel in der Stadt Steyr die Anzahl der Messerer von 1875 bis 1914 von 43 auf neun zurück, während von den sechs Klingenschmieden, die 1875 gezählt wurden, im Jahr 1900 keiner mehr bestand.[25] In den niederösterreichischen Eisenwurzen gab es 1914 nur mehr 72 der 1850 gezählten 283 eisenverarbeitenden Betriebsstätten.[26] Demgegenüber konnte die Sensenindustrie vor allem durch die Gründung von Sensen- und Sichelfabriken das Produktionsvolumen deutlich ausweiten.

3. Die Entwicklung der einzelnen Gewerbe zwischen Niedergang und Konzentration in maschinellen Produktionsstätten

Die Entwicklung der einzelnen Gewerbe verlief in der zweiten Hälfte des 19. Jahrhunderts durchaus nicht einheitlich. Jene Zweige, denen es nicht gelang, die Produktion auf eine fabriksmäßige Erzeugung umzustellen, sind bis zum Ende des 19. Jahrhunderts meist der Konkurrenz der Fabriken erlegen. Andere, wie die Sensenindustrie, die sich zum Teil auf eine maschinelle Fertigung umstellten, konnten bei einer Konzentration der Unternehmen sogar ihre Produktion ausweiten.

Die Eisenerzeugung und -verarbeitung war noch im 19. Jahrhundert eine Schlüsselindustrie Oberösterreichs. Die Rohstoffbasis bildete in erster Linie der steirische Erzberg. Aber auch im Land ob der Enns hat man zeitweise vor allem in den 20er und 30 Jahren des 19. Jahrhunderts, kleinere Erzvorkommen (im Wendbachtal bei Ternberg, bei Molln, im Laussatal und bei Spital am Phyrn) abgebaut und verhüttet. Allerdings war der Anteil Oberösterreichs an der Eisen- und Stahlerzeugung der Monarchie mit 4,6 Prozent im Jahr 1841 gering.[27]

Die Erzeugung von Eisen und Stahl als Halbfabrikate für die Finalindustrie nahm zunächst im Neoabsolutismus durch die steigende Nachfrage einen Aufschwung. Der Krimkrieg löste dann im Jahr 1854 eine Stagnation aus. Mit dem Bau der Westbahn setzte wieder eine Belebung ein, sodaß der Wert der erzeugten Güter von 1.082.529 Gulden im Jahr 1851 auf 1.795.868 Gulden im Jahr 1860 anstieg.[28] Nach dieser kurzen Konjunkturbelebung folgte abermals ein Einbruch, bis 1866 sank der Produktionswert auf 925.000 Gulden. Durch den Konjunkturaufschwung während der Gründerzeit stieg die Nachfrage nach Eisen und Stahl wieder kräftig an. Der Wert der Produktion der oberösterreichischen Eisen- und Stahlhämmer stieg bis 1871 auf 1.400.000 Gulden, um danach infolge der Wirtschaftskrise von 1873 und der Konzentration der Produktion in der Steiermark ständig abzusinken, er erreichte 1885 nur mehr 441.413 Gulden. Die mengenmäßige Produktion betrug 1851 bereits 5.369 Tonnen, 1871 stieg sie auf 7.168 Tonnen und fiel dann bis 1897 auf 2.385 Tonnen Halbfabrikate. Die Zahl der Beschäftigten war infolge von Rationalisierung und Krisen ständig rückläufig. Im Jahr 1851 zählte man 521, 1871 nur mehr 390 und 1897 letztlich 145 Arbeiter. Hinsichtlich der Zahl der Betriebe existieren divergierende Angaben. Im Jahr 1853 wurden 30, 1863 wieder 54 und 1871 von der oberösterreichischen Handelskammer 41 Betriebe - 7 Hammerwerke, 23 Zainhämmer, 11 Zerrenn- und Streckhämmer - vermerkt. Durch die Krise von 1873 mußten zunächst die kleineren Produzenten ihren Betrieb einstellen, während im weiteren Verlauf auch die Eisenwerke der Innerberger Hauptgewerkschaft durch die Konzentration der Produktion aufgelassen wurden. Im Jahr 1897 zählte man nur mehr drei kleinere Unternehmen.[29]

Der bedeutendste eisenerzeugende und -verarbeitende Betrieb des Landes war die Innerberger Hauptgewerkschaft, deren Werke beinahe die gesamte eisenverarbeitende Industrie Oberösterreichs belieferten. Im Jahr 1841 betrieb die Innerberger Hauptgewerkschaft insgesamt 75 Hammerwerke, davon 37 in Oberösterreich (8 in Weyer, 8 in Kleinreifling, 2 in Aschach, 9 in Laussa und 10 in Reichraming), 17 in Nie-

derösterreich und 21 in der Steiermark. Die oberösterreichischen Werke erzeugten 1841 insgesamt 3.319 Tonnen Grob- und Streckeisen
sowie Roh-, Gärb- und Streckstahl, das waren 43 Prozent der Gesamterzeugung des Unternehmens.[30] Im Jahr 1845 waren in den Hammer-
verwaltungen Weyer, Kleinreifling, Reichraming und Laussa insgesamt
2.474 Personen beschäftigt - 324 bei den Hämmern, 333 in der „Wirtschaft", 75 bei den Schiffszügen, 1.595 bei der Holzarbeit und 147 im
Kohlenwesen.[31]

Die Innerberger Hauptgewerkschaft verfügte in Oberösterreich nur
über wenige, aber größere Betriebe. Demgegenüber besaßen die übrigen Gewerken kleinere Hämmer, deren Anzahl laufend zurückging. Die
oberösterreichischen Betriebe der Innerberger Hauptgewerkschaft wurden in den 50er und 60er Jahren erweitert und modernisiert. Im Jahr
1857 errichtete die Gesellschaft am Ramingbach „in der Schallau" eine
Gußstahlhütte mit vier Gußstahlöfen, einem Dampfhammer, einer Tie-
gelfabrik sowie mehreren Wasserhämmern mit einer jährlichen Kapazität
von 450 Tonnen Stahl,[32] 1862 wurden die Hammerwerke „Dirnbach"
und „in der Aschach" um je ein Puddlings- und Walzwerk erweitert.
Nach dem Verkauf der Innerberger Hauptgewerkschaft an eine private
Unternehmergruppe wurde im Oktober 1872 die Gußstahlerzeugung im
Werk Reichraming aufgelassen und nach Kapfenberg verlegt, die Frisch-
und Puddelstahlproduktion hingegen erweitert.[33] Damals war das Puddeln in anderen europäischen Ländern schon weitgehend durch neuere technische Verfahren ersetzt worden. Die Gründung der Österreichischen Alpinen Montangesellschaft im Jahr 1881 löste eine betriebliche
Konzentration der österreichischen Eisenerzeugung um den steirischen
Erzberg aus. Dieser Prozeß leitete eine systematische Auflassung der
im oberösterreichischen Ennstal gelegenen Hammerwerke ein. Der Gärb-
und Streckhammer der Innerberger Hauptgewerkschaft in Weyer wurde 1882 stillgelegt. Der Stahlfrischerei-, Puddelofen-, Hammer- und
Walzwerksbetrieb der Gesellschaft in Reichraming war in den 80-er
Jahren nur mehr unzureichend ausgelastet. Die Alpine Montangesellschaft legte daher auch dieses Werk 1889 still.[34] Für den Eisen- und
Stahlbedarf der heimischen Kleineisenindustrie wurde der Stahlhammer
in Kleinreifling ausgebaut. Nach schweren Schäden infolge Hochwassers

im Jahr 1889 verkaufte die Gesellschaft das Hammerwerk an die Firma Gebrüder Böhler & Co. AG. Es belieferte die Ybbstaler Betriebe des Unternehmens mit Halbfabrikaten und wurde nach der Jahrhundertwende stillgelegt.[35] Auch das Walzwerk Haunoldmühle der Firma Leopold Putz & Co. in Obergrünburg, das 1897 mit 16 Beschäftigten 360 Tonnen Nagel- und Bandeisen sowie Bandstahl erzeugte, mußte infolge mangelnder Rentabilität an die Böhmisch-Kamnitzer Papierfabriks Aktiengesellschaft, die ab 1908 dort Holzstoff und Pappen herstellte,[36] verkauft werden. Die damals noch im Betrieb stehenden Werke in Unterhimmel bei Steyr und Regau erzeugten in erster Linie Halbfabrikate aus Eisen und Stahl für die eigene Finalproduktion. Der 1907 von Isidor Braun in Regau aufgestellte erste elektrische Induktions-Stahlschmelzofen nach dem System Kjelin ermöglichte die Erzeugung geeigneter Legierungen für Feilen beziehungsweise von Chromnickelstählen für Panzerplatten.[37]

Die Standorte der kleineren Eisen- und Stahlhämmer waren zunächst im Ennstal um Gaflenz und Losenstein, Stiedelsbach, Laussa, Wendbach und Trattenbach, weiters in und um Steyr, im Steyrtal in der Nähe der Sensenhämmer und um Frankenmarkt konzentriert. Ihre Bedeutung war gemessen an der Innerberger Hauptgewerkschaft relativ gering. Im Jahr 1871 erzeugten die Betriebe der Innerberger Hauptgewerkschaft mit 300 Beschäftigten 4.500 Tonnen Eisenzeug und Stahl im Wert von einer Million Gulden und die anderen Hämmer mit 90 Arbeitern 1.900 Tonnen oder 29,6 Prozent der gesamten oberösterreichischen Eisen- und Stahlproduktion mit einem Wert von 400.000 Gulden (28,6 Prozent).[38] Infolge der Wirtschaftskrise von 1873 mußten aber die meisten oberösterreichischen Unternehmen ihren Betrieb einstellen.

Die heimische Sensenindustrie verzeichnete in den 40-er Jahren bis 1854 wieder einen Aufschwung, vor allem infolge steigender Absatzmöglichkeiten in Polen und Rußland. Die Tendenz zur Freihandelspolitik wirkte sich im Neoabsolutismus im Unterschied zu anderen Sparten der Kleineisenindustrie auf die Sensenerzeugung günstig aus.[39] Der Krimkrieg brachte 1854 eine Absatzstockung und kapitalbindende Warenlager bei den Betrieben. Es kam es zu einem weitgehenden Ausfall der Exporte nach den beiden kriegführenden Ländern Rußland und

Türkei. Die gewaltigen Warenlager verursachten einerseits Betriebseinstellungen, andererseits erzeugten manche Gewerken notgedrungen
nur mehr Sicheln und Strohmesser.[40] Nach der Krise von 1854 folgte
1859 eine Absatzspitze infolge des Rußlandgeschäftes und des Baus der
Westbahn. Zu Beginn der 60er Jahre setzte abermals eine Krise ein, die
bis ca. 1885 dauerte. Das wichtigste Ausfuhrland, Rußland, verzeichnete
einige Jahre hindurch eine Reihe von Mißernten, sodaß 1872 der Absatz
an Sensen gegenüber dem Vorjahr um fast 40 Prozent zurückblieb.[41]
Außerdem hatte die Sensenindustrie in Erwartung einer Ausdehnung des
Absatzmarktes Überkapazitäten aufgebaut.[42] Die Sensenindustrie war
bereits angeschlagen, als im Jahr 1873 die Wirtschaftskrise ausbrach,
die durch eine abermalige Mißernte in Rußland noch verstärkt wurde.
Große Vorräte an Sensen führten zu Produktionsreduktionen und
Betriebseinstellungen. „Mit Schluß des Jahres 1874 waren Notverkäufe
mit bedeutenden Verlusten fast an der Tagesordnung."[43] Diese ungünstige Entwicklung führte zur Ab- oder Auswanderung von Sen-
senarbeitern, die vor allem von deutschen Fabrikanten umworben wurden.[44] Nach einer kurzfristigen Besserung verschärfte sich die Lage
durch die Einstellung der Donauschiffahrt als Folge des russisch-türki-
schen Krieges von 1877/78 abermals.[45] Die Stockung im Sensengeschäft
hielt auch noch nach 1880 an. Die Kirchdorf-Micheldorfer Sensen-
werksgenossenschaft stellte 1885 fest, daß in den letzten fünf Jahren
kaum ein Viertel der Werke ständig in Betrieb war und über die Hälfte
der Sensenhämmer viertel- bis halbjährige Ruhepausen einlegen mußten.[46] Erst nach 1885 begann sich die Lage der österreichischen Sensenindustrie wieder zu bessern.

Oberösterreichs Sensen-, Sichel- und Strohmesserschmiede

Jahr	1841	1854	1860	1875	1880	1885	1890	1902
Betriebe	46	30	50	47	46	38	31	22
Beschäftigte	2800	656	1301	1073	1100	820	1017	1346
Produktion (in Tausend Stück)	1342	923	2991	2150	2275	2171	3226	

Quelle: Tafeln zur Statistik 1841, Berichte der oberösterreichischen Handelskammer (in den Jahren 1854
bis 1890), Gewerbliche Betriebszählung 1902

Die österreichischen Sensen wurden auf den Exportmärkten nach den gewerblichen Marken gekauft, die eine Qualitätsgarantie darstellten. Um in die Absatzgebiete der österreichischen Sensenindustrie eindringen zu können, begannen verschiedene in- und ausländische Firmen, die Marken führender österreichischer Fabrikanten nachzuschlagen. Im Gegensatz zum Inland, wo der Markenschutz bereits in der Gewerbeordnung von 1859 verankert wurde, konnte dieser Mißbrauch jedoch im Ausland gerichtlich nicht geahndet werden. Der Scharnsteiner Sensenfabrikant Marcus Holländer wurde von der Kirchdorf-Micheldorfer Genossenschaft wegen „Nachschlagens der Marken" verklagt und 1888 zu fünf Jahren Kerker und Landesverweis verurteilt.[47] Vor allem die deutsche Sensenindustrie versah ihre Produkte mit den Marken renommierter österreichischer Firmen. Die deutschen Sensen waren gegenüber den österreichischen wohl billiger, aber qualitativ minderwertiger. Deutsche Fabrikanten versuchten durch das Nachschlagen der Marken sowie der Beischläge K. M. (Kirchdorf-Micheldorf), des österreichischen Erblandwappens und teilweise auch des Firmennamens in Rußland Fuß zu fassen.[48] Erst als das Reichsgericht in Leipzig 1888 die individuellen Markenrechte der oberösterreichischen Sensenschmiede Franz Zeitlinger und Michael Pießlinger anerkannte, konnte dieser Mißbrauch abgestellt werden. Eine internationale Regelung dieses Problems brachten erst die beiden Markenschutzübereinkommen von Madrid (1891) und Washington (1913) sowie der Vertrag zwischen dem Deutschen Reich und Österreich-Ungarn im Jahr 1892.[49]

In den einzelnen Exportgebieten waren je nach Region unterschiedliche Sensenmodelle im Gebrauch, die jeweils auch in mehreren Größen und Ausstattungsqualitäten geliefert werden mußten. Sensen, die für eine bestimmte Region produziert worden waren und dann dort nicht verkauft werden konnten, waren daher überhaupt nicht absetzbar. Sie mußten bis zur nächsten Saison aufbewahrt oder als „tote Lager" abgeschrieben werden, was manchmal für kapitalschwächere Unternehmer den Ruin bedeutete.[50]

Der Standort der Sensenhämmer im Enns-, Steyr-, Krems- und Almtal wirkte sich infolge der ungenügenden Verkehrserschließung äußerst nachteilig aus. Bis zum Bau der Lokalbahnen, in erster Linie der Kremstal- und der Almtalbahn, mußten Kohle und Stahl über größere Entfernungen mit herkömmlichen Transportmitteln herangeschafft werden. Durch die hohen Transportkosten wurde die mineralische Kohle kaum verwendet. Die Sensenindustrie war daher weiterhin auf die ständig teurer und knapper werdende Holzkohle angewiesen.[51] Erst die Inbetriebnahme von Eisenbahnen verbilligte die Kohle für die Kirchdorfer Sensengewerken um cirka 50 Prozent bis 75 Prozent.[52]

Das österreichische Handelsministerium nannte im Jahr 1870 als Ursache für die Krise der Sensenindustrie unter anderem die „merkantile Schwerfälligkeit und die patriarchale Verfassung".[53] Das Festhalten an der zünftischen Arbeitsverfassung mit dem Aufdingen der Gesellen für ein ganzes Jahr, die Mitarbeit des Meisters im Betrieb und sein patriarchalisches Verhältnis zu den Arbeitern, deren Aufnahme für jeweils ein Jahr, „der Leihkauf", das sogenannte „Tagwerk" - die von jedem Gesellen täglich zu verrichtende Arbeitsleistung - usw., behinderten die Ausbreitung einer industriellen Arbeitsweise.[54]

Die oberösterreichische Sensenindustrie hatte, obwohl extrem exportorientiert, keine eigene Absatzorganisation aufgebaut. Der Sensenhandel wurde mit Ausnahme der Firma Redtenbacher vor allem über russische Händler abgewickelt. Die meisten Sensengewerken arbeiteten von Mai bis Jänner auf Bestellung oder auf Lager. Die Geschäfte wurden zwischen Feber und Mai abgeschlossen. Bei Vertragsabschluß konnten daher oft von den russischen Händlern die Preise gedrückt werden, weil die heimischen Erzeuger gezwungen waren, die Sensen um jeden Preis zu liefern.[55] Der Sensenverkauf war eng mit dem agrarischen Produktionszyklus verknüpft und wies daher ausgeprägte saisonale Schwankungen auf. Kennzeichnend waren die lange Kapitalbindung durch eine befristete Verkaufsphase und andererseits eine kontinuierliche ganzjährige Produktion. Die Finanzierung des Rohmaterials bei günstigen Absatzverhältnissen ergab eine durchschnittliche Kapitalbindung von ca. vier Monaten. Weiters mußten die Sensenunternehmer auch die Löhne finanzieren, die etwa 50 Prozent der Gesamtproduktionskosten ausmachten. Durch säumige Zahler oder in Jahren schlechten Sensenabsatzes und somit großen Lagerbeständen entstanden beträchtliche Kapitalbedarfsspitzen.[56]

Der Ausbau der Verkehrswege, die Regelung des Markenschutzes sowie die Konzentration innerhalb der Sensenindustrie in Mittel- und Großbetriebe, leiteten nach 1885 einen wirtschaftlichen Aufschwung ein. Auch die Gründung des „Zentralverbandes der Sensen-, Sichel- und Strohmessergewerken" im Jahr 1893 wirkte sich günstig auf die weitere Entwicklung dieser Industrie aus.[57] Im Jahr 1903 vereinigten sich auch die Sichelproduzenten Österreichs (darunter die oberösterreichischen Firmen Redtenbacher und Franz Sonnleithner) in der „Österreichischen Sichelproduktions- und Handelsgesellschaft reg. Gen. in Linz" zu einem Verkaufskartell. Durch den Ausbruch des russisch-japanischen Krieges kam es im Jahr 1904 zu einem konjunkturellen Einbruch. Infolge der russischen Truppenverschiebungen mußten nahezu alle Sensentransporte nach Sibirien unterbleiben.[58]

Der Konzentrationsprozeß der oberösterreichischen Sensenschmieden führte allein von 1870 bis 1895 zu einem Rückgang der Betriebe um 41,2 Prozent, weiters zu einer Stagnation der Beschäftigtenzahlen und zu einer Produktionsausweitung um 77,7 Prozent. Bis 1890 wurden von den Sensengewerken mehrere Hämmer in einer Hand vereinigt, es kam zunächst zu keiner Errichtung von Sensenfabriken. Im Jahre 1880 besaßen zum Beispiel Franz Zeitlinger fünf und Gottfried Zeitlinger vier Sensenhämmer. Der Konzentrationsprozeß betraf bis 1889/90 vorwiegend die Schmieden der beiden ehemaligen Zünfte in Freistadt und Mattighofen. Zwischen 1880 und 1885 mußten die meisten Werke der Freistädter Innung, die noch um die Mitte des 19. Jahrhunderts eine Reihe von Gewerken aus dem unteren Mühlviertel bis nach Kaplitz zu ihren Mitgliedern zählte, die Produktion einstellen. Der letzte Mühlviertler Sensenhammer wurde im Jahr 1900 stillgelegt, nachdem bereits 1890 die Freistädter Innung mangels an Mitgliedern aufgelassen worden war.[59] Auch im Krems-, Steyr- und Almtal setzte ab 1885 eine Konzentration der Sensenwerke ein. In Micheldorf, dem einstigen Zentrum der oberösterreichischen Sensenherstellung, fiel die Zahl der in Betrieb stehenden Werke vom Ende der 50-er Jahre bis cirka 1907 von 12 auf eines.[60]

Der erste Großbetrieb der Sensenerzeugung in Oberösterreich war die Firma „Simon Redtenbacher seel. Wwe. & Söhne". In den Jahren 1875 und 1877 erwarb dieses Kirchdorfer Sensenexportgeschäft in

Scharnstein zwei Sensenwerke. Friedrich Blumauer, der 1885 die Leitung der Firma übernommen hatte, baute 1890 in Scharnstein eine große Sensenfabrik, der er 1897 eine Blatt- und Zahnsichelfabrik angliederte. Die Jahresproduktionskapazität betrug bei der Eröffnung der Fabrik 350.000 Sensen, die bis 1914 zu einer jährlichen Produktion von 1.200.000 Sensen, 430.000 Blattsicheln und 1.440.000 Zahnsicheln ausgebaut wurde. Das Unternehmen beschäftigte 1902 bereits 384 und 1914 etwa 700 Personen.[61]

Weitere größere Sensenwerke durch Erweiterung bestehender Betriebe durch die Gewerken selbst waren im Jahr 1914: Franz de Paul Schröckenfux, Roßleithen (2.200 Sensen/Tag), Michael Zeitlingers Sohn in Blumau bei Kirchdorf (1.400 Sensen/Tag), Christof Piesslinger in Molln und Ludwig Zeitlinger in Leonstein (je 1.000 Sensen/Tag).[62]

Durch die Kapazitätsausweitung der Sensenindustrie setzte nach der Jahrhundertwende eine Beschleunigung des Sensenwerksterbens ein. Die Reduktion der Produktionsstandorte erfolgte in Niederösterreich um zwei Drittel, in Oberösterreich und der Steiermark um je 50 Prozent.[63] Durch den Preisverfall bei Sensen - 100 Stück „neunhändige" Sensen kosteten 1848: 120 Gulden, 1875: 79 Gulden und 1900: 48 Gulden[64] - wurden vor allem kleinere Hämmer unrentabel.

Der Schwerpunkt der österreichischen Sensenerzeugung verlagerte sich von 1880 bis zum Ersten Weltkrieg nach Oberösterreich. Im Jahr 1880 befanden sich hier ein Viertel der Sensenerzeugung Zisleithaniens und ein Drittel der Beschäftigten. Von den im Jahr 1900 in der österreichischen Reichshälfte hergestellten 10.466.000 Stück Sensen entfielen 37,8 Prozent auf die Steiermark, 35,6 Prozent auf Oberösterreich und 16,7 Prozent auf Niederösterreich.[65] Der Anteil der oberösterreichischen Sensenindustrie an der mengenmäßigen Erzeugung Zisleithaniens vergrößerte sich bis 1914 auf 43,8 Prozent, während die Steiermark nur mehr 24,7 Prozent der Tagesleistung der alpenländischen Sensenproduktion erreichte.

Alpenländische Sensenwerke 1848, 1889 und 1914

Land	1848	1889	1914
Oberösterreich	57	31	14
Niederösterreich	21	14	5
Steiermark	39	24*	10 (12)*
Kärnten, Krain, Tirol	43	–	–
Oö, Nö, Stmk zusammen	117	69	29 (31)*

*Steiermark und Wolfsberg in Kärnten

Quelle: Resch A., Alpenländische Sensenindustrie, S. 55. Zusammengestellt nach: Zeitlinger Michael, Die Sensenindustrie Österreichs. In: Die Großindustrie Österreichs, Bd. 2 (1898). S. 18; Schröckenfux F., Sensenwerke, S. 57; Wyhlidal, Grundlagen, S. 63

Der Rückgang der Zahl der Sensenwerke war in der Steiermark und in Niederösterreich weitaus stärker als in Oberösterreich. Die durchschnittliche Jahresproduktionsmenge der oberösterreichischen Sensenwerke stieg von 1841 bis 1880 von 29.174 auf 49.456 Stück und durch den Ausbau großbetrieblicher Produktionsanlagen bis 1897 auf 114.561 Stück Sensen, Sicheln und Strohmesser, also nahezu um das Vierfache. Eine ähnliche Entwicklung nahm die durchschnittliche Betriebsgröße. Sie lag bis 1885 bei 20 bis 25 Personen pro Betrieb und stieg dann bis 1902 rasch auf 61 Personen an.[66]

Das oberösterreichische Messerer- und Klingenschmiedehandwerk geriet in den 50er Jahren in eine Krise, die einen ständigen Niedergang dieses Gewerbes einleitete. Die traditionelle kleingewerbliche Produktionsweise war technologisch völlig veraltet und gegenüber den in- und ausländischen Fabriken nicht mehr konkurrenzfähig. Die Messer- und Klingenschmiede in Steyr und Umgebung erzeugten die Klingen, die Schleifer und Polierer besorgten die Weiterverarbeitung und die Messerer in Steyr, Sierning und Neuzeug fügten die Schalen oder Griffe aus Horn, Bein, Holz und anderem an. Sie übernahmen auch die Verpackung der Ware. Den Vertrieb hingegen organisierten Steyrer Messererkaufleute.[67] Besonders kraß war der Rückstand der alten Schleifereien in Grünburg. Die Messerer arbeiteten dort noch um 1886 nach den traditionellen Methoden unter sehr schlechten hygienischen Bedingungen. Die Beschäftigten erreichten durch das gesundheitswidrige Schleifverfahren nur selten ein Alter über 40 Jahre. Da die Handwerksbetriebe gegenüber der maschinellen Produktion nicht konkurrieren konnten, konzentrierten sie sich in der Folge immer mehr auf die Erzeugung billiger Messer, sogenannter Taschenfeitel. Demgegenüber arbeiteten die modernst eingerichteten Messerfabriken nach dem „Solinger Verfahren". Diese Schleifmethode gewährleistete dem Arbeiter den größtmöglichen Schutz vor gesundheitlichen Schäden.[68] Die handwerklichen Erzeugnisse der oberösterreichischen Messerer konnten im Ausland immer schwieriger abgesetzt werden. Die technisch weitaus besser ausgestatteten Betriebe in Solingen und Remscheid waren eine kaum zu unterbietende Konkurrenz.[69]

Die oberösterreichischen Messerer waren völlig in die Abhängigkeit der Verleger geraten. Dabei bediente sich der Händler eines bis „zur Unerträglichkeit angewachsenen Trucksystems".[70] Die Bezahlung der „Löhne" erfolgte zum Teil in Bargeld, Rohstoffen (Stahl, Eisen), Nahrungs- und Genußmittel (Zucker, Kaffee, Reis, Mehl usw.) sowie Textilien u.a., wobei der Handwerker diese Waren meist zu überhöhten Preisen erhielt.[71] Der Verleger fungierte als Bindeglied zwischen Handwerker und Konsument und führte den eigentlichen Geschäftsverkehr. „Der Erzeuger hatte nie Gelegenheit, die Usancen des kaufmännischen Verkehrs kennenzulernen, die Anbahnung und Abwicklung der Geschäfte, das Geld- und Kreditwesen" waren ihm fremd.[72] Weitere Ursachen für den Niedergang des Messererhandwerks waren die mangelhafte gewerbliche Ausbildung, der hohe Preis der inländischen Rohmaterialien und der latente Kapitalmangel des Messerers, der als verlegter Handwerker kaum die Möglichkeit für eine Kapitalbildung besaß.[73]

Nur die Holztaschenmesser- oder Taschenfeitelerzeuger in Trattenbach bei Ternberg, auch als „Zaukerlschmiede" bezeichnet, konnten sich aus dieser Abhängigkeit von den Verlegern befreien. Während die Messerer in Steinbach, Grünburg und Leonstein nahezu total den Verlegern ausgeliefert waren, erreichten die Trattenbacher durch die Bildung einer Genossenschaft eine bescheidene Unabhängigkeit. Der Versuch, eine

Produktionsgenossenschaft zu errichten, scheiterte aber bald nach deren Gründung.

Die Niedergang des oberösterreichischen Messerergewerbes verschärfte sich nach dem Ausbruch der Wirtschaftskrise von 1873 zusehends. Das österreichische Handelsministerium hatte bereits in den 80-er Jahren eine Untersuchung über die Notlage der Eisenindustrie im Raum Steyr durchgeführt und Hilfsmaßnahmen vorgeschlagen.[75] Man glaubte, daß von allen Zweigen der Kleineisenindustrie nur das Messerergewerbe aufgrund der qualifizierten Arbeitskräfte, der Wasserkraft der Flüsse und des Holzreichtums des Landes gegenüber den Fabriken bestehen könnte. Die handwerksmäßige Nägel- und Ahlenerzeugung sollte aufgelassen werden, da diese Produkte maschinell billiger, besser und schneller hergestellt werden könnten. Allgemein wurde der Ausbau der Fachschule für Eisen- und Stahlindustrie in Steyr und deren Rücksichtnahme auf die unmittelbaren Bedürfnisse der oberösterreichischen Kleineisenindustrie gefordert. Nach diesem Gutachten setzten umfangreiche Hilfsaktionen ein, an denen sich Staat, Land und Gemeinden sowie die Handelskammer beteiligten. Die Landesregierung bildete gemeinsam mit der Handelskammer einen Hilfsfonds, der zum Beispiel den Neubau der Schlefereien in Steinbach und Neuzeug, die Errichtung der Klingenschmiede in der Fachschule in Steyr, den Bau eines Rohstofflagers in Steyr sowie die Anschaffung von Hilfsmaschinen für die Klingen- und Gabelschmiede in Kleinraming finanzierte.[76] Die mit der Messerfabrikation beschäftigten Genossenschaften des Industriebezirkes Steyr vereinigten sich zu einem Genossenschaftsverband. Seine Aufgaben bestanden in der Errichtung von Spar und Vorschußkassen, Installierung von Rohmateriallagern, Einführung und Überwachung eines gemeinschaftlichen Maschinenbetriebes und in der Anlage einer Gewerbestatistik. Weiters wurden in Deutschland Arbeitskräfte angeworben, die in Oberösterreich die neuen Herstellungsverfahren einführen sollten.[77]

Trotz diverser Maßnahmen war der völlige Niedergang des Messerhandwerks nicht aufzuhalten. Bereits 1898/99 wurde festgestellt, daß es noch immer nicht gelungen war, die Messerer aus der totalen Abhängigkeit von den Verlegern zu lösen. Die Absolventen der

Steyrer Fachschule, die die Modernisierung des Gewerbes vorantreiben sollten, waren aufgrund der höheren Löhne und besseren Arbeitsbedingungen vorwiegend in die Industrie abgewandert. Die modernst eingerichtete Steyrer Genossenschaftsschmiede wurde damals nur von zwei Meistern genutzt. Alle übrigen Handwerker verharrten weiterhin in den traditionellen Produktionsmethoden. Der letzte Klingenschmied in Kleinraming, noch um 1890 ein Zentrum der Messerer, schloß 1907 seinen Betrieb und wanderte in die Fabrik ab.[78]

Neben diesem Niedergang des Messerer- und Klingenschmiedehandwerks in Steyr und Umgebung vollzog sich der Aufstieg der neuen Messerfabriken. Bereits In den 40-er Jahren begannen einige Handwerksmeister in Steyr und Neuzeug mit einer großgewerblichen Produktion. Aus handwerklichen Anfängen hervorgehend, errichtete 1864 Ignaz Bandl in Neuzeug die erste oberösterreichische Messerfabrik.[79] Die neu gegründeten Messerfabriken wichen zunächst wegen der Konkurrenz der Waffenfabrik, die der Kleineisenindustrie durch ein hohes Lohnniveau qualifizierte Arbeitskräfte abwarb, der Stadt Steyr aus und siedelten sich in Neuzeug und Steinbach an der Steyr an. Seit Ende der 80-er Jahre erfolgte ein rascher Aufschwung in der maschinellen Herstellung von Schneidwaren. Die Zahl der Fabriken stieg bis 1897 auf sechs, die zusammen 303 Personen beschäftigten. Die neu errichteten Betriebe wurden durchwegs mit den modernsten Maschinen „nach Solinger Art" ausgestattet.[80]

Während sich im Jahr 1907 die Messerschmiede des Kirchdorfer und Steyrer Industriebezirkes in der „Zentralgenossenschaft der Messerschmiede, Stahl- und Eisenwarenerzeuger im Steyrer Industriebezirke reg. G. m. b. H." vereinigten, schlossen die Messerfabriken unter der Führung der Anglo-Österreichischen Bank 1911 ein Preiskartell für Stahlheftbestecke.[81]

Nach den Sensenhämmern und den Messerern nahmen innerhalb der oberösterreichischen Kleineisenindustrie die Nagelschmiede eine besondere Stellung ein. Die Nagelschmiede arbeiteten in den 50-er Jahren hauptsächlich nur mehr für den Inlandsmarkt. Die wachsende ausländische Konkurrenz und der Krimkrieg führten 1854 zu einem empfindlichen Geschäftsrückgang. Danach erholte sich die handwerkliche Nägelerzeugung wieder. Im Jahr 1860 gab es in Oberösterreich 230 Betriebe, die mit 703 Beschäftigten Nägel im Wert von 907.000 Gulden herstellten. Damals lag der Produktionsanteil der oberösterreichischen Nagelschmieden noch bei einem Drittel der Monarchie.[82] Die fabriksmäßige Herstellung von Nägeln verdrängte in der Folge die handgeschmiedeten Nägel immer mehr vom Markt. Noch um 1870 dominierte aber in Oberösterreich die handwerksmäßige Erzeugung. Damals entfielen 60,8 Prozent des gesamten Produktionswertes auf die Nagelschmiede, 28 Prozent auf die Maschinnägelerzeuger und je 5,6 Prozent auf Zweckschmiede und Fabriken.[83] Mit der Wirtschaftskrise von 1873 setzte, wie auch bei den meisten anderen Zweigen der Kleineisenindustrie, ein rascher Niedergang der kleingewerblichen Nägelproduktion ein.

Neben der Konkurrenz durch die Fabriksbetriebe klagten die Handwerker vor allem über mangelnde Exportmöglichkeiten. Die oberösterreichischen Nägel wurden auf den Auslandsmärkten sukzessiv von den weitaus billigeren deutschen Fabrikaten verdrängt.[84] Die ausweglose Situation der heimischen Nagelschmiede charakterisiert eine diesbezügliche Feststellung der Handelskammer im Jahr 1880: „Die Erzeugung geschmiedeter Nägel ist das schlechteste Geschäft und sind dessen Inhaber die ärmsten unter allen Gewerbetreibenden."[85] Die Zentren der Nagelschmiede lagen um Losenstein, Stiedelsbach, Unterdambach, Neuzeug und Steyr, die der Zweckschmiede in und um Steyr und die der Maschinnägelhersteller in Steyr und Sierning.

Dem Niedergang der handwerklichen Erzeugung stand nur eine geringe fabriksmäßige Produktion gegenüber. Die kleinbetrieblichen Nägelfabriken in Steyr wurden meist von der Draht- und Nägelfabrik Franz Werndl oder von der Steyrer Waffenfabrik aufgekauft.[86] Im Jahr 1897 gab es in Oberösterreich zwei Nägelfabriken, die zusammen 31 Beschäftigte zählten.

Die Feilenerzeugung war in Oberösterreich bis 1848 in den Händen von handwerklichen Feilenhauern, die 1851 etwa 300 bis 400 Personen beschäftigten. Das Zentrum dieses Kleingewerbes lag in und um Steyr (Grünburg, Neuzeug und Steinbach an der Steyr). Infolge der mächtigen Konkurrenz durch die Gußstahlfeilenfabriken mußten sie sich aber immer mehr auf die Erzeugung billiger und gewöhnlicher Sorten beschränken. Die Wirtschafskrise nach 1873 beschleunigte den Niedergang der handwerklichen Feilenerzeugung. In Anbetracht der krisenhaften Lage stellten die oberösterreichischen Feilenhauer um 1875 fest, daß die Erzeugung neuer Feilen und Raspeln bei dieser Auftragslage unrentabel und die Haupterwerbsquelle das Aufhauen alter Stücke wäre. Die Zahl der Feilenhauer ging von 1872 bis 1890 von 30 auf 22 zurück.

Der große Konkurrent der handwerklichen Betriebe war die 1848 von Isidor Braun in Schöndorf und Pichlwang bei Vöcklabruck gegründete Gußstahlfeilenfabrik. Durch den günstigen Standort an der Westbahn arbeitete das Werk bereits seit Beginn der 70-er Jahre mit Wolfsegg-Traunthaler Kohle, für deren Verwendung der Unternehmer eigene Schmiedeöfen konstruiert hatte.[88] Das Unternehmen erzeugte im Jahr 1897 mit 103 Personen 378 Tonnen Gußstahlfeilen und Armeebedürfnisse. Seit dem Beginn der 90-er Jahre bekam der Betrieb die Konkurrenz der niederösterreichischen und steirischen Feilenfabriken (Hainfeld, Furthof bei St. Ägyd, Waidhofen a. d. Ybbs und Kapfenberg) zu spüren. Versuche, durch Kartellabsprachen eine Marktaufteilung und Stabilisierung der Preise zu erreichen, brachten nicht den gewünschten Erfolg. Das Unternehmen verlegte sich daher immer mehr auf die Erzeugung diverser Armeebedürfnisse.[89] Um hochwertige Edelstähle herstellen zu können, stellte Isidor Braun 1907 einen Elektrostahlofen auf.

Bis zu Beginn der 60-er Jahre bestanden in Oberösterreich zehn kleine Drahtzüge auf handwerklicher Basis mit zusammen 80 bis 120 Beschäftigten. Infolge der Konkurrenz durch die fabriksmäßige Erzeugung mußten die meisten von ihnen die Produktion einstellen. Nur das Hammer-, Walz- und Drahtzugwerk von Franz Huber in Josephstal bei Schwertberg und das Hammer-, Feinstreckwalz- und Drahtwerk von Franz Werndl in Unterhimmel bei Steyr konnten sich behaupten.

In der Drahterzeugung hatte sich bereits vor 1873 die maschinelle Produktion durchgesetzt. Die beiden oberösterreichischen Betriebe bekamen nach 1873 die Folgen des allgemeinen wirtschaftlichen Rückganges zu spüren, wobei sich die angespannte Lage durch die Konkurrenz der rheinischen und westfälischen Unternehmen verschärfte.[90] Die einheimischen Produzenten stellten daher in erster Linie nur gröbere

Drähte her. Aufgrund der schlechten Ertragslage mußte das Werk in Josephsthal 1880 geschlossen werden.

Erst die Einführung gestaffelter Zolltarife je nach Drahtsorte und die Belebung des Inlandsmarktes leiteten ab der Mitte der 80-er Jahre einen Aufschwung ein. Im Jahr 1902 bestanden in Oberösterreich drei Draht- und Nägelfabriken mit zusammen 68 Beschäftigten. Das größte oberösterreichische Unternehmen war die Firma Franz Werndl's Nachfolger, Walzwerk, Draht- und Nägelfabrik in Unterhimmel und Steyr. Der Betrieb wurde bis zum Ersten Weltkrieg durch die Errichtung einer Lupenstrecke, eines Stabeisen- und Drahtwalzwerkes ausgebaut. Das Unternehmen erwarb die Maschinnägelfabrik Reithmayr & Co. und die Drahtstiftenfabrik Frühmann & Brunner in Steyr. Vor Kriegsausbruch erreichte die Gesamtproduktion der Firma Franz Werndl's Nachfolger 6.000 Tonnen, davon 4.500 Tonnen Draht und Stifte.[91]

Zentrum der Waffenerzeugung war der Raum Steyr, wo schon im 18. Jahrhundert Rohrhämmer, Büchsenmacher und eine ärarische Waffenfabrik bestanden. Im Vormärz erwarb der Bohrerschmied Leopold Werndl mehrere Werkstätten im Wehrgraben, Wieserfeld sowie an der Sierninger Straße und beschäftigte 400 bis 500 Arbeiter. Sein Sohn Josef Werndl hatte in den 50er und 60er Jahren des 19. Jahrhunderts in thüringischen, amerikanischen und englischen Waffenfabriken (Remington und Colt) gearbeitet und baute den Betrieb seinen Vaters zu einer modernen Waffenfabrik aus.[92] Die Erfindung des Werndl-Holub'schen Hinterladegewehres und die Erfahrungen aus dem verlorenen Krieg gegen Preußen im Jahr 1866 sicherten der Firma Großaufträge über 250.000 Gewehre durch das österreichisch-ungarische Kriegsministerium. Zur Erfüllung dieser Bestellungen wandelte Werndl das Unternehmen 1869 unter der Patronanz der Allgemeinen Bodencreditanstalt in eine Aktiengesellschaft mit einem Kapital von sechs Millionen Gulden um. Die Umrüstung der Armee der Monarchie und verschiedener europäischer Staaten auf das neue Hinterladergewehr sicherte dem Unternehmen in den nächsten Jahren volle Auftragsbücher. Ab 1871 arbeitete in Pest (Ungarn) ein Zweigbetrieb an der Auftragserfüllung des ungarischen Honved-Ministeriums. Im Jahr 1872 wurden die Waffenfabriken F. Fruhwirth in Freiland und Aloisia Bentz in Wien erworben.[93]

Die Herstellung von Waffen war bis zum Ersten Weltkrieg von den neuen Technologien in der Rüstungsproduktion (Hinterlader-, Repetier-, Maschinengewehr usw.) extrem abhängig. Die Nachfrage nach Waffen stieg durch bedeutende Erfindungen enorm an, um danach wieder abzusinken. Da die Auftraggeber meist auf eine rasche Lieferung der Bestellung drängten, mußten die Produktionsanlagen zeitweise beträchtlich erweitert und viele neue Arbeitskräfte aufgenommen werden. Infolge der großen Heeresaufträge stieg die Zahl der Arbeiter bis 1873 auf nahezu 6.000 Personen und die wöchentliche Produktion erreichte 8.000 Gewehre.[94]

Als jedoch ab 1875 die größeren Waffenbestellungen ausblieben, versuchte Josef Werndl durch Erweiterung des Produktionsprogrammes eine sich anbahnende rückläufige Entwicklung abzufangen. Aus diesem Grund wurde 1876 die Wiener Fabrik verkauft sowie das Budapester Unternehmen an das Honved-Ministerium vermietet und in eine Kaserne umgewandelt.[95] Nach 1877 setzte eine sukzessive Einschränkung des Betriebes ein. Die Waffenfabrik hatte 1879 nur mehr 1.200 Beschäftigte. Die Produktion sank im Geschäftsjahr 1879/80 auf 35.052 Gewehre.[96] Nach einem kurzfristigen Aufschwung verschlechterten sich die Geschäftsverhältnisse nach 1880 abermals. Da die Entwicklung eines neuen Systems, des Repetiergewehres, bereits sehr weit fortgeschritten war, blieben die Aufträge der meisten Staaten aus. Josef Werndl beschloß, die Erzeugung elektrotechnischer Artikel wie Dynamos, elektrische Motore und Lampen aufzunehmen. Mit 910 Beschäftigten wurde im Jahr 1884 ein Tiefstand erreicht. Die Produktion an Gewehren sank im Geschäftsjahr 1884/85 auf 31.510 Stück.

Die Entwicklung eines Repetiergewehres mit Gradzugverschluß durch Ferdinand Mannlicher brachte 1885 den Umschwung. Für das verbesserte „Modell 1886" liefen nun aus allen Erdteilen Bestellungen ein. Die Arbeiten in der elektrotechnischen Abteilung wurden eingestellt und die Anlage auf die Produktion von Repetiergewehren umgebaut.[97] Die gute Auftragslage führte zu umfangreichen Investitionen und zur Erhöhung des Belegschaftsstandes (Juli 1890: 9.049 Beschäftigte). Im Geschäftsjahr 1890/91 wurden 536.511 Gewehre erzeugt und bei einem Aktienkapital von drei Millionen Gulden 1.526.665 Gulden Gewinn verbucht.

Welche Bedeutung das Steyrer Unternehmen damals für die oberöster-reichische Wirtschaft hatte, zeigt eine Statistik der Handelskammer aus dem Jahr 1890. Damals beschäftigte das Werk cirka ein Drittel aller industriellen Arbeitnehmer (einschließlich Bergbau) des Landes, etwa 90 Prozent der Beschäftigten in den Fabriken der Eisen- und Stahlin-dustrie arbeiteten in der Waffenfabrik.

Durch den Geschäftsrückgang im Jahr 1891 mußte das Unternehmen abermals Arbeiter entlassen, sodaß die Fabrik im August 1894 nur mehr 529 Personen beschäftigte.[98] Angesichts dieser regressiven Ent-wicklung beschloß die Firmenleitung, eine Ausweitung des Produktions-programmes: Im Jahr 1891 wurde die Herstellung von Revolvern und Pistolen, 1894 die Fahrraderzeugung, 1895 die Produktion der Zeilen-setzmaschine „Monoline" und 1900 die Fabrikation von Jagdwaffen aufgenommen. Vor allem bei schwächerer Auftragslage sollte die Fahr-raderzeugung eine gleichmäßige Auslastung der Produktionskapazität gewährleisten.[99] Das Steyrer Unternehmen blieb aber weiterhin von den in- und ausländischen Bestellungen für Gewehre abhängig. Im Jahr 1905 erwarb man von der Berliner Waffenfabrik Schwarzlose das Erzeu-gungs- und Verkaufsrecht des patentierten Maschinengewehres „System Schwarzlose".

Erst die allgemeine internationale Rüstungskonjunktur kurz vor dem Ersten Weltkrieg brachte wieder eine umfangreiche Belebung der Pro-duktion. Aufgrund der Dezentralisierung des Betriebes und der zum Teil im Inundationsgebiet gelegenen veralteten Fabriksanlagen beschloß die Firmenleitung den Neubau der Waffenfabrik. Bei Kriegsausbruch waren die Arbeiten an der neuen Fabrik fast abgeschlossen.

Alle übrigen Zweige der oberösterreichischen Kleineisenindustrie wie Ahl-, Bohrer-, Neiger-, Hammer-, Hacken-, Zeug- und Zirkelschmiede sowie Pfannenhämmer, Maultrommelnerzeugung etc. befanden sich in einem ständigen Niedergang, wobei die für den lokalen Bedarf arbei-tenden Gewerbe sich meist noch länger behaupten konnten. Durch die maschinelle Produktion verloren diese Unternehmen sukzessive ihre Absatzmärkte und gerieten zusehends in wirtschaftliche Schwierigkei-ten.

Anzahl der Betriebe der Kleineisenindustrie in Oberösterreich

Jahr	1860	1870	1875	1880	1885	1890	1897
Ahlschmiede	47	39	40	25	22	15	10
Bohrer- und Neiger-schmiede	19	14	14	9	9	10	7
Drahtzüge	10	5	5	2	2	2	1
Feilenhauer	29	30	30	27	27	22	20
Hackenschmiede	42	38	36	35	31	24	12
Hammerschmiede	171	178	174	179	171	167	171
Ketten- und Ringel-schmiede	37	12	12	2	3	3	10
Klingenschmiede	38	36	37	24	25	20	14
Maschinnägel-erzeuger	24	16	9	8	6	5	1
Maultrommeln-erzeuger	45	30	30	23	27	23	20
Messerer	351	305	294	239	221	174	145
Nagelschmiede	299	255	266	189	146	109	69
Pfannenschmiede	8	7	7	4	4	3	2
Scherenschmiede	22	19	14	11	9	5	5
Sensenschmiede	40	50	47	46	38	31	38
Streck- und Zerrenn-hämmer	33	11	12	4	4	4	4
Zeugschmiede	68	73	57	80	76	66	21
Zirkelschmiede	12	11	11	7	6	8	6
Zweckschmiede	26	24	28	16	18	8	7

Quelle: Berichte der oö Handelskammer

Die oberösterreichischen Ahlschmiede gerieten nach 1873 durch die verschärfte Konkurrenzsituation infolge der Wirtschaftskrise in eine schwierige Situation. Die ausländischen, vor allem deutschen, maschinell hergestellten Fabrikate waren wesentlich billiger. Sie verdrängten sukzessiv die einheimischen Erzeugnisse nicht nur vom Auslands-, sondern auch vom Inlandsmarkt.[100] Da der Bedarf an qualitativ hochwertiger Ware durch Importe gedeckt wurde, beschränkten sich die oberösterreichischen Schmiede auf die Produktion von Ahlen minderer Güte. Auch die Ahl-schmiede waren von den Verlegern, die in Steyr ihren Sitz hatten, völlig abhängig. „Der Absatz der oberösterreichischen Ahlen wird einzig und allein durch die Handelsleute vermittelt. Den Fabrikanten sind die Absatzorte ihrer Erzeugnisse unbekannt",[101] stellte die oberösterreichische Handelskammer im Jahr 1872 fest. Ahlen auf fabriksmäßiger Basis erzeugte nur die Firma Franz Werndl in Unterhimmel.

Maultrommeln wurden in erster Linie von Familien hergestellt, weil der Ertrag nur das Existenzminimum garantierte. Die Verleger in Grünburg, Sierninghofen und Steyr nahmen die Ware ab und organisierten den Vertrieb.[102] Erst anfangs der 80-er Jahre konnten sich einige Maultrommelnerzeuger aus dieser Abhängigkeit lösen und ihre Erzeugnisse direkt in den überseeischen Ländern absetzen. Über die Lage dieser Handwerker stellte die Handelskammer 1880 fest: „Diese Gewerbetreibenden und die Nagelschmiede sind wohl die gedrücktesten und am meisten ausgenützten, ihnen kommen nur noch die Steinbacher Taschenfeitelmacher in der Armut gleich."[103] Innerhalb der Genossenschaft der Maultrommelnmacher entstand eine Werksgenossenschaft, die 1898 zwölf Mitglieder hatte und den Einkauf der Rohstoffe sowie den Verkauf an Großkaufleute im Ausland durchführte.[104] Die Hauptabnehmer der Maultrommeln waren Polen, Rumänien, Serbien, Bulgarien und Ungarn.

Die Hammer- und Hackenschmiede bekamen den Konjunkturabschwung im Jahr 1873 nur wenig zu spüren, weil sie fast ausschließlich für den lokalen Bedarf arbeiteten. Überregionale Bedeutung erlangten nur die Haibacher und Königswiesener Hammerschmiede.[105]

4. Unterstützungsmaßnahmen zur Rettung des Kleingewerbes

Die in wirtschaftliche Schwierigkeiten geratene oberösterreichische Kleineisenindustrie setzte ebenso wie später die Hausweberei des Mühlviertels und die Holzwarenerzeugung des Salzkammergutes ihre ganze Hoffnung auf umfangreiche Unterstützungsmaßnahmen der öffentlichen Hand zur Sanierung der notleidenden Betriebe. Staat, Land, Handels- und Gewerbekammer sowie diverse regionale Bestrebungen schufen punktuelle bzw. branchenmäßige Rettungsmaßnahmen. Sie setzten in der Regel in den 70er und 80er Jahren ein und gingen meist von der Handelskammer aus. Diese unterschiedlichen Bestrebungen erfolgten meist zu einem äußerst späten Zeitpunkt, sodaß die Mehrzahl der Gewerbe nicht mehr zu retten war.

Anläßlich des 25jährigen Regierungsjubiläums von Kaiser Franz Josef wurde ein „Kaiser-Franz-Josef-Fonds" zur Unterstützung des notleidenden Kleingewerbes eingerichtet.[106] Aus diesem Fonds sind nicht unwesentliche Mittel zur Förderung von Betrieben der Kleineisenindustrie ausgeschüttet worden. Ende des 19. Jahrhunderts initiierte das Handelsministerium eine umfassende Aktion zugunsten der Kleingewerbetreibenden. Es wurde ein Gewerbeförderungsdienst eingerichtet, der Gewerbeförderungsinstruktoren für die einzelnen Kronländer bestellte und ein eigenes Departement für Gewerbeförderung im Handelsministerium mit einem Gewerbeförderungsbeirat schuf. Diese Abteilung verfolgte folgende Aufgaben: Einflußnahme auf die Förderung des Kleingewerbes in technischer Hinsicht und auf die zweckmäßige Ausbildung der Lehrlinge, Förderung der genossenschaftlichen Organisation, Unterstützung von Rohstoff-, Magazin-, Produktiv- und Werksgenossenschaften sowie Subventionierung der gewerblichen Kreditgenossenschaften aus öffentlichen Mitteln.[107]

Bereits im Jahr 1872 hatte die oberösterreichische Handelskammer eine Enquete über die Bedürfnisse des Kleingewerbes abgehalten und ein Aktions- und Forderungsprogramm nach liberalen Grundsätzen erstellt. Seit dem Gewerbetag von 1881 in Vöcklabruck, auf dem ausführlich über die Lage des Kleingewerbes und Förderungsmöglichkeiten diskutiert wurde, forcierte die oberösterreichische Handelskammer verstärkt die Bildung von Genossenschaften und befürwortete den Pflichtbeitritt. Oberösterreich wies daher um die Jahrhundertwende den höchsten Organisationsgrad des Handwerkerwesens in Genossenschaften in der österreichischen Reichshälfte auf. Im Jahr 1897 waren hier 85 Prozent der selbständig Gewerbetreibenden in Genossenschaften vereinigt und 12 Prozent aller Genossenschaften Zisleithaniens befanden sich im Land ob der Enns.[108]

Die Förderung des Kleingewerbes gehörte auch zu den wichtigen Anliegen des oberösterreichischen Landtages. Auf Antrag von Landeshauptmann Alfred Ebenhoch beschloß der Landtag im Jahr 1897 eine Unterstützungsaktion für das Kleingewerbe. Demnach sollten Genossenschaften handwerksmäßiger Gewerbe und eventuell auch Erwerbs- und Wirtschaftsgenossenschaften zur Anschaffung von Motoren, Maschinen und Werkzeugen, Einrichtung von Rohstofflagern und Verkaufshallen sowie Durchführung von Lehrausstellungen ein sehr niedrig verzinsliches Darlehen gewährt werden.[109]

Aber auch einzelne Zweige der in Bedrängnis geratenen Kleineisenindustrie sollten durch Förderungen saniert werden. Nach einer Untersuchung der Lage der Kleineisenindustrie schlug das Handelsministerium Hilfsmaßnahmen für das Messerergewerbe vor, das nach Meinung von Fachleuten als einzige Branche Überlebenschancen besäße. Im einzelnen wurden folgende Maßnahmen vorgeschlagen:

- Hebung der gewerblichen Bildung, vor allem durch die Errichtung einer Lehr- und Versuchsanstalt in Steyr,

- Hebung des technischen Standards der einzelnen Betriebe. In erster Linie sollte das Solinger Schleifverfahren eingeführt und qualitativ hochwertige Halbfabrikate zur Verfügung gestellt werden,

- Verbesserung der Rohstoffversorgung und Aufbau einer von den Verlegern unabhängigen Absatzorganisation. Ein Schwachpunkt der Kleineisenproduktion lag in der mangelnden Organisation sowohl in der Beschaffung des Rohmaterials als auch im Vertrieb der Waren. Die Handelskammer bemühte sich, die Gewerken von den Vorteilen einer genossenschaftlichen Vereinigung zu überzeugen, sodaß es in Oberösterreich bis zur Mitte der 90er Jahre des 19. Jahrhunderts zur umfangreichen Bildung gewerblicher Genossenschaften kam. Manche dieser Genossenschaften waren aber ihrem Charakter nach eher Kartelle, da sie in erster Linie eine einheitliche Preisfestsetzung beabsichtigten.

Nach einer Intervention der Handelskammer erstellte der oberösterreichische Landtag im Jahr 1889 einen Sanierungsplan für das Messererhandwerk. In Steyr sollte ein Aktionskomitee eine völlige Reorganisation dieses Handwerks auf genossenschaftlicher Basis einschließlich einer Neugestaltung der Werkstätten und des Arbeitsverfahrens herbeiführen. Die Aktion, die in Zusammenarbeit zwischen Handelsministerium, oberösterreichischem Landtag, Handelskammer und privaten Interessenten durchgeführt wurde, erstreckte sich über mehrere Jahre. Trotz intensiver Bemühungen blieb ihr aber ein nachhaltiger Erfolg versagt.[110]

5. Die Ursachen des Niederganges

Der Niedergang der Kleineisenindustrie wurde von K. Bachinger am Beispiel Niederösterreichs analysiert und als Prozeß einer industriellen Regression beschrieben. Als Ursachen hiefür stellte er exogene - den technischen Fortschritt in der Eisenindustrie und die Veränderung der Produktionsgrundlagen durch den Industrialisierungsprozeß - und endogene Regressionsfaktoren - Kapitalmangel der Unternehmer sowie Fehlen an Unternehmertalent, Initiative und Bildung - fest.[111]

Die technologische Revolution in der Eisen- und Stahlindustrie leitete einen lang anhaltenden Niedergang der handwerksmäßigen Produktion ein. Die traditionellen Standorte der kleingewerblichen Erzeugung fielen der Konzentration der Produktion in Großbetrieben zum Opfer. Die Innerberger Hauptgewerkschaft modernisierte in den 50er und 60er Jahren des 19. Jahrhunderts ihre Betriebe im oberösterreichischen Ennstal und stattete sie mit Puddel- und Walzwerken sowie mit einer Gußstahlhütte aus. Durch die Konzentration der Eisen- und Stahlerzeugung nach der Gründung der Alpine Montangesellschaft um den steirischen Erzberg wurden die oberösterreichischen Betriebe in den 80er Jahren des 19. Jahrhunderts schrittweise stillgelegt. Die Erzeugung von Fertigwaren wurde erst in der zweiten Hälfte des 19. Jahrhunderts durch die Entwicklung von neuen Maschinen von der Industrialisierung erfaßt, die eine rationellere Produktion ermöglichten. In der englischen und deutschen Kleineisenindustrie setzte sich relativ schnell die fabriksmäßige Massenproduktion von Eisen- und Stahlwaren durch und verdrängte meist die oberösterreichischen Waren von ihren Absatzmärkten. Die Modernisierung der einheimischen Betriebe ist in der zweiten Hälfte des 19. Jahrhunderts in vielen Branchen überhaupt unterblieben oder erfolgte nur mit großer Verzögerung.

Die Überlegenheit des Fabriksystems mit der arbeitsteiligen Organisation führte zur Abkehr von der dezentralisierten Verlagsindustrie und hin zum zentralisierten, arbeitsteiligen, mechanisierten Fabriksbetrieb. Die Herstellung von Eisenwaren in Massenproduktion wurde nach der Jahrhundertmitte beträchtlich rationalisiert, sodaß die herkömmliche Verlagsindustrie nicht mehr konkurrieren konnte. Der Niedergang der kleingewerblichen Produktionsweise war somit nicht mehr aufzuhalten.

145

Der vorwiegend rohstoff- und energieorientierte Standort der oberösterreichischen Kleineisenindustrie verlor durch die Industrialisierung seine traditionellen Vorteile. Die verkehrsentlegenen Betriebe in den engen Tälern der Enns, Steyr, Krems und Alm gerieten gegenüber den vor allem infrastrukturell bevorzugten Unternehmen im Alpenvorland ins Hintertreffen und mußten letztendlich von ihren Besitzern stillgelegt werden.

Die oberösterreichische Kleineisenindustrie wies am Beginn der Industrialisierung einen extrem hohen Entwicklungs- und Spezialisierungsgrad auf. Besonders im Traunviertel mit dem Zentrum Steyr existierte um die Jahrhundertmitte eine sehr hohe Dichte von Betrieben verschiedener Eisengewerbe. Diese Eisenverarbeitung zeigte eine Mannigfaltigkeit und Spezialisierung, wie sie weder branchenmäßig noch regional in der Monarchie zu finden war. Die Betriebsstruktur neigte daher zur Immobilisierung, Petrifizierung und zum Traditionalismus.[112]

Den meisten Unternehmen fehlte vielfach das notwendige Geld für dringende Investitionen. Der eklatante Kapitalmangel wurde durch die Dezentralisation der Produktion, die lange Umschlagzeit des Geldes im Handelsverkehr und durch die Abhängigkeit von den Verlegern verursacht. Abgesehen von den Sensenschmieden herrschte in erster Linie der handwerksmäßige Kleinbetrieb vor, der in der Regel nur wenige Beschäftigte zählte. Einzelne Zweige, etwa die Maultrommelnmacher, waren sogar familienwirtschaftlich organisiert.

Als großes Übel wurde im 19. Jahrhundert die Abhängigkeit der Handwerker vom Verleger gesehen. Abgesehen von der Sensen- und Sichelindustrie war die gesamte Eisenverarbeitung im Verlagswesen organisiert. Vielfach brachte der Verleger neben dem Absatz der Erzeugnisse auch die Rohstoffbeschaffung in seine Hände. Der Handwerker war daher völlig vom Verleger abhängig, hatte seine Selbständigkeit verloren und war mehr oder minder zum Lohnarbeiter abgestiegen. Eine umfangreiche Kapitalbildung konnte aber durch einen solchen Kleinmeister nicht vollzogen werden. Die Abhängigkeit der Produzenten von den Verlegern war in den Exportgewerben besonders hoch, sodaß diese nicht nur den Absatz, sondern die gesamte Produktion beherrschten. Die Verleger bestimmten Menge und Qualität der gewerblichen Erzeugnisse und waren die eigentlichen Unternehmer, die Erzeuger hingegen oft direkte oder indirekte Lohnarbeiter, auch wenn sie scheinbar selbständige Handwerksmeister blieben.

Die oberösterreichische Handelskammer kritisierte öfters die mangelnde Initiative der kleinen Meister und den Mangel an Bildung. Die Handwerker wiesen kaum Kenntnisse über neue Techniken und Arbeitsmaschinen auf. K. Bachinger sah diesen Bildungsmangel als Resultat von zwei Faktoren, einerseits als Konsequenz einer tiefgehenden Isolierung von den wirtschaftlichen Umweltveränderungen und andererseits als Ergebnis einer gewissen Bildungsunwilligkeit. Das starre Festhalten an traditionellen Formen und die Skepsis allem Neuen gegenüber waren ein Ausdruck eines ausgeprägten Traditionalismus.[113]

Der Niedergang der Kleineisenindustrie trug in Oberösterreich wesentlich zum Wandel der Regionalstruktur bei. Durch die Ansiedlung von Fabriken im Alpenvorland, setzte aus dem Inneren der oberösterreichischen Eisenwurzen eine ständige Zuwanderung der Bevölkerung in die neuen Ballungszentren ein. Zwar ist keine allgemeine Übereinstimmung der Bevölkerungsentwicklung mit dem Niedergang der Kleineisenindustrie in den einzelnen Gebieten zu erkennen, dazu war die Bevölkerungsentwicklung zu vielschichtig, wohl aber eine gewisse Parallelität. Ohne Zweifel hat der Niedergang der Kleineisenindustrie als dominierender Wirtschaftszweig dieser Region auf die Bevölkerungsbewegung einen wesentlichen Einfluß ausgeübt.

Entwicklung der Bevölkerung 1869–1910

Jahr	1869	1910	Zunahme in Prozenten
Steyr-Stadt	15.951	21.225	33,1
Steyr-Land	42.134	44.263	3,6
Kirchdorf/Krems	39.379	40.766	3,5
Oberösterreich	736.856	853.596	15,8

Quelle: Maurer, Herbert, Entwicklung der Bevölkerung 1869-1951. In: Atlas von Oberösterreich. Erläuterungsband zur zweiten Lieferung. Linz 1960, 62 f.

Während die Stadt Steyr infolge des Betriebes der Waffenfabrik von 1869 bis 1910 eine Bevölkerungszunahme um ein Drittel verzeichnete, stagnierten in den traditionellen Bezirken der Kleineisenindustrie Steyr-Land und Kirchdorf an der Krems die Einwohnerzahlen. Für diese Entwicklungstendenz war allerdings der Niedergang der Kleineisenindustrie nicht allein verantwortlich, sondern es spielten auch die Probleme der landwirtschaftlichen Produktion eine nicht unwesentliche Rolle. Durch die Dominanz der Kleineisenindustrie in diesen Bezirken ist aber die Bevölkerungsentwicklung wesentlich beeinflußt worden.

Der Niedergang des Kleingewerbes bedeutete für die in diesen Betrieben beschäftigten Arbeiter eine anhaltende Verarmung. Diese Pauperisierung war in einzelnen Gewerben wie etwa bei den Steinbacher Taschenfeitelmachern oder bei den Maultrommelnmachern in Molln besonders ausgeprägt. Die hoffnungslosen Zustände in der Kleineisenindustrie waren die Ursache für eine ständige Abwanderung in die städtischen Zentren vor allem des Alpenvorlandes, wobei die Waffenfabrik in Steyr infolge hoher Löhne viele Gesellen und Meister anzog. Die Abwanderung in die Fabrik bedeutete also nicht immer auch eine Verschlechterung des Lebensstandards.[114]

Dem Niedergang der Kleineisenindustrie stand in der Stadt Steyr der Aufstieg der Waffenfabrik gegenüber, die viele arbeitslos gewordene Eisenarbeiter aufnahm. Die Steyrer Fabrik gehörte im letzten Viertel des 19. Jahrhunderts zu den größten Waffenschmieden Kontinentaleuropas.

Kleineisenindustrie in Steyr 1860-1915
(Anzahl der Betriebe)

	1860	1887	1888	1910	1911	1915
Ahlschmiede	18	8	4	1	1	-
Büchsenmacher	4	3	4	1	1	1
Feilenschmiede	18	6	5	2	2	2
Glockengießer	1	1	1	1	1	1
Hammerschmiede	4	-	-	-	-	-

Hufschmiede	6	5	5	5	5	5
Klingenschmiede	11	2	2	-	-	-
Maschinnägelerzeuger	19	4	3	-	-	-
Messerer	63	27	27	8	8	7
Nagelschmiede	9	2	2	-	-	-
Neigerschmiede	6	4	4	3	2	2
Ring- u. Kettenschmiede	2	2	1	1	1	1
Schermesserer	14	5	5	1	1	1
Scherschmiede	7	1	1	-	-	-
Schlosser	19	15	15	13	13	12
Schrottschmiede	1	-	-	-	-	-
Schwertschmiede	2	-	-	-	-	-
Stricknadelmacher	1	1	1	-	-	-
Zeugschmiede	6	2	2	2	2	2
Zirkelschmiede	5	2	2	-	-	-
Zweckschmiede	19	9	10	2	1	1

Quelle: Altzinger Elisabeth, Die Entwicklung des Steyrer Eisenwesens von 1850-1914. Fallstudie zur regionalen Industrialisierung. Dipl. Arbeit Wien 1983, 108. Die Daten stammen aus Amtmann Franz, Stadt Steyr - Verzeichnis der in der k. k. Landesfürstlichen Kreistadt Steyr und den angrenzenden Gemeindebezirken, vormals zur Stadtpfarre gehörigen Häuser und Besitzer 1866 sowie aus dem Steyrer Haus-, Geschäfts- und Schreibkalender 1887-1915 und dürften nicht vollständig sein. Hinsichtlich der Zählungen der oberösterreichischen Handelskammer gibt es einige Abweichungen. So zählte die Handelskammer im Jahr 1860 noch 55 Messerer und 6 Klingenschmiede und 1886 nur mehr 17 Messerer und einen Klingenschmied. Die Abweichungen dürften aufgrund unterschiedlicher Zählmethoden entstanden sein. Die Handelskammer hat wahrscheinlich nur die ausgeübten Konzessionen erhoben.

Durch die aufstrebende kapitalistische Fabriksindustrie, die auch den Arbeitsmarkt und die Arbeitsverhältnisse nach liberalen Grundsätzen gestaltet sehen wollte, standen sich hier zwei gegensätzliche Arbeitswelten gegenüber. In der Kleineisenindustrie mit ihrem zunftmäßigen Denken, bestand die alte Arbeitsordnung weiter, die eine kapitalistische Ausrichtung des Arbeitsmarktes ablehnte. Hier genoß der Handwerker noch immer einen gewissen Schutz gegenüber einer kapitalistischen Umgestaltung der Arbeitsverhältnisse, obwohl bereits durch die Konkurrenz der Fabriken in einigen Zweigen eine deutliche Minderung der Einkommensverhältnisse sichtbar war. Den Unternehmer hinderte dies an einer elastischen Anpassung an die Absatzlage. Da Facharbeiter auch in Zeiten mit flauem Geschäftsgang beschäftigt werden mußten - bei den Sensenschmieden war noch um die Jahrhundertmitte eine einjährige Kündigungsfrist üblich -, konnte kaum auf Vorrat produziert werden.

In Oberösterreich hatte ein durch den Niedergang der Kleineisenindustrie erzwungener Berufswechsel der ehemaligen Eisenarbeiter meist kein soziales Absinken zur Folge, wie dies für die niederösterreichischen Eisenwurzen festgestellt werden kann. Im Gegenteil, die Abwanderung in die Fabriken bedeutete für viele Arbeiter ein höheres Einkommen und schuf die Möglichkeit zu einem sozialen Aufstieg innerhalb der Fabrikshierarchie.

Die Auflösung der Betriebe vollzog sich in unterschiedlichen Schritten. Oft mußte das Anwesen, da tief verschuldet, versteigert werden und der Meister sank zum Taglöhner oder Fabriksarbeiter herab. Manchmal kam es zur Stillegung des Betriebes und zur Abwanderung des ehemaligen Besitzers in eine Fabrik. Andere verkauften ihren Betrieb und wanderten in die Städte ab. Vielfach betrieben manche Meister das Unternehmen bis zu ihrem Tod, während die Söhne einen anderen Beruf erlernten und dann den Betrieb stillegten.[115]

Durch den verspäteten Ausbau der Eisenbahnlinien wurden die traditionellen Gewerbezweige an der Peripherie des Landes wie die Kleineisenindustrie des Steyr-, Krems- und Almtales in ihrer Entwicklung gehemmt. Hinsichtlich ihrer Wertigkeit mußten sich diese Regionen nun dem Zentralraum mit der Westbahn als Hauptverkehrsstrecke unterordnen. Die Standorte im Zentralraum entlang der Traun und der Westbahnstrecke übten eine wesentlich größere Attraktivität aus, weil zum Transport auch noch das Wasser als Energielieferant hinzukam. Damit setzte eine laufende „Deindustrialisierung" der oberösterreichischen Eisenwurzen ein. Die Abgeschiedenheit dieser rückständigen Gebiete lag vor Ausbruch des Ersten Weltkrieges in ihrer Entfernung von den Verkehrslinien.[116]

1) Tafeln zur Statistik der österreichischen Monarchie für das Jahr 1841. Zusammengestellt von der kaiserl. königl. Direction der administrativen Statistik, 14. Jg., Wien 1844.

2) Alfred Hoffmann, Wirtschaftsgeschichte des Landes Oberösterreich, Bd. 1: Werden, Wachsen, Reifen. Salzburg 1952, 362. Vgl. Karl Bachinger, Der Niedergang der Kleineisenindustrie in der niederösterreichischen Eisenwurzen (1850-1914). Fallstudie einer industriellen Regression. (Dissertationen der Universität Wien, Bd. 86) Wien 1972, 13 ff.

3) Hoffmann, Wirtschaftsgeschichte, 382.

4) Roman Sandgruber, Österreich 1650-1850. In: Europäische Wirtschafts- und Sozialgeschichte, Bd. 4: Von der Mitte des 17. Jahrhunderts bis zur Mitte des 19. Jahrhunderts. Herausgegeben von Ilja Mieck. Stuttgart 1993, 671.

5) Über die Geschichte der oberösterreichischen Sensenindustrie bis zur Mitte des 18. Jahrhunderts siehe: Franz Fischer, Die blauen Sensen. Sozial- und Wirtschaftsgeschichte der Sensenschmiedezunft zu Kirchdorf-Micheldorf bis zur Mitte des 18. Jahrhunderts. (Forschungen zur Geschichte Oberösterreichs, Bd. 9) Graz-Köln 1966.

6) Hoffmann, Wirtschaftsgeschichte, 362.

7) Franz Schröckenfux, Geschichte der österreichischen Sensenwerke und deren Besitzer. Herausgegeben von Franz John. Linz-Aichern 1975, 90 f. Vgl. auch Josef Zeitlinger, Sensen, Sensenschmiede und ihre Technik, Jahrbuch des Musealvereines 91 (1944), 140 ff.

8) Robert Staininger, Die Sensenschmiede um Freistadt, Oberösterreichische Heimatblätte 7 (1953), 220f.

9) Andreas Resch, Die alpenländische Sensenindustrie um 1900. Industrialisierung am Beispiel des Redtenbacherwerks in Scharnstein, Oberösterreich. (Studien zur Wirtschaftsgeschichte und Wirtschaftspolitik, Bd. 3, Hrsg.: Herbert Matis und Roman Sandgruber) Wien - Köln - Weimar 1995, 45 f.

10) Hoffmann, Wirtschaftsgeschichte, 363.

11) Tafeln zur Statistik 1841. Vgl. Hoffmann, Wirtschaftsgeschichte, 364.

12) Hoffmann, Wirtschaftsgeschichte, 365.

13) Tafeln zur Statistik 1845. Vgl. Hoffmann, Wirtschaftsgeschichte, 364 f.

14) Sandgruber, Österreich 1650-1850, 671 f. Vgl. Fischer, Blaue Sensen, 149 ff., 175 ff.

15) Hoffmann, Wirtschaftsgeschichte 373 ff. Vgl. auch Rudolf Kropf, Oberösterreichs Industrie (1873-1938). Ökonomisch-strukturelle Aspekte einer regionalen Industrieentwicklung (Linzer Schriften zur Sozial- u. Wirtschaftsgeschichte, Bd. 3, Herausgegeben von Gustav Otruba) Linz 1981, 40.

16) Tafeln zur Statistik 1841. Vgl. Hoffmann, Wirtschaftsgeschichte, 377 f.

17) Hoffmann, Wirtschaftsgeschichte, 367 ff. Vgl. Sandgruber, Österreich 1650-1850, 672.

18) Hoffmann, Wirtschaftsgeschichte, 367 f.

19) Hoffmann, Wirtschaftsgeschichte, 585 Anm. 453.

20) Tafeln zur Statistik 1841.

21) Hoffmann, Wirtschaftsgeschichte, 369 f.

22) Hoffmann, Wirtschaftsgeschichte, 365 ff.

23) Resch, Alpenländische Sensenindustrie, 45.

24) Bachinger, Kleineisenindustrie, 188 f. Vgl. Hugo Scherbaum, Rückgang und Hebung der Kleineisenindustrie von Waidhofen a. d. Ybbs und Ybbsitz. Ein Beitrag zur Geschichte der Eisenindustrie in den niederösterreichischen Eisenwurzen, Waidhofen a. d. Ybbs 1908.

25) Eduard Pfeil, Die Notlage der Kleineisen- und Stahlindustrie Niederösterreichs. Wien 1887, 22; Viktor Hack, Die oberösterreichische Messerindustrie. Vom Handwerk zur Industrie. Diss. Innsbruck 1958, 153. Vgl. Kropf, Oberösterreichs Industrie, 244.

26) Bachinger, Kleineisenindustrie, 194.

27) Kropf, Oberösterreichs Industrie, 34 ff.

28) Gustav Otruba, Rudolf Kropf, Die Entwicklung von Bergbau und Industrie in Oberösterreich. Die Gründerepoche bis zum Börsenkrach von 1873. Oberösterreichische Heimatblätter 25 (1971), 77 f.

29) Summarischer Bericht betreffend die Verhältnisse der Industrie, des Handels und Verkehres Oberösterreichs im Jahr 1871, Linz 1872, 102. Summarischer Bericht 1874, 52.Vgl. Kropf, Oberösterreichs Industrie, 234 f.

30) Tafeln zur Statistik 1841.

31) Hoffmann, Wirtschaftsgeschichte, 354 ff.

32) Mitteilungen aus dem Gebiete der Statistik, Jg. 8, Heft 1 (1860), 159.

33) Beiträge zur Statistik der österreichischen Industrie. In: Nachrichten über Industrie, Handel und Verkehr aus dem Statistischen Departement im k.k. Handelsministerium, Bd. 3. Wien 1873-1896, 19.

34) Wilhelm Schuster, Die Erzbergbaue und Hütten der österreichisch-Alpinen Montangesellschaft. In: Die Österreichisch-Alpine Montangesellschaft 1881-1931, Teil 2. Wien 1931, 247. Vgl. österreichisch-Alpine Montangesellschaft, Geschäfts- und Betriebsbericht für das Jahr 1889, Wien 1890, 21. Siehe auch Heinrich Mejzlik, Probleme der alpenländischen Eisenindustrie. Vor und nach der im Jahr 1881 stattgefundenen Fusionierung in die Österreichisch-Alpine Montangesellschaft (OEMAG), Wien 1971.

35) Alois Mosser, Die Entwicklung des Böhler Konzerns von seinen Anfängen bis zum Ausbruch des Ersten Weltkrieges. In: 100 Jahre Böhler Edelstahl. Wien 1970, 33. Vgl. Die Großindustrie Österreichs, Bd. 1. Wien 1898, 196.

36) Statistischer Quinquennalbericht über die volkswirtschaftlichen Zustände Oberösterreichs. Linz 1898, 162. Vgl. Erich Maria Meixner, Wirtschaftsgeschichte des Landes Oberösterreich, Bd. 2: Männer, Mächte, Betriebe, Salzburg 1952, 294.

37) Meixner, Wirtschaftsgeschichte, 290 f.

38) Summarischer Bericht 1871, 102.

39) Resch, Alpenländische Sensenindustrie, 47.

40) Industrie und Handel im Kaiserthume Österreich. Wien 1857-1861, 310.

41) Summarischer Bericht 1872, 98 ff.

42) Beiträge zur Statistik der österreichischen Industrie, 60.

43) Summarischer Bericht 1874, 54.

44) Statistischer Bericht der Handels- und Gewerbekammer Oberösterreichs zu Linz über die gesamten wirtschaftlichen Verhältnisse Oberösterreichs in den Jahren 1870-1875 unter vorwiegender Bedachtnahme auf Industrie, Handel und Verkehr. Linz 1876, 484.

45) Summarischer Bericht 1877, 122. Vgl. Bachinger, Kleineisenindustrie, 229. Über die oberösterreichische Sensenindustrie siehe: Kropf, Oberösterreichs Industrie, 236 ff.

46) Statistischer Bericht über die gesamten wirtschaftlichen Verhältnisse Oberösterreichs in den Jahren 1881-1885, Linz 1887, 527.

47) Gustav Brachmann, Die oberösterreichischen Sensen-Schmieden im Kampf um ihre Marken und Märkte, Wien 1964, 29 ff.

48) Summarischer Bericht 1876, 8. Brachmann, oberösterreichische Sensenschmieden, 71 ff; Karl Zeitlinger, Denkschrift über die Fälschung der oberösterreichischen Sensenmarken in Deutschland und der Mangel eines gerichtlichen Schutzes dagegen, Linz 1888.

49) Statistischer Quinquennalbericht 1897, 29; Brachmann, oberösterreichische Sensenschmieden, 86 ff.

50) Resch, Alpenländische Sensenindustrie, 57.

51) Summarischer Bericht 1868/69, 102 ff; Summarischer Bericht 1870, 99.

52) Summarischer Bericht 1872, 100; Rudolf Kropf, Die Entwicklung von Bergbau und Industrie in Oberösterreich (III). Oberösterreichs Industrie während der großen Depression, Oberösterreichische Heimatblätter 27 (1973), 191.

53) Beiträge zur Statistik der österreichischen Industrie, 60; Statistischer Bericht 1870-1875, 484.

54) Gustav Maix, Die Arbeitsverhältnisse in der Sensenindustrie, Sociale Rundschau 1 (1900), Band. 2, S. 742 ff.

55) Kropf, Oberösterreichs Industrie, 220.

56) Resch, Alpenländische Sensenindustrie, 57.

57) Bericht der Gewerbeinspektoren über ihre Amtstätigkeit im Jahr 1893. Wien 1894, 105. Vgl. Heinrich Mejzlik, Die nördlichen Eisenwurzen in Österreich, Wien 1935, 20 f.

58) Jahresbericht der Handels- und Gewerbekammer in Linz für 1904, Linz 1905, 12 ff.

59) Staininger, Sensenschmiede, 225. Schröckenfux, Sensenwerke, 368.

60) Karl Zeitlinger, Die Sensenindustrie in Österreich. In: Die Großindustrie Österreichs, Bd. 1 (1908), 73.

61) Die Großindustrie Österreichs, Bd. 6 (1898), 228 f; Resch., Alpenländische Sensenindustrie, 52 ff; Andrea Pühringer, Die Scharnsteiner Sensenwerke von ihren Anfängen bis 1870. In: Resch Andreas (Hg.),

Mächtig dröhnt der Hämmer Klang. Sensenindustrie und regionale Entwicklung in Scharnstein, Linz 1991; Josef Steinhäusler, Der Aufbau der Firma Redtenbacher in Scharnstein (1875-1910). In: Ebenda. Vgl. Ferdinand Wyhlidal, Grundlagen, Organisation und Technik des österreichischen Sensenexportes. Eine betriebswirtschaftliche Untersuchung. Diss. Wien 1936, 63.

62) Resch, Alpenländische Sensenindustrie, 54.

63) Resch, Alpenländische Sensenindustrie, 55.

64) Bericht über die Verhandlungen des oberösterreichischen Landtages nach den stenografischen Aufzeichnungen 1900, Linz o. J., 564.

65) Jahrbuch der österreichischen Industrie 1914. Herausgegeben von Rudolf Hanel, Wien 1914, Anhang S. 91.

66) Kropf , Oberösterreichs Industrie, 236 ff.

67) Statistischer Bericht über die gesamten wirtschaftlichen Verhältnisse Oberösterreichs in den Jahren 1876-1880, Bd. 2, Linz 1882, 73.

68) Bericht der Gewerbeinspektoren 1886, 110 f; Kropf, Oberösterreichs Industrie, 243 ff.

69) Hack, Messerindustrie, 133 ff.

70) Bericht der Gewerbeinspektoren 1894, 100.

71) Statistischer Bericht 1876-1880, Bd. 2, 69. Bericht der Gewerbeinspektoren 1887, 123 f.

72) Hack, Messerindustrie, 139.

73) Pfeil, Notlage, 26.

74) Statistischer Bericht 1876-1880, Bd. 2, S. 74.

75) Pfeil, Notlage, 40.

76) Bericht über die Verhandlungen des oberösterreichischen Landtages 1889, Beilage Nr. 93. Ebenda 1890, Beilage Nr. 155. Vgl. Kropf, Oberösterreichs Industrie, 245.

77) Bericht der Gewerbeinspektoren 1892, 109. Ebenda 1894, 101 ff. Bericht der k.k. Gewerbeinspektoren über die Heimarbeit in Österreich. Bd. 3. Wien 1901, 150. Mejzlik, Die nördlichen Eisenwurzen, 38.

78) Bericht der Gewerbeinspektoren über die Heimarbeit, Bd. 3, 144 ff. Vgl. Hack, Messerindustrie, 130ff.

79) Dazu existieren unterschiedliche Angaben: Vgl. Gregor Goldbacher, Aus der Entwicklungsgeschichte der Messerindustrie in Oberösterreich. In: Österreichs Industrie, Bd. 1: Oberösterreich. Linz 1925, 74; Hoffmann, Wirtschaftsgeschichte, 378; Hack, Messerindustrie, 155.

80) Hack, Messerindustrie, 157.

81) Jahrbuch der österreichischen Industrie 1914, Anhang S. 86.

82) Jahresbericht der Handels- und Gewerbekammer für das Erzherzogtum ob der Enns über Industrie, Handel und Verkehr im Jahr 1853, Linz 1854, 50 ff.

83) Beiträge zur Statistik der österreichischen Industrie, 536 f.

84) Statistischer Bericht 1876-1880, Bd. 2, S. 95.

85) Statistischer Bericht 1876-1880, Bd. 2, S. 97.

86) Kurt Schroffner, Die Entwicklung der Steyrer Eisenindustrie, Diss. Innsbruck 1948, 111 f.

87) Statistischer Bericht 1870-1875, 489.

88) Statistischer Bericht 1876-1880, Bd. 2, S. 83.

89) Jahresbericht der oö. Handelskammer 1902, S. 9 f.

90) Summarischer Bericht 1872, S. 106.

91) Heinrich Mejzlik, Die Eisenbewirtschaftung im Ersten Weltkrieg. Die Planwirtschaft des k. und k. Kriegsministeriums, Wien 1977, 426 f.

92) Hans Doppler, 75 Jahre Steyrwerke, Wien 1939, 19 f.

93) Statistischer Bericht 1870-1875, 516 ff; Vgl. Michaela Pfaffenwimmer, Die wirtschaftliche und soziale Entwicklung der „Österreichischen Waffenfabriks-Aktiengesellschaft" unter der Leitung des Generaldirektors Josef Werndl, Diss. Wien 1985.

94) Summarischer Bericht 1873, 130. Vgl. Doppler., Steyrwerke, 26. Viktor Schützenhofer, Josef Werndl, der Mann und sein Werk, Blätter für Geschichte der Technik, 5 (1938), 50.

95) Summarischer Bericht 1877, 103.

96) Statistischer Bericht 1876-1880, Bd. 2, S. 139. Vgl. Kropf, Oberösterreichs Industrie, 254 ff.

97) Doppler, Steyrwerke, 30.

98) Bericht der Gewerbeinspektoren 1892, 105.
99) Helga Neubauer, Österreichische Waffenfabriksgesellschaft beziehungsweise Steyr-Werke AG 1914-1934, Diss. Wien 1974, 9.
100) Statistischer Bericht 1870-1875, 489.
101) Summarischer Bericht 1872, 103.
102) Statistischer Bericht 1876-1880, Bd. 2, 98 ff.
103) Statistischer Bericht 1870-1875, 490.
104) Bericht der Gewerbeinspektoren über die Heimarbeit, Bd. 3, 153 f.
105) Statistischer Bericht 1870-1875, S. 490. Statistischer Bericht 1876-1880, Bd. 2, 87.
106) Herbert Matis, Österreichs Wirtschaft 1848-1913. Konjunkturelle Dynamik und gesellschaftlicher Wandel im Zeitalter Franz Josephs I, Berlin 1972, 311.
107) Jahresbericht der Handels- und Gewerbekammer in Linz für 1904, 87; Kropf, Oberösterreichs Industrie, 128 ff.
108) Franz Pisecky, Wirtschaft, Land und Kammer in Oberösterreich 1851-1976. Bd. 1: Das 19. Jahrhundert - die Zeit des Liberalismus, Linz 1976, 238 ff.
109) Berichte über die Verhandlungen des oberösterreichischen Landtages 1897, 201 und Beilage Nr. 46. Protokolle der Sitzungen der oberösterreichischen Handelskammer 1898, 62 f. Ebenda 1902, 120 f.
110) Berichte über die Verhandlungen des oberösterreichischen Landtages 1888, 395 und Beilage Nr. 109. Ebenda 1890, 608 und Beilage Nr. 155. Ebenda 1895, Beilage Nr. 182. Vgl. Bericht der Gewerbeinspektoren 1889, 97. Ebenda 1894, 100 ff. Hack, Messerindustrie, 145 ff.
111) Bachinger, Kleineisenindustrie, 283 ff.
112) Bachinger, Kleineisenindustrie, 283.
113) Bachinger, Kleineisenindustrie, 330 ff.
114) Helmut Konrad, Das Entstehen der Arbeiterklasse in Oberösterreich, Wien-München-Zürich 1981, 55f.
115) Bachinger, Kleineisenindustrie, 275 ff.
116) Franz Pfeffer, An der Schwelle des Motorzeitalters. Oberösterreichs Verkehr zu Beginn des 20. Jahrhunderts. In: Zur Geschichte des Motorverkehrs in Oberösterreich, Linz 1965.

Eva Kreissl

Die Messerer von Trattenbach

Ein kurzes Lehrstück über Sippenwirtschaft, Ungleichzeitigkeit und örtlichen Eigensinn[1]

Der Hammer

In den Regionalmuseen der oberösterreichischen Eisenwurzen stellt nicht selten ein großer mechanischer Hammer eines der Prunkstücke der Sammlungen dar und kündet von der Blüte der protoindustriellen Eisenverarbeitung. Der Sensenhammer in Micheldorf steht neben dem prunkvollen Herrenhaus als beredtes Zeugnis des Reichtums der „Schwarzen Grafen". Im Steyrer Museum Arbeitswelt wird in den Räumen der ehemals berühmten Hackwerke der vom Wasser angetriebene Hammer als Entwicklungsstufe zwischen Handwerksstube und Industriebetrieb präsentiert. Und in Steinbach an der Steyr dokumentiert ein Federnhammer den Erfolg der Steinbacher Messerindustrie.

Auch in Trattenbach gibt es noch einen Schwanzhammer, den sogenannten Rameishammer aus dem Jahre 1878. In einer kleinen Schmiede untergebracht, findet man ihn als Nachbarn zum Anwesen seiner Besitzer, einem grauen Steinhaus eng am Bach, das noch heute die verwaisten Werkstätten beherbergt, dazu Küche und Schlafzimmer. Dort hat nie ein „Schwarzer Graf" gewohnt und auch kein Fabriksherr. Hier lebte die Familie Rameis, die bis in die jüngere Vergangenheit Taschenfeiteln produzierte. So kommt auch diesem Hammer eine andere symbolische Bedeutung zu als seinen Vertretern in anderen Orten der Eisenwurzen. Denn den Trattenbachern haben die mechanischen Hämmer keinen Reichtum gebracht. Durch die Krafthämmer haben die Feiteln die industrielle Revolution überlebt - und die Messererfamilien mit ihnen. Auch den Stolz haben sie genährt, doch weniger den individuellen, auf Wohlstand und Besitz gegründeten, sondern vielmehr jenen kollektiven Stolz darauf, Trattenbacher zu sein. Noch heute wird hier ein Spruch immer wieder gerne zitiert:

„Es gibt dreierlei Leut' auf der Welt: Männerleut, Weiberleut und Trattenbecker."

Mit der kollektiven Orientierung auf den Ort, dem Festhalten an zünftischen Regeln bis ins 20. Jahrhundert hinein, mit ihrem eigenwilligen, improvisierenden Mechanisierungsstil und nicht zuletzt mit ihrem Produkt, den Feiteln, an deren Aussehen sich seit Jahrhunderten nichts Grundlegendes geändert hat, stellten die Trattenbacher innerhalb der oberösterreichischen Kleineisenindustrie von jeher eine Ausnahme dar. Dieser Sonderstellung Trattenbachs widmet sich dieser Beitrag.

Ein Ort - ein Produkt

Wir wissen nicht, seit wann in Trattenbach Messer produziert werden. Wir wissen nur, daß die Trattenbacher Scharsacher einst zur Steinbacher Messererzunft gehörten. Nach jahrhundertelangem Streit[2] erfolgte 1682 die Trennung von Steinbach und die Gründung einer eigenen Innung der Scharsach- und Kneipschmiede zu Trattenbach.[3]

Doch haben die Trattenbacher nur wenig Schermesser produziert. Sie waren zwar dazu in der Lage, und es gehörte zur Meisterprüfung, ein Dutzend ordentlicher Schermesser mit Rheinischen Klingen herzustellen.[4] Der Name der Innung bezog sich jedoch auf die Verwendung der Stahlsorte, den Scharsachstahl aus Reichraming. Er galt als der beste Stahl,[5] aus dem etwa auch Schwerter hergestellt wurden, oder eben Schermesser. Die Trattenbacher aber stellten aus diesem hochwertigen Rohstoff eine preiswerte Ware her, nämlich Taschenmesser mit hölzernem Griff, Feiteln oder auch Zauckerln genannt.[6]

Im Unterschied zu den Steyrer Messerern und dem Großteil der Steinbacher Zunftmitglieder waren die Trattenbacher Meister vom „Stock und Stein", also fähig und berechtigt, am Stock zu schmieden und am Stein zu schleifen. Die gesamte Produktion eines Taschenfeitels fand unter einem Dach statt. In manchen Werkstätten war die Schleife integrierter Bestandteil des Betriebes: In einem Raum wurde geschmiedet und gehärtet, in einem anderen geschliffen und poliert. Dabei war es im wesentlichen eine Frage der innerbetrieblichen Hierarchie, wer die angesehene Arbeit des Schmiedens übernahm und wer die zwar wichtige, jedoch gefährliche, ungesunde, und unangenehme Arbeit des Schleifens verrichtete.

In größeren Betrieben hingegen wurde die Schleife einem Bstandmeister übergeben.[7] Das waren spezialisierte Schleifermeister, die ihre Produktionsstätte beim Messerermeister mit der Verpflichtung pachteten, vorrangig für ihn zu arbeiten und erst in zweiter Linie andere, meist auswärtige Betriebe zu beliefern.[8] Die Hefte wurden von selbständigen Drechslern in Trattenbach und Umgebung hergestellt. Diese einfache, an die Produktionslogik geknüpfte Arbeitsteilung war für das Messererwesen des 17. und 18. Jahrhundert recht unüblich. In Steyr etwa waren an der Produktion der Messer drei Zünfte beteiligt: die Klingenschmiede, die Schleifer und die Messerer, deren Zuständigkeit streng von einander geschieden war.[9] Dazu kamen die Zulieferer für die Hefte und Schalen aus Holz oder Rinderknochen. In diesem System, das einen enormen „logistischen" Aufwand und einige Quellen für Streitigkeiten mit sich brachte, kam der angesehensten Zunft, den Messerern, die Arbeit des Beheftens und Beschalens der Griffe zu.

Bei der Herstellung der Trattenbacher Feiteln jedoch war genau diese Arbeit den Frauen und Kindern überlassen. Die Spezialisierung auf ein leicht handhabbares Produkt hat hier die an Hierarchien und ständischen Normen orientierte zünftisch Arbeitsteilung zugunsten einer „modernen" produktionslogischen Arbeitsorganisation unterlaufen.

Damit ist ein wesentliches Moment der Trattenbacher Sonderstellung angerissen, das sich vom Beginn der historischen Nachrichten bis in die heutige Zeit ausmachen läßt. Es ist dies eine gewisse „ungleichzeitige Orientierung", mit der die Trattenbacher gesellschaftliche Entwicklungen entweder um Generationen vorweggenommen haben oder auch über Jahrzehnte hinweg ignorieren konnten. Die Ungleichzeitigkeit in Denken und Handeln mag durch die Abgeschiedenheit des Tales hervorgerufen oder bereits von den ersten Scharsachern, die aus Steinbach hierher gesiedelt waren, mitgebracht worden und als Phänomen einer kollektiven Mentalität erhalten geblieben sein.

Deutlich sieht man diese Einstellung in den Auseinandersetzungen mit der Steinbacher Zunft. Am Ende des 16. Jahrhunderts ging es den Trattenbacher Messerern recht gut, während die Steinbacher einen schlechten Geschäftsgang zu beklagen hatten.[10] Nun versuchten die Steinbacher aufgrund ihrer zünftischen Autorität, die Konkurrenz durch die Trattenbacher einzudämmen, indem sie ihnen die Freiheit absprechen wollten, ihre eigenen Söhne auszubilden und ihre traditionellen Taschenfeiteln herzustellen.

Dieser Aushöhlung der zünftischen Ordnung zum eigenen Nutzen begegneten die Trattenbacher Messerer mit dem Verweis auf althergebrachte Rechte und Zueignungen an ihre Voreltern im Sinne einer „moral economy" (E. P. Thompson).[11] Sie verlangten nichts weiter, als das tun zu dürfen, was sie immer schon getan hatten. An die hundert Jahre dauerte dieser Streit zwischen Steinbach und Trattenbach, in denen die Trattenbacher lernten, daß das Mittelalter mit seinen traditionellen Bindungen, Rechten und Pflichten offensichtlich vorüber war. Diese Lehre beherzigten sie schließlich und begingen ein Sakrileg, das ihnen zum gleichwohl recht heftigen Beginn dieses Streites noch nicht als Protestform in den Sinn gekommen war: Ab 1678 beteiligten sie sich weder am Jahrtag der Zunft in Steinbach noch an der gemeinsamen Wallfahrt nach Maria Adlwang.[12]

Nachdem die Trattenbacher gar gedroht hatten, das Land zu verlassen, wenn sie nicht aus der Steinbacher Zunft befreit würden,[13] erhielten sie 1682 denn auch endlich durch Kaiser Leopold I. das Privileg, eine Filiallade zur Steinbacher Zunft zu gründen, der jeder Meister lediglich einen halben Gulden pro Jahr zu zahlen hatte. Nun „waren die Meister der jungen Trattenbacher Zunft so gut wie selbständig. Dies zeigte sich nicht zuletzt darin, daß wir nie etwas davon hören, daß dieser jährliche Beitrag an Steinbach abgeführt worden wäre."[14]

Die Handwerksordnung der neuen Zunft unterschied sich nur in wenigen Punkten von der alten Steinbacher Satzung.[15] Doch fällt auf, daß von den beiden schwerwiegenden Zankäpfeln der eine, nämlich das herzustellende Produkt, gar nicht behandelt wurde. Vielleicht hatten die Trattenbacher gedacht, der Streit mit Steinbach sei beigelegt, sobald sie ihre eigene Zunft gegründet hätten, und man käme hier wie dort ohne genaue Beschreibung und Abgrenzung der zu produzieren erlaubten Messersorten aus. Das Gegenteil war der Fall: Die Trattenbacher, die schon 1670 etwa das Doppelte an Feiteln und Kneipmessern der Steinbacher Produktion ablieferten, erfreuten sich auch im 18. Jahrhundert anscheinend eines regen Geschäftsganges[16] - jedenfalls eines besseren als die Steinbacher in dieser Sparte.[17] Die Trattenbacher blieben der ehrwürdigen und an sich recht wohlhabenden Steinbacher Zunft ein Dorn im Auge. Denn die Steinbacher „Schnapperln" wurden aus gemeinem Frumbstahl erzeugt und konnten mit den Trattenbacher Feiteln aus Scharsachstahl nicht konkurrieren. Unklar war vor allem, ob die Eisenobmannschaft oder die Vogtherrschaft Steyr die Entscheidungsgewalt über derlei Produktfestlegungen hatte. Erst 1755 sprach Kaiser Franz I. ein Machtwort und regelte, wer was wie herstellen und an wen verkaufen durfte.[18]

Der zweite Streitpunkt zwischen den Steinbachern und den Trattenbachern, die Ausbildung der Meistersöhne, wurde dagegen in der neuen Zunftsatzung sehr rigoros entschieden. In Trattenbach mußte ein Junge, der zum Handwerk zugelassen werden wollte, „ehr-, ehe- und redlich gebohren, eines gueten frombn Wandels und darzue eines Maisters Sohn seyn" (Art. 10). In allen Zünften wurden die Meistersöhne unabhängig von ihrer fachlichen Qualifikation bevorzugt. Doch hier wurde ein Junge nicht einmal zur Lehre zugelassen, wenn er nicht ein Meistersohn war. Zunftfremde durften nur dann zum Handwerk aufgedingt werden, wenn es einmal zuwenig Meistersöhne in Trattenbach geben sollte. Und auch dann mußten sie fünf statt drei Jahre lernen.

Warum entschieden die Trattenbacher diese Frage einerseits so rigide, formulierten sie aber in der Satzung dann doch recht ungenau? Was heißt „eines Meisters Sohn?" Mußte er der Sohn eines Meisters „vom Stock und Stein" sein? Oder durfte gar auch einer der Drechslermeistersöhne das Messermachen lernen? Oder war der Passus absichtlich für verschiedene Deutungen offen gelassen worden, um auf ortsfremde Ansuchen anders reagieren zu können als auf solche aus dem Ort, jedoch außerhalb der Zunft? In einem anderen wichtigen Artikel definiert die Satzung genau, daß sie unter einem Meister einen Scharsachmeister versteht: „Neun und Zwainzigstens sollen über die dato stehende Werkhstätt kheine neüe aufgerichtet, auch khein Scharsacher, so dießer Zunfft nit einverleibt ist, im Landt geduldt werden. Und ist dießes also der Scharsach Maister Special Ordnung."

Das war in der Tat eine Spezialordnung. Wer nicht eines Meisters Sohn war, wurde nicht aufgenommen, fremde Scharsacher wurden nicht geduldet und durften keine neuen Werkstätten eröffnen. Die Werkstätten mußten in Besitz der Zunftmitglieder bleiben und durften auch nicht durch neue Werkstätten vergrößert werden. Die Witwe eines Meisters durfte zwar den Betrieb weiterführen, verlor dieses Recht jedoch, wenn sie einen Zunftfremden heiratete.[19] Damit war der Grundstein für eine Art Ortskartell gelegt, das nicht nur die Zahl der Werkstätten auf die damals vorhandenen 30 Betriebe festlegte, sondern diese auch nur auf die Angehörigen der vier Scharsacher-Sippen[20] in Trattenbach verteilte. Von diesen wiederum konnte sich kein Einzelner durch nennenswerte Betriebsvergrößerungen einen Vorteil gegenüber den anderen verschaffen.

Wie aus dem Handwerksprotokoll der Trattenbacher Scharsachzunft hervorgeht, trugen von den 199 Jungmeistern, die in den Jahren von 1684 bis 1854 in die Zunft aufgenommen wurden, 145 den Namen Löschenkohl, 23 hießen Wendtner, 9 Weinberger und 6 Söllner.[21] Erst ab 1792, also mehr als hundert Jahre nach der Trennung von Steinbach, tauchen gelegentlich neue Meisternamen im Handwerksprotokoll auf, darunter die später so einflußreichen Steindlegger (1816 bzw. 1851), Hack (1850) und Pimsel (1851). Für die Dauer des Bestehens der Zunft bis 1859 läßt sich demnach sagen: Wer in Trattenbach Löschenkohl hieß, brauchte sich um sein Brot keine Sorgen zu machen.

Die Koppelung von Verwandtschaft an Existenzsicherung stellte einen enormen Stabilisierungsfaktor innerhalb der Ortsgrenzen dar. Wie weit diese Stabilität durch die Feindschaft nach außen mit den Steinbachern untermauert wurde, sei hier als offene Frage dahingestellt. Doch es hießen nicht alle Trattenbacher Löschenkohl, Wendtner, Weinberger oder Söllner. Eg gab ja noch die Gruber, Weyrmayr, Pranzl und Blasl.

Der letzte Messerermeister der Löschenkohl-Dynastie, Bruno Löschenkohl (geb. 1909), berichtete, daß eine Reihe der als Lehrjungen in die Zunft aufgenommenen Scharsacher gar nicht Löschenkohl geheißen, sondern diesen Namen nur angenommen hatten. Leider gehört diese Behauptung in den Bereich der lokalen Überlieferung und ist heute nicht mehr zu belegen. Doch wenn diese Behauptung (wie einige andere Fakten, die man sich in Trattenbach aus früheren Zeiten erzählt und die nachweisbar sind) nicht völlig frei erfunden wäre, dann kann diese Art, die eigenen Zunftbestimmungen zu unterlaufen, nur bedeuten, daß der angeblich ständisch motivierte Passus, ausschließlich Meisterssöhne zum Handwerk zuzulassen, die einzige Möglichkeit war, den Kreis der Meister territorial auf Trattenbach zu beschränken, nach dem Motto: lieber einen Drechsler(meister)sohn unter anderem Namen in die Zunft aufnehmen als einen Steinbacher.

Für die Ortsbezogenheit der Trattenbacher spricht auch, das während der ganzen Dauer der Zunft, also zwischen 1682 und 1859, ihr nie ein Zöchmeister vorstand, der nicht aus dem engsten Ortsgebiet stammte. Ein außerhalb der Ortsgrenzen lebender Scharsacher mußte zwar Mitglied der Trattenbacher Zunft werden, wenn er Scharsachstahl verarbeitete, doch zu Ehren und Würden kam er nie.

Wie die ebenfalls ausgedehnten Streitigkeiten der Steyrer Messerer mit den Steinbacher Messerern vor allem um die jeweiligen Handelsprivilegien deutlich zeigen, war die territoriale Bezogenheit von Macht und Reichtum durchaus üblich in dieser Zeit. Doch trachtete man in der Regel danach, den eigenen Einfluß durch Einbeziehung kompetenter neuer Zunftmitglieder auszubauen. Nicht so die Trattenbacher. Für sie zählte nicht, was einer konnte, sondern allein, wessen Vaters Sohn er war.

Nun war diese Einstellung weniger Frucht einer eigensinnigen Mentalität, sondern hatte recht simple Ursachen. Man gehe nur einmal durch das enge Tal, zumal im Sommer, wenn das Wasser, das einst die Wasserräder der Schleifen antrieb, knapper wird, oder im Winter, wenn es zu Eis erstarrt ist. Schon weiß man, aus welchem Grunde die Trattenbacher so ängstlich besorgt waren, die Zahl der Werkstätten in diesem Graben klein zu halten. Ebene, trockene Gründe waren immer schon rar in Trattenbach und die Wasserkraft enormen Schwankungen ausgesetzt. Natürliche Ressourcenknappheit war also eine Erfahrung, die die Trattenbacher bereits von Anfang an kannten. Das nächstliegende Verteilungskriterium an der Teilhabe am knappen Gut war die Orientierung an der Familienzugehörigkeit.

Die Familien - die Maschinen

Neben der Abschottung gegen fremde Konkurrenz in den eigenen Reihen brachte die Messerproduktion innerhalb des (erweiterten) Familienverbandes das denkbar effektivste Billiglohnsystem mit sich. Jede Werkstatt durfte offiziell nicht mehr als einen Jungen und zwei Gesellen beschäftigen, wobei manche der Gesellen bereits zum Meister ausgebildet waren, jedoch wegen der Beschränkung der Betriebsanzahl durch die Zunft gesellenweis arbeiten mußten.[22] Es war auch nicht unüblich, daß die Söhne bei ihren Vätern lernten und, ähnlich wie bei Bauern, die Arbeitstraditionen des Hauses fortführten, sobald sie den Betrieb übernommen hatten.

Hingegen gingen die Trattenbacher Gesellen nicht auf Wanderschaft.[23] Wozu auch? Die Herstellung der Feiteln war ein so spezialisiertes Verfahren, daß sie nirgends außer in Trattenbach etwas dazulernen konnten. Traditionsbewußtsein und Ortsorientierung der Einzelnen waren darüber hinaus so groß, daß sich jahrhundertelang anscheinend niemand aus dem Verband löste, um innovative Ideen im Bereich der Taschenmessererzeugung zu realisieren.[24]

Trattenbacher Feiteln entwickelten sich im 18. Jahrhundert zu etwas, was wir heute Markenzeichen nennen würden, und der ganze Ort lebte davon. Die Männer schmiedeten, härteten und schliffen oder drechselten. Die Frauen und Kinder drechselten ebenfalls oder übernahmen Zurichtarbeiten wie das Montieren der Klingen, das Beringen der Hefte oder das Verpacken der fertigen Messer. Die Arbeitskräfte konnten im Sinne des familiären Gesamtwohls je nach konjunktureller Lage mehr oder weniger gut entlohnt werden.

Es kamen zwar hier und da Differenzen zwischen Meistern und Gesellen vor. Doch erinnern diese mehr an Generationenkonflikte als an klassische Arbeitsauseinandersetzungen, da es sich in der Regel um die Strenge der einen und die Unbotmäßigkeit der anderen handelte[25] oder auch einmal um den Lohndruck, den der Einsatz von Frauen auf den Gesellenstand ausübte.[26] Bis auf einen einzigen Streik in den 20er Jahren dieses Jahrhunderts - als das familiäre Produktionssystem längst durchbrochen war[27] - hört man nie von einem Arbeitsausstand oder ähnlich massiv ausgetragenen Konflikten zwischen Meistern und Gesellen, wie sie etwa in Steyr durchaus vorgekommen waren.[28]

Das Trattenbacher System war eine Art Vorwegnahme kapitalistischer Methoden auf der Basis eines territorial und sozial eingegrenzten Kartells mit innerfamiliärer „Selbstausbeutung". Es versorgte die Familien- und Ortsmitglieder, doch es verlangte auch den vollen Einsatz aller, die zu diesem Verband gehörten.

Das bedeutet jedoch nicht, daß die Trattenbacher Zunft eine moderne Organisation mit rationalen Kriterien war. Ihre an den Produktionserfordernissen und der Ortszusammengehörigkeit orientierte Strategie ging Hand in Hand mit traditionalistischen Einstellungen, wie sie in der Vorrangstellung der ehelichen Geburt abzulesen sind oder an der strengen Hierarchie innerhalb der Zunft mit all ihren sozialkulturellen Ausdrucksformen.

Ein spekulativer, doch erwähnenswerter Gedanke ist, daß sich das Bewußtsein der Trattenbacher, gegenüber den Steinbachern „die jungen Abtrünnigen" zu sein, verselbständigt und konserviert hatte. Sie waren sich so sicher mit ihrem modernen Erfolgsrezept, mit dem sie bis ins 19. Jahrhundert hinein gut lebten, daß sie den Wandel der industriellen Revolution, der für die oberösterreichischen Messerer ohnehin recht spät einsetzte, schlichtweg verschliefen.

In der Mitte des 19. Jahrhunderts wurden mit der neuen Gewerbeordnung die Zünfte aufgehoben und durch freiwillige Genossenschaften ersetzt. So geschah es auch in Trattenbach. Doch änderte die Messergenossenschaft zunächst nicht viel am gut eingespielten Gewerbeleben und dem zünftischen Denken im Tal. Lediglich die ohnehin praktizierte Konzentration auf den Ort wurde durch die neue Ordnung festgeschrieben, und die außerhalb des Gemeindegebietes Ternberg ansässigen Feitelerzeuger gehörten seitdem zur Steinbacher Genossenschaft. Übrig blieben 17 Betriebe, die gemeinsam die benötigten Rohstoffe bestellten, die Verlaßwälder der Gegend nutzten und den Verkauf der Taschenfeiteln organisierten.

Durch die traditionelle kollektive Orientierung führte die Gewerbefreiheit in Trattenbach nicht wie in anderen Orten zu überstürzten Betriebsgründungen. Die Einschränkungen der Zunft, die Werkstätten(zahl) nicht zu vergrößern, war fortgefallen, dennoch wurden keine neuen Betriebe angesiedelt. Allerdings übernahmen um diese Zeit einige neue Besitzer - in der Regel durch Heirat - die alten Werkstätten. 1863 betrieben nur mehr acht Löschenkohl eine eigene Werkstätte (das sind Weißenstein, Gasteig, Buchberg, Unterdornach, Schmoig, König, Löschenkohl und Söll), die Söllner und Wendtner tauchen, zumindest als Meister oder Betriebsinhaber nicht mehr in Trattenbach auf (Handelskammerarchiv Linz).

Mit dem Ausbleiben eines gewerblichen Booms ergab sich hier auch eine Entwicklung nicht, die dem Steinbacher und Steyrer Messerhandwerk letztlich das Leben kostete.[29] Anders als dort entwickelte sich keiner der Trattenbacher Messerermeister zum Verleger. Nach wie vor wurden alle Produktionsschritte bei der Erzeugung der Feiteln unter einem Dach durchgeführt, in manchen Betrieben wurde nun auch offiziell gedrechselt. Die Meister blieben Meister, sie schmiedeten selbst und bildeten den Nachwuchs aus. Die fertigen Messer wurden an Handelsfirmen oder Verleger in Steyr gegen Geld verkauft, die sie in aller Welt vertrieben. Die Abhängigkeit, in die das Verlagswesen die kleinen Handwerker, wie etwa die Schmiede in Dambach und Kleinraming, in Steinbach, Grünburg, Neuzeug und Leonstein brachte, blieb den Trattenbacher Messerern erspart.[30]

Keines der Genossenschaftsmitglieder kam zu außerordentlichem Reichtum, doch hatte jedes von ihnen genug Arbeit im Haus. Der größte Betrieb jener Zeit war der der Familie Stübinger mit offiziell angegebenen 10 Arbeitern, acht Betriebe beschäftigten 8 Arbeiter, und in jeweils vier Werkstätten waren 6 bzw. 4 Arbeiter angestellt. Die mithelfenden Familienangehörigen sind dabei nicht gezählt (Handelskammerarchiv Linz).

Um 1860 hatte noch keiner der Trattenbacher Betriebe einen mechanischen Hammer. Nach wie vor wurden die Klingen heiß und mit dem Fausthammer geschmiedet. Doch hatten die Messerer zweifelsohne Krafthämmer gekannt, arbeiteten doch die Sensenschmiede der Gegend schon seit dem Mittelalter mit Schwanzhämmern. Auch in Steg, dem Trattenbacher Eisenschmelzwerk, das bis zur Mitte des 19. Jahrhunderts Eisen aus dem Wendbach verhüttete, gab es seit dem 16. Jahrhundert ein Hammerwerk.[31] Ebenso stand das Wasser zum Betrieb mechanischer Hämmer von jeher zur Verfügung. Doch erst nach 1860 fanden diese ihren Weg in die Trattenbacher Werkstätten.

Wiederum kommt Trattenbach mit der Einführung der Hämmer eine Sonderstellung innerhalb des oberösterreichischen Messerhandwerks zu. Während die größeren Messererbetriebe in Steyr selbst und in Steinbach vor allem als Verlagsunternehmen einiges Kapital erworben hatten und zu Messerfabriken auf dem neuesten technischen Stand erweitert wurden,[32] mußten die kleinen Werkstätten der Messerer auf dem Land eine nach der anderen zusperren, da sie dieser Konkurrenz nicht standhalten konnten.

Es entstanden etwa die Hackwerke und die „1. Steyrische Messer-, Stahl- und Metallwarenfabrik" Winternitz in Steyr, die Firma Ludwig Werndls Nachfolger und die Pilswerke in Steinbach und Sierning, die die ehemals selbständigen Messerer aus der Steyrer Umgebung als Lohnarbeiter aufnahmen.

Die Trattenbacher jedoch konnten ihre Handwerksbetriebe aufrechterhalten, indem sie ab dem letzten Drittel des vorigen Jahrhunderts Schwanzhämmer in ihren Werkstätten aufstellten, die durch Wasserräder vom Bach angetrieben wurden. Wie die Genossenschaftsmatriken aus dem Jahre 1903 zeigen, überlebten alle 17 Trattenbacher Feitelerzeuger dank des gemeinsamen Einsatzes einer mittelalterlichen Technologie das allgemeine Aussterben der Handwerksbetriebe in der Region (Handelskammerarchiv Linz).

Vielmehr noch: In der zweiten Hälfte des vorigen Jahrhunderts scheint eine rege Bautätigkeit im Tale geherrscht zu haben, was die heute noch erhaltenen Inschriften auf den größeren und vergleichsweise repräsentativen Häusern deutlich zeigen. Ein Bauplan aus dem Jahre 1895 etwa dokumentiert den Umbau eines alten Messererhauses, der „Wegscheid", durch die Familie Mathäus und Antonie Hack. Bemerkenswert ist, daß dabei die ortsüblichen barocken Stilelemente eingesetzt wurden, die außerhalb Trattenbachs selbst in der Provinz längst aus der Mode waren.[33]

Es scheint also, daß es den traditionsbewußten Trattenbacher Messerern nach wie vor gut ging. Sie hatten einen Weg gefunden, durch technische Innovationen ihre Handwerksbetriebe retten zu können, mit denen auch ihre an zünftischen Traditionen ausgerichtete Handwerksmentalität überlebt hat: Bis in die 30er Jahre dieses Jahrhunderts blieb es üblich, daß Lehrlinge und unverheiratete Gesellen beim Lehrherren wohnten. Die Lehrjungen erhielten keinen Lohn. Beim Mahl oder im Wirtshaus durften sie nicht am Meistertisch sitzen. „Unanständiges Betragen", wie es in der Lehrlingsmatrik heißt, wurde mit Verlängerung der Lehrzeit bestraft. Selbst Bruno Löschenkohl berichtete noch, daß er beinahe nicht freigesprochen worden wäre, weil sein Meister ihn auf der Straße beim Rauchen erwischt hatte.

Das retardierende Moment der Trattenbacher Handwerksmentalität, das die Messerer um 5 vor 12 zur Freude an ohnehin uralten Innovationen ermahnte, die Familien- und Ortsorientierung sowie die Konzentration auf ein bestimmtes Produkt hat die Feitelmacher die große Krise der Messerindustrie im letzten Drittel des vorigen Jahrhunderts überstehen lassen.

Doch dann...

Der Einsatz der Krafthammer scheint jedoch einen ersten Riß in die Handwerksmentalität der Trattenbacher getrieben zu haben, der sich mit den Jahren vergrößerte. Nach den Schwanzhämmern kamen zu Beginn dieses Jahrhunderts die Federnhämmer auf, die eine gleichmäßigere Arbeit ermöglichten. Noch vor dem ersten Weltkrieg wurden die ersten Wasserräder durch Turbinen ersetzt. Damit waren die ersten Schritte zu einer Massenfabrikation getan, der die ersten Betriebe zum Opfer fielen. Bis zum ersten Weltkrieg stellten vier der ehemals siebzehn Werkstätten ihre Produktion ein. Der größte Feitelerzeuger, Stübinger, wurde 1904 zu einer Nagelfabrik und Drahtzieherei und stellte nur mehr nebenbei und in einem anderen Betriebsgebäude Feiteln her. 1931 gab es nur mehr elf Messererbetriebe in Trattenbach: Löschenkohl, Stübinger, Ratzinger in der Wegscheid, Brandstetter beim König, Pimsl in Unterdornach, Steindlegger in der Point, Löschenkohl in Buchberg, Asböck am Kumpl, Gruber in Gasteig, Hack am Erlach und Rameis.[34] Bis zur Einführung der Krafthämmer stellten die Trattenbacher im Jahr etwa 3 Millionen Messer her.[35] Große Betriebe wie Stübinger lieferten täglich ungefähr 6000 Stück, die kleineren Werkstätten etwa 2000. Mit Federnhammer und Turbine erreichten sie mehr als das Doppelte dieser Produktionszahl.[36]

Die mechanischen Hämmer haben die Einstellung der Trattenbacher zu ihrem Produkt verändert. Langsam, doch unaufhaltsam setzt sich der durch die Mechanisierung ausgelöste Quantitätsaspekt gegenüber dem alten Bewußtsein durch, ein einfaches, jedoch qualitativ hochwertiges Produkt herzustellen. Der entscheidende Bruch geschah allerdings erst vor wenigen Jahrzehnten, als statt des Schmiedeverfahrens, bei dem die Klingen vom Bandstahl einzeln abgeschmiedet und geformt wurden, eine Stanze eingesetzt wurde, die aus rostfreien Stahlblechplatten die Klingen herausschneidet. Und ein automatisch geregelter Ofen übernimmt im letzten Trattenbacher Feitelbetrieb Löschenkohl heute die Kunst des Härtens, die bis in die 60er Jahre hinein als streng gehütetes Familiengeheimnis gehandhabt wurde.

Damit haben die Trattenbacher Feitelmacher ihr jahrhundertealtes Spezifikum preisgegeben, das ihren Erfolg gegenüber den mächtigen Steinbacher und Steyrer Messerern ausgemacht hatte. Aus dem einfachen, funktionstüchtigen, guten Taschenmesser für jedermann, hergestellt aus bestem Stahl ist ein billiger Souvenirartikel geworden. Und die Trattenbacher Messerer waren keine Schmiede mehr.

---

1) Dieser Beitrag ist ein Ausschnitt der wissenschaftlichen Grundlagenarbeit zur Vorbereitung der Landesausstellung 1998. Für Information und Diskussion danke ich den Herren Heinrich und Dr. Heinz Kieweg, Messerermuseum Steinbach a.d.Steyr, sowie Herrn Roman Blasl sen., Trattenbach und Herrn Walter Wohlhardt, Ternberg.

2) Anton Rolleder, Heimatkunde von Steyr, Steyr o.J. (1894), 442.

3) Karl Neudorfer/Richard Neudorfer, Heimat-Büchlein von Ternberg, Ternberg 1931, 26 ff.

4) Siegfried Wlasaty, Die Scharsachschmiede von Trattenbach, Hausarbeit aus Geschichte, Univ. Innsbruck 1963, 85 f.

5) Irmgard Hack, Eisenhandel und Messererhandwerk der Stadt Steyr bis zum Ende des 17. Jahrhunderts. Phil.Diss., Graz 1949, 6.

6) Der Ausdruck „Feitel" kommt von „falten" für das Zusammenklappen der Taschenmesser. „Zauk" ist ein Schimpfwort für meist weibliche, zänkische oder listige Menschen. Angeblich wurde es von den Steinbachern für die Menschen in Trattenbach benützt und ging dann auf deren Produkt über. Als „heizerte Zauk" werden in Trattenbach nicht nur läufige Hündinnen bezeichnet, sondern auch nicht gut schließende Taschenfeiteln, die locker in der Angel sitzen. (Ein Kommenatar zu Sexismus und Sprache erübrigt sich wohl).

7) Das waren meist auch die älteren Betriebe, die auf den wenigen ebenen Grundstücken im Tal angesiedelt waren. Die Schleife, die jedoch direkt am Wasser stehen mußte, war dann in kleinen, separaten Gebäuden am Bach untergebracht.

8) Wlasaty, Die Scharsachschmiede von Trattenbach, 96 ff.

9) Victor Hack, Die oberösterreichische Messerindustrie, Diss. der Wirtschaftswissenschaften, Innsbruck 1957, 32 f; Hack, Eisenhandel und Messererhandwerk, 68.

10) Wlasaty, Die Scharsachschmiede von Trattenbach, 57 f.

11) Edward P. Thompson, Plebeische Kultur und moralische Ökonomie, Berlin 1980.

12) Wlasaty, Die Scharsachschmiede von Trattenbach, 60f; Neudorfer, Heimat-Büchlein von Ternberg, 28.

13) Rolleder, Heimatkunde von Steyr, 442.

14) Wlasaty, Die Scharsachschmiede von Trattenbach, 62.

15) Beide Satzungen sind im Anhang von Wlasaty, Die Scharsachschmiede von Trattenbach, abgedruckt.

16) Neudorfer, Heimat-Büchlein von Ternberg, 28; Gregor Goldbacher, Aus der Entwicklungsgeschichte der Messerindustrie in Oberösterreich, in: Österreichs Industrie, I. Band, Linz 1925, 75.

17) Wlasaty, Die Scharsachschmiede von Trattenbach, 101.

18) Wlasaty, Die Scharsachschmiede von Trattenbach, 98 ff.

19) „Von Maister Wittiben. Acht und Zwainzigstens. Wan ein Maister mit Tod abgehet, und ein Wittib hinterlast, so khan dieselbe das Handtwerkh, solang sie im Wittibstandt bleibet, fortpreißen und arbeiten, jedoch, daß sie sich aber wider verehelichen und annebens aus dem Handtwerkh heyraten wirdt, so ist das Handtwerkh ihr zu arbeiten oder zu genüessen nit mehr zuegelassen." Wlasaty, Die Scharsachschmiede von Trattenbach, Anhang, 8.

20) Alfred Hoffmann, Wirtschaftsgeschichte des Landes Oberösterreich, Band 1: Werden, Wachsen, Reifen, Linz 1952, 497.

21) Instruktion Kaiser Franz I., in: Wlasaty, Die Scharsachschmiede von Trattenbach, Anhang, 10 ff.

22) Wlasaty, Die Scharsachschmiede von Trattenbach, 90.

23) Wlasaty, Die Scharsachschmiede von Trattenbach, 80 f.

24) Es ist lediglich ein Fall bekannt, in dem ein Trattenbacher nach Waidhofen/Ybbs zog, um dort Messer zu erzeugen. Das war 1740, und 1778 folgte ihm ein zweiter Trattenbacher zur Fortführung derselben Werkstatt. Wlasaty, Die Scharsachschmiede von Trattenbach, 91 f.

25) Neudorfer, Heimat-Büchlein von Ternberg, 29.

26) Wlasaty, Die Scharsachschmiede von Trattenbach, 84.

27) Dieser Streik dauerte von Mitte November bis zum 9. Dezember 1920 und war aufgrund der Weigerung der Meister ausgebrochen, die Löhne von 8 auf 11 Kronen zu erhöhen. Schulchronik Trattenbach, Buch III.

28) Hack, Die oberösterreichische Messerindustrie, 64.

29) Margit Prömer, Arbeits- und Lebenswelt Steinbach an der Steyr im 20. Jahrhundert, Dipl.Arbeit (Inst. f. Geschichte), Graz 1993, 12; Rudolf Kropf, Die Entwicklung von Bergbau und Industrie in Oberösterreich (III) - Oberösterreichs Industrie während der großen Depression (1873-1895), in: Oberösterreichische Heimatblätter, 27 (1973) Heft 3/4, 192 ff.

30) vgl. „Der Alpenbote", 1887, Jg.33, Nr.71.

31) Neudorfer, Heimat-Büchlein von Ternberg, 35 ff.

32) Hack, Die oberösterreichische Messerindustrie, 130 ff.

33) Für diesen Hinweis danke ich Herrn Dr. Huber, Bundesdenkmalamt Linz.

34) Neudorfer, Heimat-Büchlein von Ternberg, 30.

35) Handelskammerarchiv Linz; Wlasaty, Die Scharsachschmiede von Trattenbach, 105.

36) Diese Zahl ist zu errechnen nach den Angaben von Neudorfer, Heimat-Büchlein von Ternberg, 31.

Paul W. Roth

Die Steirische Eisenstraße. Von der Industrie- zur Museumslandschaft?

Wenngleich der Titel meines Vortrages noch mit einem Fragezeichen versehen ist, ist zu befürchten, daß der Wandel von einer Industrie- zu einer Museumslandschaft im Bereich der Steirischen Eisenstraße bereits vollzogen ist. Dabei befinden wir uns hier in einer - historisch gesehen - der wahrscheinlich bedeutendsten Industrieregionen Europas.

Lassen Sie mich kurz rekapitulieren: Der Steirische Erzberg! Seit dem 8. Jahrhundert nach Christus wurde hier Eisenerz gewonnen. Seit dem 16. Jahrhundert in Form des Grubenbaues. Mit der Einführung des Sprengstoffs im späten 17. Jahrhundert trat der Tagbau abermals hervor. Ab 1881 wurde anstelle des unregelmäßigen Abbaues mit einer durchlaufenden Etagierung begonnen. Bis zum Jahre 1907 waren allmählich 58 Etagen mit einer Durchschnittshöhe von 12 m ausgewiesen. Ab 1925 ging man daran, Etagen in doppelter Höhe abzubauen. Heute besteht der Erzberg aus 21 Etagen von durchschnittlich 24 m, von welchen einige in 12-Meter-Etagen unterteilt sind. Seine Höhe beträgt übrigens nur mehr 1.466 m, ursprünglich war er 1.532 m hoch.

So stellt der Steirische Erzberg, der aufgrund seines Ertrages als „Eherner Brotlaib der Steiermark" bezeichnet wurde, selbst ein gewaltiges Industriedenkmal dar! Im Verlauf der Geschichte wurden hier über 200 Millionen Tonnen Erz gewonnen, noch vor dem Jahre 2000 soll der Bergbau niedergesagt werden. Ansätze, den Erzberg zu einem großen Industriemuseum unter Bewahrung und Nutzung der Geräte umzugestalten, gibt es bereits. Grubenbefahrungen und „Übertag-Exkursionen" mit Haulpaks gibt es ebenfalls. Auch sind hier noch spezielle Industriedenkmäler aus längst vergangenen Zeiten erhalten; so der sogenannte „Kaiser-Franz-Stollen", wo der Herrscher 1832 anfuhr, oder die Reste des „Wismath-Wassertonnen-Aufzuges" aus der 1. Hälfte des 19.

Jahrhunderts, die allerdings von ihrem ursprünglichen Ort weg versetzt wurden.

Waren ursprünglich Abbau und Verhüttung in niederen Schachtöfen sowie das Ausschmieden unter einem Dach vereint, so kam es rund um den Erzberg um die Mitte des 13. Jahrhunderts durch die gesteigerte Nachfrage nach Rauheisen zu einer technischen Neuerung, die weitreichende Folgen hatte, nämlich zur Einführung der Wasserräder zum Antrieb der Blasebälge. Die Schmelzöfen wanderten ins Tal zu den Wasserläufen, nach Innerberg/Eisenerz, wo es bis zu 19 Radwerke geben sollte, und nach Vordernberg, jenseits des Präbichl-Passes mit 14 Radwerken. Die Öfen wurden, übrigens bis zum Anblasen des Kokshochofens in Donawitz, 1891, ausschließlich mit Holzkohle gefeuert. Von den Eisenerzer Holzkohlenhochöfen ist heute wenig Sehenswertes erhalten. Dagegen haben die 14 Vordernberger Öfen bedeutsame Denkmäler hinterlassen. Im derzeitigen Ort befanden sich die Schmelzaggregate aber erst seit dem Ende des 15. Jahrhunderts, nachdem sie der stärkeren Wasserkraft folgend eine Talwanderung durchgemacht hatten. Eine gewaltige Industrielandschaft entstand! Erst 1762 war man übrigens endgültig von den Stuck- zu Floßöfen übergegangen.

Die Bedeutung der Vordernberger Roheisenerzeugung wird dann deutlich, wenn man berücksichtigt, daß in der Steiermark im Jahre 1880 über 129.000 t Roheisen erschmolzen wurden, was über 40% der Produktion der österreichischen Reichshälfte darstellte, Vordernberg allein dazu 68.073 t oder 21,3% der Gesamtproduktion beitrug! Spätestens um die Mitte der 80er-Jahre stand aber für die ÖAMG fest, daß die Hütte Donawitz, nicht weil entfernt von Vordernberg, zum Hauptwerk auszubauen und hier die Roheisendarstellung mit Koks aufzunehmen sei. Damit war die Stillegung der Vordernberger Holzkohlenöfen, die sich freilich bis 1923 hinzog, vorprogrammiert. Im 20. Jahrhundert standen nur mehr die Radwerke I, II, III, IV und XIV unter Feuer. Das Radwerk III war übrigens um 1900 mit einer Tagesleistung von 60 t der wahrscheinlich produktivste Holzkohlenhochofen der Alpenländer. Stück für Stück wurden in den folgenden Jahrzehnten die Öfen abgetragen, so weit dies nicht schon in den 80er-Jahren des 19. Jahrhunderts geschehen war. Was verblieb, wurde zur Ruine. Noch 1955 rief eine obersteirische Zeitung dazu auf: Reißt die Ruinen nieder! Zu diesem Zeitpunkt aber hatte sich schon ein gewisses Umdenken bemerkbar gemacht. Bereits 1938 wurde auf Betreiben Wilhelm Schusters eine Sanierung des Daches des desolaten Radwerkes IV durchgeführt, 1941 der Ofen unter Schutz gestellt. Um 1940 wurden auch die Ruinen der Radwerke III und X erstmals gesichert. Aus einem 1955 entstandenen Proponentenkomitee ging schließlich 1956 der „Verein der Freunde des Radwerkes IV" hervor, der 1957 Eigentümer der Anlagen wurde und am 16. Mai 1959 das Radwerk IV als für Österreich einzigartiges Museum des Eisenhüttenwesens eröffnete. Abgerissen wurde der Ofen des Radwerks XIV, der als letztes 1923 niedergeblasen worden war; schon im späten 19. Jahrhundert waren fast alle Anlagen des vor dem Ort liegenden Radwerkes VII (Friedauwerk) niedergerissen worden.

Bereits 1941 weitete sich aber auch der Blick auf die Denkmäler des Eisenhüttenwesens der gesamten „Eisenstraße". Das ist die heutige B-115, die „Eisenbundesstraße", die von Enns über Steyr, Hieflau, Eisenerz nach Leoben führt. Der Pionier Franz Hofer regte 1965/67 Exkursionsrouten an, 1978 wurde das Thema „Die Eisenstraße als Freilichtmuseum" im Rahmen der ersten Tagung des „Montanhistorischen Vereines" in Vordernberg umfassend diskutiert. 1981 erfolgte die Gründung eines entsprechenden Arbeitskreises, 1982 die Schaffung einer Projektgruppe „Steirische Eisenstraße". Seit 1983 erschienen populäre Reiseführer, einer davon von Gerhard Sperl. Die wissenschaftliche Zielsetzung der Projektgruppe sind die Erhaltung, Sanierung und Präsentation der montanhistorischen Denkmäler des Bereiches sowie eine Abstimmung mit international gleichgerichteten Institutionen.

Die „Steirische Eisenstraße" braucht keinen Vergleich zu scheuen. Einige weitere Objekte: Das Radwerk I, welches als Informationszentrum gedacht ist, mit Gußhalle, mächtigem Kohlbarren, worunter sich die Pferdeställe befanden. 1967 konnte in letzter Minute der Ofenstock des Radwerkes X vor der Sprengung bewahrt bleiben. 1980 wurde die sogenannte „Lehrfrischhütte", welche 1843/44 bis 1849 als Lehreinrichtung der Montanlehranstalt in Betrieb war, unter Schutz gestellt. Als ehemalige Schmiede in eine Schmiede zurückverwandelt, gelangte sie 1957 zur Einstellung und ging 1961 ins Eigentum des Vereins der Freunde des Radwerkes IV über, der umfassende Renovierungen vornahm und sie museal in Betrieb setzte. 1982/83 wurde das, was geblieben war, vom 1921 niedergeblasenen Radwerk III gerettet und zu einem Museum umgestaltet. Es sind der Ofenstock und das Gebläsehaus mit der ersten, 1854, in Vordernberg eingesetzten und 1873 erneuerten Dampfmaschine. Eine ganze Reihe weiterer Baulichkeiten, wie etwa die 1845/47 erbaute „Laurenziröst", wurden inzwischen renoviert und restauriert. Die Arbeiten werden fortgesetzt. Natürlich gibt es auch außerhalb von Vordernberg, das hier hauptsächlich behandelt wird, Attraktionen, so das Forstmuseum Silvanum in Großreifling.

Kehren wir zum Radwerk IV, dem zentralen Gebäude des Eisenhüttenmuseums zurück. Die Führung beginnt auf der Kohlbrücke, man verfolgt den Weg der Roherzzufuhr, steigt dann auf den Gichtboden, wo die abgesicherte Gichtöffnung den Blick nach unten in den Ofenraum freigibt. Vom oberen Boden trifft man auf die vom Erzmagazin kommende Schienenbahn. Die Röstanlage ist zu besichtigen, schließlich gelangt man auf den Hüttenflur, sieht das wassergetriebene Gebläse, um schließlich in die geräumige Abstichhalle zu gelangen. Hier kann man die Arbeit noch riechen, ja auch der Balkon ist noch erhalten, auf welchen die Arbeiter geführt wurden, wenn sie, von Rauch und Hitze ohnmächtig zu werden drohten. Alles ist hier - soweit als möglich - hautnah zu erleben. Und es ist kein Wunder, daß der Bericht zum „Kleinregionskonzept Vordernbergertal" der Planungsgruppe Raumordnung bereits im Juni 1981 festhielt, daß die relativ größten Chancen für den Fremdenverkehr hier in Form des Sonderfremdenverkehrs liegen würden, „für den die bestehenden historischen Industriebauten und das zu schaffende Montanhistorische Museum die Attraktion darstellen könnten". Außerdem könne auf der Erzbergbahn der Dampfbetrieb wieder aufgenommen werden. Sämtliche in den beiden Kleinregionen Eisenerz und Vordernberg verstreuten Attraktionen seien in einem abgestimmten Programm anzubieten, um den Fremdenverkehr zu einem nennenswerten Aufschwung zu verhelfen! Nicht ohne Bedeutung war die 1984 in Eisenerz abgehaltene Landesausstellung zum Thema „Erz und Eisen in der Grünen Mark", die von mir geleitet wurde und 211.000 Besucher in die Region brachte, von denen annähernd 20.000 auch die Vordernberger Museen besuchten.

Inzwischen bemühen sich die genannten Vereine und natürlich auch die Gemeinde Vordernberg intensiv um die Erhaltung und Nutzung der angeführten Museen und Denkmäler. Die Fassaden alter Gewerken-häuser werden renoviert. In einem solchen befindet sich nun das Rat-haus. Ein Gemeindebeitrag zu „Denkmal- und Ortsbildschutz in Vor-dernberg, ein wichtiges Anliegen" äußert sich, wie folgt: „Es soll erreicht werde, daß die besondere Charakteristik unseres Ortes mit den vielen Zeugen seiner großen montangeschichtlichen Vergangenheit bestmög-lich erhalten und keineswegs verfälscht wird / ein fürwahr hochge-stecktes und übrigens kaum zu realisierendes Ziel / „. Es gehört zu einem wesentlichen Programmpunkt der örtlichen Gemeindepolitik, alle nur möglichen Initiativen zu ergreifen, um die gesteckten Ziele so rasch als möglich zu erreichen. Im „Gemeindespiegel" von Vordernberg sind nun regelmäßig eigene Rubriken über die Leistungen enthalten. Alles in allem war somit in rund einem Jahrzehnt eine vormalige Indu-strielandschaft, an einer Straße, die in ihrem zentralen Bereich rund 50 km lang ist, mit Eisenerz und besonders Vordernberg als Zentrum in eine „Museumslandschaft" umgewandelt worden. Freilich, Jugovitz, der berelts 1898 (also vor fast l00 Jahren) auf das Ambiente von Natur und Arbeitswelt hinwies - damals arbeiteten allein am Erzberg rund 5000 Mann - und eine Eisenbahnfahrt von Vordernberg nach Eisenerz als besonderes Erlebnis anpries, sah eine andere Welt. Das ist aber wohl ein Problem aller musealen Darstellungen der Arbeitswelt!

Literatur

Paul W. Roth, „Die Steirische Eisenstraße". Von der Industrie zur Mu-seumslandschaft. In: Der industrialisierte Mensch. 28. Deutscher Volkskunde-Kongreß Hagen, 7.-11. Oktober 1991 (= Forschungs-beiträge zu Handwerk und Technik, Bd. 5, Münster 1993) - mit Angabe der weiteren Literatur zur Eisenstraße, insbesondere von Hans Jörg Köstler und Gerhard Sperl. Dazu auch: Paul W. Roth, Die steirische Eisenstraße, Blätter für Heimatkunde 58 (1984), 38-45.

Reinhold Kräter

Das dezentrale Kulturprojekt Oberösterreichische Eisenstraße:

Integrative und basisorientierte Kulturarbeit mit überregionaler Tragweite im fortschreitenden europäischen Integrationsprozeß

Vorbemerkung

Die politischen - und natürlich auch die ökonomischen - Umwälzungen der letzten Jahre in Europa hatten nicht nur unmittelbare Auswirkungen auf die Kulturpolitik der einzelnen Staaten dieses Kontinents, sondern auch auf die dort geleistete Kulturarbeit, die naturgemäß in einem sehr engen Wechselwirkungsverhältnis zur jeweils „gültigen" Kulturpolitik steht.

Die Beendigung des Kalten Krieges und die damit verbundene Öffnung des Eisernen Vorhangs führten somit - eigentlich doch recht unvorhergesehen - zur Aufgabe bis dahin gültiger Botschaften und Dogmen in der europäischen Kulturpolitik und in der Kulturarbeit in den beiden einander gegenüberstehenden politischen Blöcken oder zumindest aber zu einer Neudefinition der Inhalte zukünftiger kulturpolitischer Botschaften, genauso wie zu einer Neufestlegung - im Sinne einer Erweiterung - der jeweils gültigen Relevanzräume für diese fortan kommunizierten kulturpolitischen Inhalte und die sich daran orientierende Kulturarbeit. Zahlreiche, unter anderem auch von Kulturpolitikern initiierte und unterstützte Schulpartnerschaften, wie zum Beispiel die einiger Höherer Schulen aus Oberösterreich mit vergleichbaren Institutionen aus der CSFR und der Ukraine,[1] sind nur einige von zahlreichen Indizien dafür.

Doch nicht nur die politischen und ökonomischen Veränderungen im Zuge des Demokratisierungsprozesses in den Ländern Ostmitteleuropas und Osteuropas waren es, die Anteil an der Veränderung der Perspektiven und Inhalte von Kulturpolitik und Kulturarbeit in den Ländern Europas hatten. Auch dem Prozeß der stetig fortschreitenden europäischen Integration, zumeist betrieben durch Mitgliedsstaaten der Europäischen Gemeinschaft (EU) und die entsprechend beitrittswilligen Staaten, ist in diesem Zusammenhang große Bedeutung zuzuschreiben; nicht zuletzt deshalb, weil eine Staatengemeinschaft, selbst wenn sie, wie im Falle der EU, sehr massiv das zwischenstaatliche Einigungsprinzip auf marktwirtschaftlicher Ebene forciert, auch auf kulturelle Gegebenheiten in den einzelnen Mitgliedsstaaten Rücksicht nehmen muß. Vor allem dann, wenn, wie etwa in Europa, Kultur stark durch Diversifikation charakterisiert ist.[2]

Auch innerhalb der Kulturwissenschaften haben die Öffnung des Eisernen Vorhangs und der über die Europäische Union am Kontinent betriebene politische und ökonomische Integrationsprozeß erhebliche Veränderungen an der Interessenslage der Forschenden, zumindest aber eine (quasi von äußeren Umständen erzwungene) Verlagerung der Forschungsschwerpunkte bewirkt. Inhalte und Quellen, die entweder mangels Interesses oder mangels Zugänglichkeit lange Jahre „verborgen und geheimnisumwittert" in einer Art „wissenschaftlicher Dornröschenschlaf" verharrten, rückten plötzlich in den Mittelpunkt des Interesses von Forschenden und wurden bzw. werden Gegenstand wissenschaftlicher Untersuchungen.

Bezugnehmend auf die Kulturpolitik, die Kulturarbeit und die kulturwissenschaftliche Forschung in Österreich ist anzumerken, daß alle drei „Disziplinen" hierzulande in den letzten Jahren ebenfalls sehr stark den eingangs geschilderten politischen und ökonomischen Umwälzungsprozessen am Kontinent unterworfen waren. Zurückzuführen ist dies unter anderem auf den Beitritt Österreichs zur Europäischen Union und die nach wie vor bedeutende geopolitische Lage dieses Landes, die es - als Nachbarstaat zahlreicher ehemaliger Ostblockländer, die aufgrund ihrer positiven wirtschaftlichen Entwicklung massives Interesse an der Teilnahme am europäischen Integrationsprozeß in Form von voll integrierten EU-Mitgliedern zeigen - vermehrt noch als früher zum begehrten Vermittler und Botschafter zwischen den Ländern des ehemaligen Ostblocks und denen des einstigen sogenannten politischen Westens machen und an diese Vermittlerrolle auch bestimmte Erwartungen knüpfen.

175

So kommt es nicht von ungefähr, daß gerade in den letzten beiden Jahren eine Reihe österreichischer Publikationen die Veränderung der inhaltlichen Perspektiven und der gültigen Relevanzräume europäischer Kulturpolitik, Kulturarbeit und kulturwissenschaftlicher Forschung während der letzten Zeit zum Inhalt haben.

Drei dieser hierzulande publizierten Artikel, einer von Hermann Bausinger, mit dem Titel „Region - Kultur - EG", erschienen im Jahr 1994 im Heft 2 der Österreichischen Zeitschrift für Volkskunde, ein weiterer von Konrad Köstlin mit dem Titel „Reisen, regionale Kultur und die Moderne", erschienen im Jahr 1994 im Tagungsband der Österreichischen Volkskundetagung von 1992 sowie ein dritter von Ronald Lutz, mit dem Titel „Bildungs- und Kulturtourismus. Zur Reformulierung der Region", ebenfalls im Tagungsband der Österreichischen Volkskundetagung von 1992 erschienen, werden in weiterer Folge eingehender erörtert. Sie ermöglichen es, aufbauend auf den in diesen Artikeln dargelegten Fakten, Postulaten, Widersprüchen und Übereinstimmungen nunmehr das Kulturprojekt Oberösterreichische Eisenstraße zu beschreiben und zwar im Hinblick auf seine Bedeutung als regionales kulturtouristisches Leitprojekt mit überregionaler Tragweite.

Die Region „Oberösterreichische Eisenwurzen" - (Kultur)politisches Konstrukt der Gegenwart oder historisch gewachsener Raum?

In einer Zeit, in der - nicht zuletzt aufgrund des europäischen Integrationsprozesses die „Regionalisierung Europas" auch in der Kulturpolitk zunehmend den geistigen Hintergrund für politisches Handeln bildet und in der auch in der praktischen Kulturarbeit bei der Umsetzung von Projekten stets auf die Artikulation der regionalen Eigenart[3] Wert gelegt wird, gewinnt für Kulturschaffende wie auch „Kulturkonsumenten" zunehmend die Frage an Bedeutung, ob die Regionen, die gleichsam Ideenwerkstatt und Kulisse für die kulturelle Betätigung bilden, nun eigentlich politische Konstrukte der jüngsten Vergangenheit darstellen oder ob diese Regionen doch stets historische gewachsene Räume mit gemeinsamer Tradition und Geschichte sind.

176

Köstlin hält in diesem Zusammenhang fest, daß die Entdeckung der Region als „Kultur-Region" ein geistiges Produkt der Moderne ist. Die Regionalisierung von Kultur ist seiner Auffassung nach der Versuch, angesichts der Unübersichtlichkeiten der Moderne, durch die Reduktion auf Handhabbarkeit und Überschaubarkeit, die Komplexität auf ein erträgliches Maß zu bringen.[4]

Bausinger wiederum bemerkt, daß Regionen ihre Dignität und Legitimität daraus beziehen, daß ihre „Eigenart" die Maßstäbe statistischer Ausdifferenzierung und Vereinheitlichung übersteigt und mitunter auch durchkreuzt.[5] Für Bausinger sind Regionen stets Kulturräume, wobei die objektiven Unterschiede zwischen den einzelnen Regionen oft gar nicht erheblich sind und die Grenzen einzelner Merkmale (also für die jeweilige Region scheinbar typischer Merkmale) nicht immer der (geographischen) Grenze einer Region entlanglaufen. Kulturgrenzen sind demnach in vielen Fällen abstrahierende Setzungen, welche die tatsächlichen Übergangsräume, die fließenden Grenzen auf eine Linie zusammenziehen.[6]

Bausinger betrachtet zudem Regionen nicht nur als kulturhistorisch geprägte Einheit sondern auch als aktuelle Kommunikationsräume. Er hält fest - und damit kommen wir zum Kernpunkt -, daß Regionen zumeist auch politische Gebilde sind, zumindest aber Planungs- und Ordnungsgrößen.

„In Österreich und Deutschland wird man - in einem europäischen Zusammenhang - die Bundesländer als Regionen verstehen, selbst wenn es unter dieser Ebene kleinere Einheiten gibt, die offiziell als Region bezeichnet werden. Die Bundesländer sind, wie viele andere Regionen auch, zum Teil Konstrukte, Setzungen, die im Zuge des Neuordnungsprozesses der Nachkriegszeit vorgenommen wurden. Der Konstruktionscharakter wird oft verurteilt, und statt dessen wird auf ,gewachsene Räume' gepocht. Aber gewachsene Räume sind meistens nichts anderes, als das, was sich auf der Grundlage früherer, älterer politischer Konstrukte entwickelt hat, an die man sich gewöhnt hat und die zur kulturräumlichen Strukturierung beigetragen haben."[7]

Damit legt Bausinger klar, daß es eine unmittelbare Beziehung zwischen dem sogenannten historisch gewachsenen Raum und dem Raum als politischem Konstrukt gibt und daß in den meisten Fällen der Mensch durch raumordnungspolitische Maßnahmen an der Entstehung der Regionen Anteil genommen hat.

Um nun aber konkret auf das Kulturprojekt Oberösterreichische Eisenstraße einzugehen: Wie sieht hier der Sachverhalt aus, ist der Relevanzraum dieses Kulturprojektes nun historisch gewachsener Raum oder ist er ein politisches Konstrukt der Gegenwart ?

Dazu wäre anzumerken, daß alle Maßnahmen, die zur Umsetzung des Kulturprojektes Oberösterreichische Eisenstraße getroffen werden, bezogen sind auf einen bestimmten, geographisch mehr oder weniger exakt abgrenzbaren Raum, der von den Proponenten und den verantwortlichen Kulturpolitikern schlichtweg als die Region „Oberösterreichische Eisenwurzen" beschrieben wird. Dieser geographisch abgrenzbare Raum, der oberösterreichische Anteil der Eisenwurzen also, umfaßt nahezu ein Fünftel der Landesfläche von Oberösterreich und reicht von der Steirischen Landesgrenze im Südosten des Bundeslandes entlang der Landesgrenze zu Niederösterreich bis zur Stadt Enns; von dort verläuft die Grenze des Relevanzraumes „Oberösterreichische Eisenwurzen" südwestwärts über die Gemeindegebiete von Dietach, Steyr und Sierning nach Bad Hall,[8] ehe sie - zunächst dem Steyrtal folgend - über die Gemeinden Micheldorf/Kremstal und Steinbach/Ziehberg bis zu ihrem westlichsten Punkt nach Scharnstein vorstößt. Von dort folgt die Grenze den nordöstlichen Ausläufern des Toten Gebirges und verläuft - den Talkessel von Stoder einschließend - bis zur Steirischen Landesgrenze am Pyhrn-Paß, ehe sie dann, den Haller-Mauern in West-Ost Richtung folgend, wiederum Altenmarkt im Ennstal erreicht.

Die Charakteristik dieses Relevanzraumes besteht darin, daß im wesentlichen alle darin eingeschlossenen Orte und Gemeinden Zentren der regionalen Eisengewinnung oder -verarbeitung waren, oder aber (wie zum Beispiel Hinterstoder durch seinen Holzreichtum) unmittelbare Bedeutung für die Versorgung der Zentren der Eisenverarbeitung mit Rohstoffen hatten. Demnach also ein Indiz dafür, daß der Relevanzraum „Oberösterreichische Eisenwurzen", als Operationsgebiet des Vereines Eisenstraße OÖ., tatsächlich ein historisch gewachsener Raum ist, in dem enge Wirtschafts- und Sozialkontakte seit vielen Jahrhunderten existieren.

Probleme mit der Abgrenzung dieses Relevanzraumes ergeben sich aber dort, wo nicht immer besondere topographische Erscheinungen oder - was in diesem Zusammenhang viel schwerer wiegt - die Tatsache der Existenz einer historisch bedeutsamen Tradition einer Gemeinde in der Eisenverarbeitung diesen Grenzverlauf der „Oberösterreichischen Eisenwurzen" eindeutig ausmachen. Derartige „Unschärfen" in der Begrenzung des Relevanzraumes „Oberösterreichische Eisenwurzen" als Operationsgebiet des besagten Vereines gibt es demnach etwa im Kremstal zwischen Schlierbach und Kremsmünster, wo es zwar nicht überall Eisenverarbeitung in entsprechendem Maße gab von wo aber - bedingt durch die Bedeutung der Stifte für die regionale Wirtschaft - durchaus Impulse für die regionale Kleineisenverarbeitung ausgingen oder aber zwischen Bad Hall und Sierning, wo einfach nicht Flußläufe und -täler oder sonstige besondere naturräumliche Gegebenheiten die Region „logisch", also natürlich, begrenzen.

Kritiker der These, daß die Oberösterreichische Eisenwurzen, als Operationsgebiet des Vereines Eisenstraße OÖ., historisch gewachsener Raum wäre, nützen diese „Unschärfen" in der Abgrenzung des besagten Relevanzraumes gerne aus, um damit zu implizieren, der Begriff „Oberösterreichische Eisenwurzen" wäre eben ein kulturpolitisches Konstrukt der Gegenwart.

Gestützt wird ihre Argumentation dabei von der Annahme, daß die Oberösterreichische Eisenwurzen als Relevanzraum für das Kulturprojekt Oberösterreichische Eisenstraße mit den von der Europäischen Union im Südosten von Oberösterreich definierten Zielgebieten für Ziel 2 und Ziel 5b-Förderungen[9] ident wäre. Eine Annahme, die allerdings auf falschen Erkenntnissen beruht, weil etwa Gemeinden wie Enns und Scharnstein, die innerhalb des Eisenhandels und der -verarbeitung einen entsprechenden Stellenwert hatten, aber nicht innerhalb der genannten Zielgebiete liegen, ebenfalls mit Einzelprojekten in das Kulturprojekt Oberösterreichische Eisenstraße eingebunden sind; und umgekehrt gibt es Gemeinden wie Wolfern, Inzersdorf oder Pettenbach, die zwar innerhalb der genannten Zielgebiete liegen, aber eben nicht am Kulturprojekt Oberösterreichische Eisenstraße partizipieren.

Weshalb es letztlich doch wieder sehr plausibel erscheint, daß trotz aller „Unschärfen" in der räumlichen Abgrenzung die Definition der Oberösterreichischen Eisenwurzen als Relevanzraum für das Kulturprojekt Oberösterreichische Eisenstraße sehr wohl darauf abzielt, eben jenen historisch gewachsenen Raum zu umfassen, innerhalb dessen die Eisengewinnung und -verarbeitung aber auch die Versorgung dieser Produktionszweige und der dort tätigen Menschen mit Grundstoffen und Nahrungsmitteln zentrale wirtschaftliche Bedeutung hatte.

Ein weiterer Indikator, der diese Problematik einer eindeutigen Klassifikation des Relevanzraumes für das Kulturprojekt Oberösterreichische Eisenstraße als historisch gewachsener Raum oder als politisches Konstrukt der Gegenwart verdeutlicht, ist die Einstellung der Bewohner zum Begriff „Oberösterreichische Eisenwurzen" als Nomen loci für das zuvor beschriebene Gebiet. Im Rahmen von Befragungen zahlreicher Gewährspersonen während der Durchführung wissenschaftlicher Koordinationstätigkeiten für den Verein Eisenstraße OÖ. konnte nämlich die Erkenntnis gewonnen werden, daß immer wieder Teile der ansässigen Bevölkerung die Auffassung vertreten, der Begriff „Eisenwurzen" wäre eigentlich ausschließlich auf den Erzberg (als „Wurzel des Eisens") zu beziehen und hätte erst durch kultur- und regionalpolitische Aktivitäten in den letzten Jahrzehnten in Oberösterreich als Regionalbezeichnung für das zuvor definierte Gebiet Gültigkeit erlangt. Die oberösterreichische Eisenwurzen wäre demzufolge, wie viele Gewährspersonen meinten, ein politisches Konstrukt unserer Zeit.

Von den Verfechtern der These, daß die Oberösterreichische Eisenwurzen seit jeher historisch gewachsener Raum sei, wird dem entgegengehalten, daß es Eisenerzgewinnung eben nicht nur am Erzberg, sondern - zwar weniger ergiebig - auch auf oberösterreichischem Hoheitsgebiet, wie etwa im Wendbach bei Ternberg („Waldeisen"), auf dem Arzberg in Reichraming, auf dem Gemeindegebiet von Unterlaussa aber auch im Gemeindegebiet von Molln gegeben hätte, weshalb der Begriff „Eisenwurzen" niemals nur für den Erzberg gegolten haben könne, sondern für den gesamten Naturraum zwischen den einzelnen Erzabbaugebieten nördlich der Alpen. Eine Argumentation, die, wie die teilnehmende Beobachtung des Verfassers ergeben hatte, oft auch an den Hinweis gekoppelt war, daß „Oberösterreichische Eisenwurzen" dann als

Regionsbegriff eben nicht nur den geographisch abgrenzbaren Raum beschreibe, der zahlreiche Erzgewinnungs- und -verarbeitungsstätten im südöstlichen Oberösterreich umfaßt, sondern auch noch jene Gebiete, innerhalb derer es einen Reihe von engen Wirtschaftsbeziehungen und sozialen Kontakten zwischen den Menschen gab. Ein durchaus interessanter Hinweis, der vor allem auch mit dem über viele Jahrhunderte in dieser Gegend aufrecht gehaltenen Proviantwidmungssystem in Verbindung gebracht werden könnte.

Gerade an diesem Beispiel, den soeben dokumentierten Einstellungen der Bewohner zum Begriff „Oberösterreichische Eisenwurzen" als Nomen loci für ein bestimmtes Gebiet, zeigt sich aber, daß die Klassifikation, ob dieses Gebiet nun historisch gewachsener Raum oder kulturpolitisches Konstrukt der Gegenwart sei, sehr oft auch von subjektiven Werthaltungen beeinflußt wird. Für den Kulturwissenschafter erschweren aber gerade diese subjektiven Werthaltungen im Forschungsfeld natürlich eine objektive Erkenntnisfindung und somit ist - gemäß den Ausführungen Bausingers - eine eindeutige Zuordnung in eine der beiden Kategorien oft tatsächlich nicht möglich, auch wenn, wie am Beispiel der Oberösterreichischen Eisenwurzen dokumentiert werden konnte, viele Indikatoren darauf hindeuten, daß diese Region in ihrer Abgrenzung sehr wohl als historisch gewachsener Raum zu betrachten ist.

Die Landesausstellung 1998 - Auftakt zu einer integrativen, basisorientierten Kulturarbeit?

Im Jahre 1981 verabschiedete die Konferenz europäischer Kulturminister im Zuge ihrer Diskussion über die Öffnung der Regionalkulturen einen Katalog zur sogenannten „démocratie culturelle". Auffallend an den in diesem Katalog diskutierten Inhalten war, daß von den acht behandelten Themen drei im Umkreis dessen angesiedelt sind, was als Alltagskultur bezeichnet wird. Es sind dies die Themen „priorité de la vie quotidienne" (Priorität des Alltagslebens), „la qualité de la vie dans la relation sociale quotidienne" (die Lebensqualität im täglichen sozialen Beziehungsgeflecht) und die sogenannte „culture comme comunication", die Kultur als Kommunikationsform.[10] Diese Konferenz europäischer Kulturminister kann als Indiz dafür gewertet werden, daß die Berücksichtigung der Alltagskultur innerhalb der europäischen Kulturpolitik zumindest seit den frühen 80er Jahren dieses Jahrhunderts einen entsprechenden Stellenwert erlangt hat. Ein Stellenwert, der allerdings in letzter Zeit nicht nur bei der Formulierung kulturpolitischer Inhalte sondern auch in der lokalen und regionalen, ja sogar überregionalen und auch internationalen Kulturarbeit zum Tragen kam.

Der gedankliche Hintergrund, der dieser Wertschätzung der Alltagskultur in der Kulturpolitik und der Kulturarbeit zugrunde liegen dürfte, ist offensichtlich jener, daß Kulturpolitiker wie Kulturschaffende und Kulturmanager erkannt haben, daß die regional typischen Ausformungen der Alltagskultur - oder anders formuliert: die regionale kulturelle Vielfalt - Ausdruck der jeweils vorherrschenden regionalen Identität sind und eben nur die Wahrung dieser regionalen Identität letztendlich auch einen fortschreitenden gesamteuropäischen Integrationsprozeß ermöglichen kann,[11] wie Bürgermeister Ing. Karl Sieghartsleitner aus Steinbach/Steyr[12] in einem Gespräch bestätigte.

Diese Wertschätzung der Alltagskultur innerhalb der europäischen Kulturpolitik und des regionalen Kulturschaffens verpflichtet aber auch dazu, daß die jeweiligen Träger dieser Alltagskultur, also die in den einzelnen Regionen beheimateten Menschen, im Rahmen der Kulturarbeit nicht nur zu mehr oder weniger originellen Statisten für die pathetische Darstellung von (manchmal geradezu kitschiger anmutender) Folklore degradiert werden, sondern daß sie die Möglichkeit haben, auch planend und gestalterisch und mit ihrem Wissen die regionale Kulturarbeit mitzutragen. Die Einbeziehung der Bevölkerung in das regionale Kulturschaffen ist aber auch deswegen von Bedeutung, weil Kulturarbeit auf regionaler Ebene in ihrem Formen- und Facettenreichtum und mit ihrem bisweilen großen Finanzbedarf und dem nicht immer im vorhinein quantifizierbaren volkswirtschaftlichen Nutzen viel eher auf Akzeptanz durch die Bevölkerung stößt, wenn sie von dieser selbst mitgetragen und mitgestaltet und nicht nur rezipiert wird.

Ein praktisches Beispiel, wo diese geänderten Prämissen einer auf Integration bedachten Kulturpolitik in einer die Alltagskultur reflektierenden und basisiorientierten Kulturarbeit zum Tragen kommen, findet sich ebenfalls in der eingangs beschriebenen Oberösterreichischen Eisenwurzen, wo der Verein Eisenstraße OÖ., ein Verein zur Verbesserung der kulturellen und wirtschaftlichen Infrastruktur, seinen Vereinssitz hat.[13]

Der Verein wurde im Jahre 1991 auf Betreiben von Bürgermeistern der Region, von Vertretern der Gebietskörperschaften, von Kulturschaffenden und auch von engagierten Privatpersonen der Oberösterreichischen Eisenwurzen gegründet und verfolgt als eines seiner vorrangigsten Ziele, wie gesagt, die Entwicklung von Kulturprojekten als Impulse zur Verbesserung der kulturellen und wirtschaftlichen Infrastruktur in der Region. Aus der in einem thematischen Rahmenkonzept für die geplante dezentrale Landesausstellung 1998 dargelegten Vereinsphilosophie läßt sich ersehen, daß vor allem die Einbeziehung der Bewohner der Region in alle wesentlichen Entscheidungs- und Gestaltungsprozesse bei denen der Verein tätig wird, ein Postulat seiner Gründungsmitglieder, der Geschäftsführung und des Vorstandes ist.

Besonders zum Tragen kommt diese basisorientierte Kulturarbeit eben bei der Ausrichtung der dezentralen Landesausstellung 1998. Der Verein Eisenstraße OÖ. wird sie - gleichsam als erstes der von ihm inszenierten Kulturprojekte - gemeinsam mit der Landeskulturdirektion für Oberösterreich und im besonderen mit ehrenamtlichen Mitarbeitern, die wiederum in örtlichen Trägervereinen organisiert sind, in der Region umsetzen, nachdem das thematische Rahmenkonzept zunächst dem damaligen Landeshauptmann Dr. Josef Ratzenböck und dem damaligen Kulturlandesrat und nunmehrigen Landeshauptmann Dr. Josef Pühringer präsentiert und von diesen für gut befunden worden war.

Die ehrenamtlichen Trägervereine, die im Verein Eisenstraße OÖ. gleichsam wie in einem Dachverband organisiert sind, haben bei der Umsetzung dieses kulturellen Großereignisses die Bewältigung folgender Aufgaben übernommen:

Da die Landesausstellung 1998 auf nicht weniger als 34 Einzelprojekte aufgefächert ist, die von Themenwegen über Museen und Schaubetriebe bis hin zu Ausstellungen im klassischen Sinn reichen, werden die ehrenamtlichen Trägervereine mit ihren Mitgliedern unter fachkundiger Anleitung für die Ausarbeitung der Ausstellungsinhalte, für die

Bereitstellung der Exponate, für die praktische Umsetzung der Ausstellungsinhalte und natürlich in weiterer Folge auch für die Besucherabwicklung bei den einzelnen Projekten sorgen. Dabei werden sie von den entsprechenden Stellen des Amtes der OÖ. Landesregierung, vom wissenschaftlichen Beirat und der Geschäftsführung des Vereines Eisenstraße OÖ. sowie von zahlreichen weiteren Institutionen unterstützt. Durch dieses Modell einer basisorientierten Kulturarbeit haben Bürger einer Region des Landes Oberösterreich erstmals die Gelegenheit, aktiv an der Umsetzung einer Landesausstellung mitzuarbeiten und in einer der größten Kulturveranstaltungen des Landes Oberösterreich jene Alltagskultur, deren Träger sie sind, zu (re)präsentieren sowie die regionale Identität, die den Menschen in der oberösterreichischen Eisenwurzen zu eigen ist, zu artikulieren.

Welche Akzeptanz allerdings dieser basisorientierten Kulturarbeit in der Region dann tatsächlich beschieden sein wird, darüber können zum gegenwärtigen Zeitpunkt nur Vermutungen angestellt werden. Die im Rahmen der Recherchen zu diesem Aufsatz von der Geschäftsführung des Vereines Eisenstraße OÖ. (durch Vorlage der Mitgliederverzeichnisse der örtlichen Trägervereine) nachgewiesene Mitarbeit von mehr als 1000 ehrenamtlich tätigen Privatpersonen bei den Vorbereitungsarbeiten zur Landesausstellung 1998 läßt allerdings auf eine positive Einstellung der Bewohner der Region zu dieser Form der Kulturarbeit schließen. Eine Annahme die auch durch die Ergebnisse einer vom Verein Eisenstraße OÖ. beim Institut für Geographie der Universität Wien im Jahre 1995 in Auftrag gegebene Akzeptanzstudie bestätigt wird, der zufolge immerhin 85,7 % von 2231 ausgewerteten Einschätzungen befragter Personen die Kulturarbeit des besagten Vereines (bzw. die Auswirkungen der Eisenstraßenidee) positiv beurteilt.[14] Außerdem geht aus dieser Akzeptanzstudie hervor, daß vor allem von der in der Region lebenden Bevölkerung große Erwartungen in den wirtschaftlichen Nutzen und Folgenutzen dieser Landesausstellung gesetzt werden; besonders im Hinblick auf den Fremdenverkehr.[15]

Sollten sich also diese Erwartungen bei der Erstellung einer Ausstellungsbilanz, einige Zeit nach diesem kulturellen Großereignis, erfüllen, so wird dies einen großen Anteil daran haben, daß künftig die

Arbeit des Vereines Eisenstraße OÖ. positiv bewertet wird und damit dieses Modell einer basisorientierten Kulturarbeit eine positive Wertschätzung durch die Bevölkerung erfährt und folglich beispielgebend für andere Kulturprojekte dieser Art sein kann.

(Sanft)touristische Perspektiven des Projektes Oberösterreichische Eisenstraße:

Aus dem vom Verein Eisenstraße OÖ. im Jahre 1992 veröffentlichten Rahmenkonzept zur Umsetzung der Landesausstellung 1998 ist zu entnehmen, daß der Verein als eines seiner vorrangigsten Ziele proklamiert, den sanften Tourismus in der Region Eisenwurzen durch die Umsetzung und Etablierung von kulturellen Einrichtungen (unterschiedlichster Art) zu fördern. Diese im genannten Rahmenkonzept definierte Zielsetzung des Vereines und ein sehr kritischer Aufsatz aus dem Tagungsband der Österreichischen Volkskundetagung von 1992, ebenfalls betreffend den sanften Tourismus, waren ausschlaggebend dafür, daß nun im letzten Abschnitt dieses Artikels die Rolle des Vereines Eisenstraße OÖ. als Institution zur Verbesserung der regionalen touristischen Infrastruktur und als Impulsgeber für die Förderung des sanften Tourismus in der Region „ Oberösterreichische Eisenwurzen" eingehender untersucht wird.

Ronald Lutz, Professor an der Fachhochschule Erfurt, Fachbereich Sozialwesen, analysiert die Bestrebungen zur Etablierung des sanften Tourismus in einer Region wie folgt:

„Es gibt eine abendländische Tradition, die, von dem Paradiesmythos geprägt, auf die Suche nach einer einfachen, naturnahen und glückseligen Lebensweise geht, die die Zwangsmechanismen der eigenen Gesellschaft transzendieren möge. Diese Lebensweise wird entweder in fremde Kulturen am Rande der Peripherie oder in vergangene bzw. in zukünftige Zeiten verlagert. Sie ist auch Bestandteil des modernen Tourismus, der den Menschen jenseits vom Alltag Erholung in paradiesischer Natur und in der distanzlosen und dennoch gefahrlosen Nähe einfacher Lebensweisen offeriert.

Darüber hinaus wird dieser Topos schließlich im sanfttouristischen Diskurs, der dem Massentourismus kritisch gegenübersteht und Alternativen entwirft, von essentieller Bedeutung: man will dem Menschen nicht entfremdete Begegnungen mit intakter Natur und autochthoner Kultur in Augenhöhe vermitteln, die nicht zerstören, sondern im Bewahren des Fremden das Eigene reflektieren. Entscheidend dabei scheint mir, daß die reine Natur und der glückliche Mensch das Produkt bzw. die Bilder einer Gesellschaft sind, die darin ihre Antithese als andere Moderne mit dem Zweck schafft, sich mit den eigenen Widersprüchen aufs Neue zu versöhnen."[16]

Lutz impliziert mit dieser Aussage, daß der sanfte Tourismus zu einem nicht unbeachtlichen Teil Ausdruck des Paradiesmythos im Menschen sei, der ihn zur Suche nach einer einfachen, naturnahen und glückseligen Lebensweise zwingt. Die Gesellschaft versucht seiner Meinung nach, sich durch die Hinwendung zur reinen Natur, die in Lutz' Apostrophierung fast einer bukolischen Idylle zu gleichen scheint, mit ihren eigenen Widersprüchen zu versöhnen, indem die intakte Natur und die autochthone Kultur im sanften Tourismus über die Realität einer oftmals zerstörten Natur und einer Gesellschaft, die sich nur mehr wenig an sogenannter „Bodenständigkeit" bewahrt hat, hinweg täuscht.

Die Frage die sich an diese Äußerungen von Lutz knüpft, ist, ob Sentimentalität, Paradiesmythos und Kompensationsverhalten die einzigen Beweggründe sein können, die Kulturinstitutionen und Fremdenverkehrsverbände dazu bewegen, im Marketing ihres touristischen Angebotes gerade auf den sanften Tourismus zu setzen.

Im Verein Eisenstraße OÖ. und im Tourismusverband Pyhrn-Eisenwurzen zum Beispiel ist man, wie aus Gesprächen mit den Geschäftsführern zu entnehmen war, der Ansicht, daß die Bewahrung eines weitgehend intakten Naturraumes in der oberösterreichischen Eisenwurzen nicht nur ein legitimes menschliches Grundbedürfnis der dort wohnenden Menschen sei, sondern daß der intakte Naturraum gleichsam ein „Betriebskapital" von Kulturträgern (und damit auch von Fremdenverkehrsverbänden) der Region darstelle. Womit allerdings nicht gemeint ist, daß der intakte Naturraum ein mögliches Potential für eine künftige wirtschaftliche Nutzung etwa in Form der Gewinnung von Bodenschätzen und lebensnotwendigen Rohstoffen wie zum Beispiel Holz und sauberem Wasser darstellt, sondern vielmehr die Tatsache, daß die Existenz eines intakten Naturraumes einen bedeutenden Marketingfaktor darstellt, der es den regionalen Fremdenverkehrsverbänden und Kulturträgern erst ermöglicht, die Region in den Mittelpunkt des Interesses von Touristen zu rücken und zwar so, daß diese das besagte Gebiet bereisen und damit - genauso wie auch der Einheimische - das bestehende kulturelle und touristische Angebot nutzen.

Aus kulturwissenschaftlicher Sicht betrachtet muß dieser Einstellung der beiden Geschäftsführer wohl jener Erkenntnisprozeß zugrunde liegen, den Ronald Lutz im besagten Artikel über Bildungs- und Kulturtourismus mit folgenden Worten beschreibt: „Sanfter Tourismus als ökologische Vernunft muß logischerweise auf das Konzept der Region setzen bzw. die Region in ihrem Selbstbild und ihrem Selbstverständnis neu beleben. Wer nämlich erkennt, daß die seitherige touristische Praxis die touristischen Ressourcen - Land und Leute und das kulturelle Spezifikum der Region - in einer typisch systematischen Rückkoppelung zerstört, der muß zwangsläufig einen anderen ökologischen und somit auch ökonomischen Umgang fordern, um die Potentiale der Region nicht veröden zu lassen."[17]

Die Wahrung des Naturraumes und die im Zuge der touristischen Erschließung dadurch zwangsweise notwendig gewordene Etablierung eines sanften, also das bestehende Ökosystem in seiner Sensibilität eben wenig belastenden Tourismus, ist damit auch eine wirtschaftliche Notwendigkeit geworden, die zudem identitätsstiftende Funktion in der Region hat. Denn „Der sanfte Tourismus als 'Öko-Modell', als Standortvorteil im touristischen Markt, korrigiert nicht nur Fehlentwicklungen der Vergangenheit, er leistet auch der Rückbesinnung auf das Eigene, das Regionale, Vorschub."[18]

Freilich bedarf es - im Sinne dieser Erkenntnis - bei der praktischen Umsetzung sogenannter kulturtouristischer Leitprojekte, wie etwa dem Projekt Oberösterreichische Eisenstraße, dann einer Reihe von konzeptiven und baulichen Maßnahmen, um tatsächlich Impulse für einen sanften Tourismus zu setzen. In erster Linie wäre hierbei an eine Erschließung der einzelnen Kulturprojekte durch umweltverträgliche Verkehrsmittel zu denken, weil ja gerade die Dezentralität des Projektes Oberösterreichische Eisenstraße und die daraus resultierenden Anfahrtswege zu den einzelnen Projekten die Verkehrssituation in der Region ungünstig beeinflussen könnten.

Und genau im Bewußtsein um diese aus der Dezentralität der Projekte rührenden scheinbar ungünstigen Verkehrsverhältnisse in der Region beabsichtigt der Verein Eisenstraße OÖ für die Zeit während der Landesausstellung 1998 und auch für danach über die regionalen Tourismusverbände vorrangig ein Besichtigungsprogramm zu vermarkten, im Zuge dessen der Gast eben primär mit den sogenannten umweltverträglichen Verkehrsmitteln unterwegs ist.

Wichtigstes Massenverkehrsmittel ist hierbei die Österreichische Bundesbahn, die über ihr Streckennetz wichtige Projekte des Enns- und Kremstales erschließt und deren Direktion laufend über neue Aktivitäten an der Eisenstraße informiert wird. Andere wichtige Projekte wiederum, die etwas abseits dieser beiden großen, sich Nord-Süd erstreckenden Täler liegen, können mit dem Kraftwagendienst der Bundesbus-Gesellschaft erreicht werden, die ebenfalls über ein relativ dichtes Streckennetz verfügt. Zudem besteht auch die Möglichkeit, wahlweise in Kombination mit Bahntransport, die Detailprojekte des Kulturprojektes Oberösterreichische Eisenstraße mit dem Rad zu erreichen, wobei in diesem Zusammenhang vor allem der Ennstalradweg, die Radwegverbindung von Linz nach Kirchdorf und auch der Steyrtalradweg als wichtige Einrichtungen der regionalen Verkehrsinfrastruktur zu nennen sind. Zwar ist hinzuzufügen, daß der Steyrtalradweg zwischen Steyr und Sierning noch nicht entsprechend ausgebaut ist, doch gerade das vehemente Eintreten des Vereines Eisenstraße OÖ. für den Lückenschluß dieses Radweges ist ein Indiz dafür, daß innerhalb des Vereines die Erschließung der einzelnen Kulturprojekte mit umweltverträglichen Verkehrsmitteln große Priorität genießt; „Ganz einfach deshalb, weil wir mit unserem dezentralen Kulturprojekt nicht 'Autofahrer unterwegs' fördern wollen.", wie Geschäftsführer Franz Sieghartsleitner in einem Statement erklärte.

Eine große Bedeutung für die Besucherlenkung mit weitestgehend umweltverträglichen Verkehrsmitteln hat aber auch die von der Österreichischen Gesellschaft für Eisenbahngeschichte (ÖGEG) betriebene

188

Steyrtalbahn. Diese Bahn ist die älteste (und noch dazu rein dampfbetriebene) Schmalspurbahn auf dem heutigen Staatsgebiet von Österreich. Aufgrund der verwendeten Fahrbetriebsmitteln und ihrer Bau- und Nutzungsgeschichte sowie aufgrund einzelner bautechnischer Besonderheiten besitzt diese Bahn (für die Menschen aus der Region genauso wie für Fremde) einen äußerst hohen kulturgeschichtlichen Stellenwert, der in den Jahr für Jahr steigenden Personenbeförderungsstatistiken dieser Museumsbahn stets aufs Neue zum Ausdruck gebracht wird.

Der Verein Eisenstraße OÖ. ist mit dem Verein ÖGEG dahingehend übereingekommen, daß die Bahn in das Besucherlenkungskonzept zum Kulturprojekt Oberösterreichische Eisenstraße als eine der tragenden Säulen eingebunden wird. Die Bahn wird aber nicht nur als Transportmittel für Radfahrer und Fußgeher fungieren, sondern sie wird auch selbst ein Detailprojekt darstellen; und zwar dahingehend, daß in gedeckten Güterwaggons der Bahn eine transportable Ausstellung eingebracht und auch der Wartesaal des Bahnhofes Grünburg mit einer thematischen Präsentationseinheit versehen wird, so daß der Bahnbenützer wertvolle Informationen über den Bahnbau und die kultur- und wirtschaftsgeschichtliche Bedeutung der Schmalspurbahn für die Region vermittelt bekommt.

Das explizite Anführen dieses Beispiels war mir als Verfasser deswegen so wichtig, weil aus dieser Nutzung einer Bahn als Massentransportmittel einerseits und als Kulturträger andererseits ersichtlich wird, daß Lutz mit seiner eingangs erwähnten Äußerung recht hat, wenn er meint, daß der sanfte Tourismus als Öko-Modell eben nicht nur Fehlentwicklungen der Vergangenheit korrigiert, sondern besonders auch der Rückbesinnung auf das Eigene, das Regionale, wie es der Verein Eisenstraße OÖ. stets postuliert, Vorschub leistet.

Ein weiteres Beispiel dafür, wie Maßnahmen zur Förderung des sanften Tourismus in der Region Oberösterreichische Eisenwurzen umgesetzt werden, stellt die Zusammenarbeit zwischen dem Verein Eisenstraße OÖ. und der Planungsstelle des Nationalpark Kalkalpen dar. Beide Organisationen sind bemüht, unter dem Begriff „Nationalpark Kalkalpen" und unter dem Begriff „Oberösterreichische Eisenstraße" innerhalb der Oberösterreichischen Eisenwurzen nicht nur einen ökologisch sensiblen

Naturraum in Form eines Nationalparks zu erhalten bzw. als „idyllische Kulisse" für ein kulturelles Großprojekt zu vermarkten, sondern die Erhaltung dieses Naturraumes aber auch die Möglichkeit seiner umweltgerechten Nutzung für kulturelle Veranstaltungen sicherzustellen, indem geeignete Besucherlenkungsmaßnahmen umgesetzt werden, die den Besucher zwar an den erhaltenswerten Naturraum heranführen, ihn aber am unkontrollierten Vordringen in diesen hindern.

Eines dieser von der Nationalparkplanungsstelle und dem Verein Eisenstraße OÖ. gemeinsam finanzierten und auch gemeinsam umgesetzten Projekte ist beispielsweise der Borsee im Bezirk Steyr-Land. Es war dies ein vom Austrocknen bedrohter Bergsee, der einstmals für die Holztrift von Bedeutung war und dessen Klause nunmehr wieder in Stand gesetzt wurde, so daß der See letztlich vor der völligen Verlandung bewahrt werden konnte.

Der Borsee ist aber nur eines von zahlreichen, von den genannten Organisationen gemeinsam betriebenen Projekten, die außerdem alle eingebunden sind in ein umfassendes Besucherleitsystem, das es dem Gast etwa ermöglicht, auf geführten Wegen bis an den Rand der Kernzone des Nationalparks zu gelangen; aber eben nicht weiter. Somit bleibt der eigentlich schützenswerte sensible Naturraum vor der Überflutung durch den Massentourismus verschont, weil dem Besucher anhand einer Vielzahl von in der Aussenzone des Nationalparks installierten kulturellen Einrichtungen bereits ein umfassendes touristisches Programm geboten wird und somit seine Sehnsucht nach Entdeckungen, nach Abenteuern oder einfach nach Erholungsmöglichkeiten bereits dort hinlänglich gestillt wird.

Dies ist ein weiteres Indiz dafür, daß gerade in schützenswerter und ökologisch sensibler Landschaft eine sinnvolle Vernetzung der Möglichkeiten zur Freizeitbewältigung für Einheimische und Gast wichtig ist und wie einfach eigentlich auch ökologische Belange, wie zum Beispiel der strenge Schutz von sensiblem Naturraum, mit den Belangen des modernen Tourismus verknüpft werden können wenn nur Regionaltypisches als solches erkannt und auch dementsprechend geschätzt wird. Natürlich könnten nun noch eine Reihe weiterer Beispiele von Maßnahmen zur Förderung des sanften Tourismus angeführt werden, die der

Verein Eisenstraße OÖ. im Zuge der Umsetzung des Kulturprojektes Oberösterreichische Eisenstraße tätigt. Alle diese Maßnahmen zu diskutieren würde aber den gebotenen Rahmen überschreiten und daher soll nur noch ein Exempel herausgegriffen werden, das verdeutlicht, daß sanfter Tourismus in seiner Funktion als Impuls für die Rückbesinnung auf die regionale Identität nicht nur auf die Erarbeitung umweltverträglicher Besucherleitsysteme beschränkt sein darf.

Im Jahre 1994 initiierte der Verein Eisenstraße OÖ. zusammen mit den Bezirksstellen Kirchdorf und Steyr der Kammer der gewerblichen Wirtschaft einen Arbeitskreis „Gastronomie". Ziel dieses Arbeitskreises war es zunächst , unterstützt durch professionelle Tourismusberatungsagenturen, die Wirte der Region mit dem Wesen, der Wirkung und dem Stellenwert des Kulturprojektes Oberösterreichische Eisenstraße zu befassen.

Unter sanftem Tourismus im Sinne des Eisenstraßenvereines ist also nicht nur jene Form von Tourismus zu verstehen, die in höchstem Maße umweltverträglich ist, sondern ganz allgemein jede Form von Tourismus, die dem Bewohner der Region und auch dem Gast den bestmöglichen Nutzen unter kleinstmöglicher Belastung natürlicher und persönlicher Ressourcen bringt. Deswegen ist eben der Schutz der Landschaft nur eine der Prämissen des sanften Tourismus in der Oberösterreichischen Eisenwurzen, genauso wie etwa ein Preisbewußtsein der Gastgeber, das die „finanzielle Ausbeutung" des Gastes verhindern soll oder die Verpflichtung der Eisenstraßen-Wirte, nur heimische bäuerliche Produkte zu vermarkten und das ganze Jahr über mindestens drei bodenständige Speisen mit regionalem Namen und aus regionalen Produkten gefertigt anzubieten.

Auch in diesem Sinne hat der Verein Eisenstraße OÖ. also entscheidende Schritte gesetzt, indem eben eine Kooperation zwischen den Kulturschaffenden und den Wirten der Region initiiert wurde, die unter anderem als Ergebnis erbracht hat, daß die Preise im Jahr der Landesausstellung nicht über die normale Indexanpassung hinaus erhöht werden.

Zusammenfassung

Im vorliegenden Artikel wurde versucht, die Charakteristik des Projektes Oberösterreichische Eisenstraße vor dem Hintergrund des jüngst geführten kulturwissenschaftlichen Diskurses über die Bedeutung der Region und der regionalen Identität eingehender zu erläutern.

Es konnte gezeigt werden, daß auch die „Oberösterreichische Eisenwurzen" als Relevanzraum des Kulturprojektes Eisenstraße OÖ. - im Sinne der Äußerungen Bausingers - sowohl historisch gewachsener Raum als auch politisches Konstrukt der Gegenwart ist und somit eine Einordnung in eine der beiden Kategorien nicht eindeutig möglich erscheint. Die geographische Abgrenzung der Region und die Einstellung der Bewohner der Region zum Regionsbegriff dienten hierbei als aussagekräftige Indikatoren.

Weiters konnte festgehalten werden, daß das Projekt Oberösterreichische Eisenstraße (und im besonderen die dezentrale Landesausstellung 1998) eindeutig als Modellfall für eine integrative und basisorientierte Kulturarbeit im Land Oberösterreich zu bewerten sind. Dies deshalb, weil der Grad der Einbindung der Bevölkerung in die zu leistende Kulturarbeit überdurchschnittlich hoch ist. Wenn auch noch nicht exakt absehbar war, welche Wertschätzung dieses Modell einer integrativen und basisorientierten Kulturarbeit letztendlich unter der Bevölkerung erfahren wird, so gaben bisher vorliegende Umfragedaten doch berechtigten Anlaß zur Einschätzung, daß ein Großteil der Bewohner der Region dieses zukunftsträchtige Modell einer breitenwirksamen Kulturarbeit positiv beurteilen wird.

Daß das Kulturprojekt Oberösterreichische Eisenstraße aber auch ein bedeutender Impuls zur Belebung des sanften Tourismus in der Oberösterreichischen Eisenwurzen ist, konnte ebenfalls anhand zahlreicher Beispiele dokumentiert werden, wobei insbesondere die Bedeutung des Vorhandenseins eines intakten Naturraumes für eine effiziente Vermarktung kulturtouristischer Programme herausgestrichen wurde. Insgesamt kann damit das Projekt Oberösterreichische Eisenstraße als innovatives kulturtouristisches Leitprogramm bezeichnet werden, bei dessen Umsetzung bereits in einem frühen Stadium der Realisierung auf jene

Möglichkeiten zurückgegriffen wird, die sich aus dem rasch fortschreitenden europäischen Integrationsprozeß eröffnen. Spannend wird es allerdings trotzdem sein, abzuwarten, bis in einigen Jahren Bilanz gezogen wird über den volkswirtschaftlichen Nutzen dieses Projektes; denn davon wird es wesentlich abhängen, ob dieses Modell einer basisorientierten und integrativen Kulturarbeit beispielgebend sein kann für weitere Projekte dieser oder ähnlicher Art.

Literatur

Hermann Bausinger, **Region - Kultur - EG**, in: Österreichische Zeitschrift für Volkskunde XLVIII/97, H. 2, Wien 1994, 113 - 140.

OÖ Eisenstraße, Verein, **Thematisches Rahmenkonzept für die geplante Länderausstellung an der O.Ö. Eisenstraße 1998**, Steyr 1992.

Martin Heintel u.a., **Pilotstudie zur räumlichen Abgrenzung, Akzeptanz und regionalen Identität der Region Eisenwurzen bzw. der Eisenstraßenidee**, Wien 1995.

Konrad Köstlin, **Reisen, regionale Kultur und die Moderne.** Wie die Menschen modern wurden, das Reisen lernten und dabei die Region entdeckten, in: Burkhard Pöttler (Hg.), Tourismus und Regionalkultur. Referate der Österreichischen Volkskundetagung 1992 in Salzburg, Wien 1994, 11 - 24.

Ronald Lutz, **Bildungs- und Kulturtourismus.** Zur Reformulierung der Region, in: Burkhard Pöttler (Hg.), Tourismus und Regionalkultur. Referate der Österreichischen Volkskundetagung 1992 in Salzburg, Wien 1994, 339-360.

Steyrer Rundschau, **Nr. 14, S. 3**, Steyr 1996.

1) Steyrer Rundschau 14 / 96, 3.

2) Bausinger, Region - Kultur - EG, 133.

3) Bausinger, Region - Kultur - EG, 124 u. 126.

4) Köstlin, Reisen, regionale Kultur und die Moderne, 15 u. 20.

5) Bausinger, Region - Kultur - EG, 114.

6) Bausinger, Region - Kultur - EG, 116.

7) Bausinger, Region - Kultur - EG, 119.

8) Wobei jeweils das gesamte Gemeindegebiet integriert ist.

9) Ziel 2 und Ziel 5b-Förderungen der Europäischen Union sind, vereinfacht gesagt, Förderungen zur Verbesserung der Wirtschafts- und Infrastruktur in Gebieten mit rückläufiger Industrieentwicklung (Ziel 2) und im ländlichen Raum (Ziel 5b).

10) Bausinger, Region - Kultur - EG, 137.

11) An dieser Stelle darf mittels eines Negativbeispiels angemerkt werden, daß etwa die Mißachtung regionaler Identität, zum Beispiel durch einen zentralistisch organisierten Staat, schwere ethnische Konflikte mitbegründen kann; wie z. B. das nach wie vor ungelöste Korsika-Problem oder im ehemaligen Jugoslawien, wo die Mißachtung regionaler Identität letztendlich sogar zu einem der Auslöser für den Bürgerkrieg zwischen den Volksgruppen wurde.

12) Bürgermeister Sieghartsleitner ist hier Experte: Seine Gemeinde gewann im Jahre 1994 aufgrund ihrer außergewöhnlichen Leistungen auf dem Gebiete der Dorferneuerung und den damit verbundenen Impulsen für eine positive Entwicklung der Wirtschaft und der Kulturarbeit im ländlichen Raum den europäischen Dorferneuerungspreis und wurde wegen des Erfolges dieser Maßnahmen sowie aufgrund der Beispielwirkungen für andere europäische Gemeinden im Jahr 1995 mehrfach von Delegationen leitender Beamter der OECD besucht.

13) Der Vereinssitz des Vereines Eisenstraße OÖ. befindet sich in Steinbach/Steyr; und zwar im sogenannten „Alten Pfarrhof", einem ehemaligen Meierhof des Stiftes Garsten.

14) Heintel, Pilotstudie zur räumlichen Abgrenzung, 29.

15) Heintel, Pilotstudie zur räumlichen Abgrenzung, 30.

16) Lutz, Bildungs- und Kulturtourismus, 341.

17) Lutz, Bildungs- und Kulturtourismus, 344 f.

18) Lutz, Bildungs- und Kulturtourismus, 348.

Kurzbiographien der Autoren

Roman Sandgruber
geb. 1947 in Rohrbach, o. Univ. Prof. für Wirtschafts- und Sozialgeschichte am Institut für Sozial- und Wirtschaftsgeschichte der Johannes Kepler-Universität Linz.

Andreas Resch
geb. 1962 in Gmunden, Univ.-Assistent am Institut für Wirtschafts- und Sozialgeschichte der Wirtschaftsuniversität Wien.

Herbert Knittler
geb. 1942 in Brünn, o. Univ.-Prof. für Wirtschafts- und Sozialgeschichte am Institut für Wirtschafts- und Sozialgeschichte der Universität Wien

Rudolf Kropf
geb. 1940 in Stadtschlaining, ao. Univ.-Prof. für Sozial- und Wirtschaftsgeschichte am Institut für Sozial- und Wirtschaftsgeschichte der Johannes Kepler-Universität in Linz.

Roland Girtler
geb. 1940 in Spital/Pyhrn, ao. Univ.-Prof. am Institut für Soziologie der Universität Wien.

Konrad Köstlin
geb. 1940 in Berlin, o. Univ.-Prof. am Institut für Volkskunde der Universität Wien.

Eva Kreissl
geb. 1958 in Immerath, Nordrhein-Westfalen. Volkskundlerin. Freiberufliche Betätigung und Lehrbeauftragte am Institut für Volkskunde der Universität Wien.

Erhard Busek

geb. 1941 in Wien, Vizekanzler a. D., Vorstand des Institutes für den Donauraum und Lehrbeauftragter an der Universität Boston.

Reinhold Kräter

geb. 1969 in Steyr. Volkskundler und Hispanist, Kulturmanager im Verein Eisenstraße OÖ.

Paul Roth

geb. 1941 in Graz. ao. Univ.-Prof. am Institut für Geschichte der Karl Franzens-Universität Graz.

Hrsg.
Verein Eisenstraße

Freizeitführer
**Die NÖ.
Eisenstraße**

208 Seiten mit zahl-
reichen Farbfotos,
Kartenskizzen, geb.
Format: A5
ISBN 3-85068-514-4

Aus dem Inhalt:
Das Erlauftal
Wieselburg
Purgstall an der Erlauf
Scheibbs
St. Anton an der Jeßnitz
Gaming
Lackenhof am Ötscher
Reinsberg
Gresten & Gresten-Land
Das Ybbstal
Sonntagberg
Waidhofen an der Ybbs
Ybbsitz
Opponitz
Hollenstein
St. Georgen am Reith
Göstling an der Ybbs
Lunz am See

Dieser farbige Freizeitführer ist die
Einladung in eine ganz besondere
Landschaft im Herzen Österreichs:

Er portraitiert **Land & Leute**,
präsentiert **Kunst & Kulinari-
sches** und verrät **Touren &
Trails**, auf denen Sie das „Land
der Hämmer" in all seiner Schön-
heit entdecken.

Weiters finden Sie in diesem Buch
alle aktuellen **Info-Adressen**,
viele faszinierende **Farbfotos,
Karten** und Heinweise für Abste-
cher & Ausflüge in die Umgebung.

Ennsthaler VERLAG · STEYR

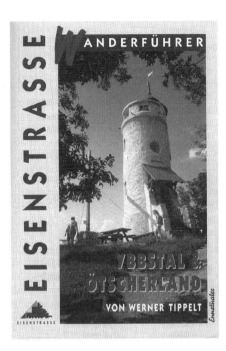

Sperl, Stögmüller, Tippelt

Kulturführer **Österreichische Eisenstraße**

192 Seiten mit 150 Farbfotos, br.
Format: 11,5 x 19 cm
ISBN 3-85068-351-6

**Dieser farbige Reisebeglei-
ter** präsentiert alle Schätze der europäischen Kulturregion Eisen-wurzen, dem Land zwischen Donau und Mur, Krems und Erlauf:

○ die montanhistorischen Denk-mäler an der österreichischen Eisenstraße

○ Kirchen, Burgen und Schlösser

○ alle Museen sowie

○ die schönsten landschaftlichen Sehenswürdigkeiten

Aus dem Inhalt:

Steiermark:
Von Admont bis Wildalpen

Oberösterreich:
Von Adlwang bis Windischgarsten

Niederösterreich:
Von Allhartsberg bis Ybbsitz

Ennsthaler VERLAG · STEYR